广东省教育科研"十三五"规划2019年度教育科研一般项目《ᵃ
的实践研究》（课题标准号：2019YQJK008）和广州市钟进均名

新时代
数学教学的
反思性探究

钟进均◎著

民主与建设出版社
·北京·

图书在版编目（CIP）数据

新时代数学教学的反思性探究 / 钟进均著. —北京：
民主与建设出版社，2020.6

ISBN 978-7-5139-3090-1

Ⅰ.①新… Ⅱ.①钟… Ⅲ.①中学数学课－教学研究
Ⅳ.①G633.602

中国版本图书馆 CIP 数据核字（2020）第102533号

新时代数学教学的反思性探究

XINSHIDAI SHUXUE JIAOXUE DE FANSIXING TANJIU

著　　者	钟进均
责任编辑	刘　芳
封面设计	姜　龙
出版发行	民主与建设出版社有限责任公司
电　　话	（010）59417747　59419778
社　　址	北京市海淀区西三环中路 10 号望海楼 E 座 7 层
邮　　编	100142
印　　刷	北京政采印刷服务有限公司
版　　次	2022年 6 月第 1 版
印　　次	2022年 6 月第 1 次印刷
开　　本	710 毫米 × 1000 毫米　　1/16
印　　张	15.5
字　　数	279千字
书　　号	ISBN 978-7-5139-3090-1
定　　价	45.00 元

注：如有印、装质量问题，请与出版社联系。

　　反思性教学，是一个新时代的话题，是教师专业发展的必经路段。记得一位教育名家曾经说过，一个教师教了三年书，他仍然是一个教师；但如果他反思了三年，那就可能成为这个领域的专家。《新时代数学教学的反思性探究》一书，就是钟进均老师反思了不止三年的倾诉。

　　本书浸透了作者多年来对数学教学实践的理解、体会、感悟和反思，其中许多内容是他这几年研究的成果。他把书稿寄给我，要我为书作序。其实，作序是一件很难的事，就像中小学生阅读课文，老师要他们概括文章的主题思想，学生往往会表现得惴惴不安一样，我也是如此的心态。但是，作为数学教育研究的同路人，作为青年教师的前辈，理应为他们的著作说上几句，这是一种信仰自觉，也是一种责任担当。

　　我读完书稿，掩卷静思，颇有心得，力图概括出本书的一些特色，但恐有疏忽，挂一漏万。

1. 贯通反思，兼顾深度广度

　　教学反思为什么很重要？这源于"不但要知其然，而且还要知其所以然"之道理。如何上课？怎样上课？是教师职业生涯中每天都要面对的问题，人人都在做，人人都会做，这应该不是什么问题，而且许多教师沿着这种思路按部就班做得也很好。但是，这只是"应该怎么做事"或"不应该怎么做事"层面的问题。如果我们追问：今天这堂课上得很好，你知道是什么原因吗？今天这堂课上得很糟，你知道是什么原因吗？这便进入了第二个层面的问题，即"为什么应当这样做事？这样做事的合理性何在？"显然，教学反思就是要回答第二个层面的问题。

　　我对反思性思维也情有独钟，并且试图用品质来刻画反思性思维。提出反思性思维品质的几种表现。反思性思维的深刻性，是指能对自己所做事情的合理性原因做深度分析，对他人作品中的思想性做深度剖析。反思性思维的批判性，是指在对他人的作品、行为进行评价的基础上，敢于质疑、敢于批评，提出自己的见解，修正别人的观点。反思性思维的逆向性，是指沿着别人的思维方向反方向思考问题，可能会得到一些新的观点。反思性思维的悖向性，是指把别人的观点全部否定之后来思考问题，可能会产生一些新的观点。反思性思维的证伪性，是指把别人证实性的描述采用证伪思想来思考，用特例或局部反驳的方式思考问题。

回过头来看看本书，内容涉及对数学教师专业发展的反思、对教材内容编写的反思、对数学高考备考的反思、对高中开展数学写作活动的反思、对中学生数学写作评价的反思、对数学课堂教学的反思等，还有一块儿内容是个人读书学习后的反思，不仅反思内容涵盖面广，而且体现出了深刻性、批判性、逆向性、证伪性等反思性思维品质。例如，在第四章中反映了作者读书之后的思考，表现出反思性思维的深刻性；正弦定理的教学设计，在对教材中该内容展示设计的反思基础上，提出更加合理的教学设计，体现了反思性思维的批判性；"新教材应保留万能公式"反映了反思性思维的批判性和逆向性品质，等等。全书涉及的反思内容不仅有广度而且有深度，都是围绕"为什么应当这样做"的问题作全面探索。养成反思意识，提升反思能力，这应该是中小学教师的一个基本功，希望阅读完本书后会给广大教师带来一些启示。

2. 以例论理，叙事鲜活朴实

本书的第二个特点是用案例作为起点，采用叙事方式讲故事，最后归纳出故事蕴含的、具有一般意义的、朴实的理论，读起来使人有一种清风扑面的感觉。

例如，第三章关于正弦定理的教学设计，首先对人教 A 版教材必修 5 中正弦定理的内容安排、例题设计、习题配置做了分析，在反思的基础上提出了一个全新的探究式教学方案，并将此方案用于教学实践，收到了良好的教学效果。再作二次反思，探究这种新教学方案的合理性，进而归纳出六点结论：创造性地设计问题情境，促进学生更好地学习正弦定理；创造性地设计教学内容，促进教学目标的有效达成；创造性地设计教学方式，促进学生数学核心素养的发展；创造性地设计教学过程，促进学生数学思维能力的提高；搭建交流平台，增强学生数学学习的成功感；创造性地使用教材，促进教师的专业化发展。其实，这些结论已经超出对本节课的教学反思，得到了具有一般教学法意义的思想。

从方法论角度看，本书的研究理路是质性分析，更具体地说是案例研究。案例研究的基本要求是：①真实性。案例要真实，不是虚构的故事。②典型性。案例在同类例子中是有代替性的，具有一类例子的共性。③启示性。通过研究过程和研究结果对读者有启示作用，会使读者产生共鸣，给读者一种激励。④叙事性。案例分析是给读者讲故事，用鲜活的故事引申出发人深省的道理。

阅读本书，会看到书中的例子都是来自作者自己的教学案例，都有真实的场景和作者切身的经历，体现了案例的真实性。课例的内容多是一些重要的知识点，比如正弦定理、余弦定理、双曲线的标准方程、高考复习等。还有一些运用特别的教学方法进行教学的案例，如"数学日记""说数学"，在教学内容和教学方法上都表现出案例的典型性特征。从研究过程看，作者先是展示案例，然后对案例进行细致入微的分析，让读者在阅读中会联想到自己教学这个内容时的做法和体会，身临其境，引发共鸣，突出了案例研究的启示性。叙事过程娓娓道来，特别是第四章的学习心得叙事真切意韵，由此再归纳出一些朴实的结论。总之，书中的研究合乎方法论的规范。

3. 注重实践，规避理论说教

数学教育研究的逻辑起点应当是两个：一是从教育学理论出发，通过演绎的方法展开数学教育研究；二是从数学教学的实践出发，通过归纳的方法形成数学教育理论。两个逻辑起点决定了两种研究路径与方法。演绎式研究的优势是理论系统、立意高端、辐射面广，理念层面的思辨多于实践层面的操作。但是，这种研究范式明显存在一定缺陷，一般的教育学理论与数学学科教学实践之间是有很大距离的，数学教学有自己的学科特殊性，教育理论不足以解释数学教学的全部，因此有的理论就显得空泛、苍白。实际情况也是如此，教育类著作总有一种通性，喜欢先给出大观点然后采用演绎的方式展开道理，而一些大观点的论述艰涩难懂，往往使人望而却步、难以深读，这大概也是许多中小学教师远离理论书籍的原因之一。其实，老师们更喜欢从案例的剖析来讲道理，案例源于他们的工作环境，贴近他们的生活原型。从特殊到一般的思维逻辑更能使人理解和接受原理。从这个意义上说，以数学教学实践为逻辑起点的研究理路更加迎合中小学教师的需求。

本书的立场是基于实践，但又不是完全脱离理论。第一章和第二章罗列了一些理论，但只是为后面的讨论提供一种参照，并不是由这些理论来统领后面各章的研究，作者的本意是要从案例中发现规律，寻找实践中的理论问题。因此，书中没有空洞的理论说教，而是用事例说话，我想，这大概就是事实胜于雄辩的道理。

看到钟进均老师第三本著作就要面世了，真有一种感慨，更有一份感动。感慨的是，像钟进均老师这样一大批优秀的中小学教师正在茁壮成长，中国的数学教育领域新秀辈出，何忧后继无人。感动的是，作为一名中学教师，钟进均老师对教育有如此根深蒂固的情结，这么多年来，一直孜孜不倦地追求着数学教育的真谛，既有教学实践中的不菲成就，更有著书立说、笔耕不辍的执着追求，实乃中学教师之楷模。

我相信这一批学者型的中小学教师定能挑起中国基础教育的大梁，相信钟进均老师会在数学教育研究的路上走得更坚定、更扎实、更长远。

喻 平

2020 年 2 月于南京师范大学

引　言

2018 年 1 月 20 日，《中共中央国务院关于全面深化新时代教师队伍建设改革的意见》颁布，教师承担着传播知识、传播思想、传播真理的历史使命，肩负着塑造灵魂、塑造生命、塑造人的时代重任，是教育发展的第一资源，是国家富强、民族振兴、人民幸福的重要基石。党和国家历来高度重视教师工作。党的十八大以来，以习近平同志为核心的党中央将教师队伍建设摆在突出位置，作出一系列重大决策部署。

2018 年 9 月 10 日，习近平总书记在全国教育大会上发表的重要讲话强调：要坚持党对教育事业的全面领导，坚持把立德树人作为根本任务，坚持优先发展教育事业，坚持社会主义办学方向，坚持扎根中国大地办教育，坚持以人民为中心发展教育，坚持深化教育改革创新，坚持把服务中华民族伟大复兴作为教育的重要使命，坚持把教师队伍建设作为基础工作①。在这八个坚持中，有一个是关于教师队伍建设。可见，教师队伍建设受到了党和国家的高度重视。如何有效促进教师队伍建设，成了当下非常值得研究的重要课题。

我国著名数学教育家、哲学家郑毓信教授指出：一个优秀教师应具备一种基本素养，即具有自己的独立思考，包括一定的批判能力，而不应满足在任何时候总能充当学习的"样板"②。这句话深深地启发了笔者去思考以下问题：①在十几年的数学教学实践里，自己积累了什么教学经验和经历了哪些教训？②在不断学习和数学教学实践的过程中，对数学教学的方方面面，自己有哪些独立的思考？③面对当前自身所了解到，甚至亲身经历过的数学教学实践，该在哪些方面开展批判性反思？④作为一线教师，应如何才能更好地提高自身的教师专业化发展水平？

教师只有开展积极的、规范的、科学的、有效的教学反思，才能取得教育

---

① 教育部课题组. 深入学习习近平关于教育的重要论述 [J]. 北京：人民出版社，2019，5：3.
② 郑毓信. 课改背景下的数学教育研究 [M]. 上海：上海教育出版社，2012，8：84.

教学生涯的不断进步，提高专业化发展水平。

一、写作本书的缘由与背景

笔者于 2001 年本科毕业于华南师范大学数学系，同年参加工作。2001—2004 学年任教普通初中数学（其中初二一年，初三两年，初一一年）；2005—2014 学年任教普通高中数学（其中任教高三毕业班四年）；2015—2018 学年在广州市铁一中学（广东省一级学校、广东省国家级示范性高中）番禺校区任教重点高中数学（其中连续任教高三毕业班三年）；2019 学年至今在广州市铁一中学白云校区任教初中数学。在这么多年的初高中数学教学中，笔者经历了国家统一部署的初高中数学教学改革，攻读了教育硕士学位（学科教学·数学）课程并参加了许多不同层次的职务培训，如广州市新一轮"百千万"人才培养工程首批高中名教师培训班。立足自身数学教学实践，笔者加强了教育理论学习，长期订阅《数学教育学报》《数学通报》《数学通讯》等期刊，努力尝试改革了数学课堂教学方式，提高了数学教学效率，特别是在数学交流活动的策划、组织、实施和评价上付出了巨大努力，并取得了较好的成果。

在参加工作的前三年里，笔者高度重视教学常规的落实，基本上是按照在大学里学习到的教学法知识和自身在中学阶段数学学习时的一些粗浅看法，以及参加各层次教研活动、培训学习到的一些做法来实施数学教学。当时任教的初中学生生源很差，德育管理压力巨大，为了激发学生的数学学习动机、提高教学效果，笔者阅读了大量教育理论书籍和订阅了多种数学教学杂志，并在自己的课堂教学中开始了"说数学"和"数学写作"的探索。在任教普通高中期间，笔者依然坚持"说数学"和"数学写作"的探索，哪怕任教高三毕业班也没间断过。经过多年的刻苦学习与执着探究，慢慢地对"说数学"和"数学写作"这两种数学交流活动有了自己的一些独立思考，陆续发表了一些论文。2007 年，在著名数学教育家朱维宗教授的指导下，笔者紧扣自身的数学教学实践，基于教育学、心理学等理论，系统地整理、提炼了六年多的数学教学实践，完成了教育硕士学位论文《在高中数学教学中开展数学交流活动的实验研究》。2012 年 11 月，该论文被评为"全国第三届教育硕士专业学位优秀论文"。在 2012—2014 年，笔者第一次成功申报、主持研究并顺利完成了广州市教育科学"十二五"规划课题青年专项《普通高中数学交流活动的理论与实践研究》（编号为 11C088）的研究。期间，在"说数学"的探索方面取得了较多成果，在《数学教育学报》《数学通报》《数学通讯》等期刊公开发表了十多篇论文。在2015—2018年，笔者再次成功申报、主持实施并顺利完成了广州市教育科学"十二五"规划课题名师专项《基于认知心理学视角的高中说数学活动案例探究》（编号为1201542650）的研究工作。笔者独立完成的教学成果先后两次荣获广州市教学成果奖二等奖。在2019年，笔者主持完成的教学成果《高中"说数学"的构建与实践研究》荣获广东省基础教育教学成果奖一等奖。在诸多前辈、恩师、同行、好朋友的鼓励和支持下，笔者在2017年出版了第一本专著《高中"说数学"案例研究》（广东经济出版社出版），在2019年出版了第二本专著《中学生数学写作研究》（吉林人民出版社出版）。

教书育人，无比光荣！为人师者，重任在肩！不忘初心，牢记使命！回顾近二十年的数学教学实践，笔者在平凡的岗位上付出了巨大努力，在教学常规、教师培训、教育科研等方面取得了一些成绩，从一个新教师，逐渐成长为广州市骨干教师、名教师及华南师范大学硕士生导师，到2018年晋升为高中数学正高级教师。为什么要如此做、如何做、做什么、做得怎么样？这是笔者经常喜欢就数学教学工作的自问。事实证明，如此的自问对于教师专业发展十分重要，十分有效。为了更好地促进自身进一步的教师专业发展，笔者基于一些教育理论，多角度地开展了比较深入的数学教学专业反思，把以往的一些成果尽可能规范地整理出来，写成了本书。若它能给读者带来一些参考，对促进一线教师的专业发展有些许帮助，那就甚为荣幸了！

二、本书的写作思路和创新点

回顾近二十年的初高中数学教学，笔者从教材、教法、学法、信息技术的运用以及教师培训等角度展开了反思性探究。很多成果尽管仍不够系统，层次不高，但凝聚了作为一名一线数学教育工作者的执着追求和艰苦探索。笔者努力积累实践性素材，基于某些理论视角把一些成果尽量提炼得更加规范，力求科学，直到写成了论文并公开发表，分享给了同行们，以期抛砖引玉。

此书的写作思路是：首先，介绍写作本书的背景和缘由；其次，对教学反思进行概述；接着，在介绍新时代教师专业发展要求的基础上，提出教师专业发展的若干建议；再次，对新时代数学教师专业发展进行展望；最后，基于实践对数学教学展开反思性探究。

此书的创新点在于：①对教学反思的相关文献进行了系统整理和归纳；

②对新时代教师专业发展提出了有价值的、可操作性强的建议；③收集、整理了一系列来自教学一线的教师的数学教学实践素材，并基于多种理论视角对这些实践素材展开了反思性探究，给出了一系列数学教学反思的典例，较好地做到了理论与实践相结合。

三、本书的框架结构和主要特点

下面先介绍本书的主要架构、内容安排及各部分的主要内容，接着介绍本书的主要特点。

本书共四章。引言部分主要介绍本书的写作缘由和背景，阐述本书的写作设计。第一章为数学教师开展教学反思的概述。重点介绍什么是教学自我反思，教学自我反思的内涵与实质、内容与形式、方法与策略、意义与条件等。第二章为新时代教师专业发展的展望。首先，概述了教师专业发展；其次，提出了新时代对教师专业发展的要求；再次，阐述了什么是反思性教学；最后，对新时代数学教师专业发展进行了展望。第三章为基于实践的数学教学反思性探究。该章为本书的重点和创新点所在，紧扣数学教学实践，展开了多维度的反思性探究。第四章展示了二十多个笔者的基于实践的数学教学反思案例。

本书的主要特点有：①针对性。本书选取了一系列笔者多年教学实践的真实素材。对这些素材的反思性探究具有很强的针对性，力求以小见大。从一个个素材（片段）出发，基于一定的理论视角展开反思性探究，得出了一些结论。②规范性。本书的写作力求按照数学教育研究的规范来展开，结构较完整、材料较充实、条理较清晰、论证较有力、结论较有价值。③启发性。笔者是一线数学教师，书中的所有作品都来自数学教学一线的实践，书中的论证过程与结论对广大读者应该有较大的启发性，应该能够促进读者去思考。看似很平常的一个个教学环节，却蕴含了教师、学生十分丰富、复杂多变的数学教与学的情感，呈现了教师的执教情怀和学生多姿多彩的数学学习历程，反映了数学教与学的复杂关系。④前瞻性。书中的不少探究结论符合新课程改革的理念，对教师专业发展具有一定的实用性和前瞻性。

本书在撰写过程中得到了云南师范大学朱维宗教授（教育部"国培计划——中小学骨干教师培训项目"云南省首席专家＜数学＞，全国首届教育硕士优秀教师）、华南师范大学吴康教授（著名奥林匹克数学竞赛指导专家）、刘仕森高级教师（广东省特级教师、原广州市执信中学校长）等专家的悉心指导,得到了笔者所在单位广州市铁一中学周伟锋校长及全体同事的大力支持和帮助。在此,对他们表示由衷的感谢!

在撰写本书的过程中,笔者参阅了大量的文献资料,吸收了其中很多研究成果,并尽可能一一注明所参考的资料。在此,向这些文献资料的作者表示衷心感谢!

本书适合在校数学教育专业的本科生、研究生、一线数学教师、教研员以及数学教育研究者阅读。

尽管笔者已虚心请教了不少专家,竭尽全力多次修改书稿,但因时间仓促,能力有限,书中必然存在很多不足之处,敬请各位读者批评指正。

2019 年 11 月

1

第一章

数学教师开展教学反思的概述

常见的反思有：对行动反思、为行动反思、在行动中反思。教师对自己教学的反思被称为专业发展最重要途径。反思成为大部分教师培训项目中不可或缺的部分。

教师需通过教学总结与反思来获得自身的教学知识①；需要有意和仔细地反思自己的教学实践，将经验的积累转变成数学能力、教学能力、教研能力和创造能力的提高；应通过反思自己的教学行为及其产生的结果来为有效改善教学行为提供参照②；应借助对自身教学实践的行为研究，不断反思自我对数学、学生学习数学的规律及数学教学的目的、方法、手段等方面的认识，以提高自身职业水平，努力成为学者型教师③。在平时的数学教学实践中，笔者喜欢对自己数学教学的各方面进行总结和反思，也喜欢在听课（听研讨课、展示课或者专题讲座）之中或者之后进行反思。正是这些总结和反思促使笔者对数学教学有了较多思考，积累了本书中较多的写作素材。自我反思已经成为笔者专业成长的重要手段之一。

---

① 范良火. 教师教学知识发展研究 [M]. 上海：华东师范大学出版社，2003.
② 张昆，曹一鸣. 完善数学教师教学行为的实现途径 [J]. 数学教育学报，2015，24 (1)：33.
③ 张维忠. 有效地改进教师的教学行为 [J]. 数学教育学报，2001，10 (4)：27.

教师自我反思的内涵与实质

教师个人的自我反思、教师集体的同伴互助、专业研究人员的专业引领是促进教师专业发展的最基本的三大要素。这三者具有一定的独立性，但又相辅相成、相互补充、相互渗透和相互促进。自我反思取决于教师个人的主观意志、专业发展的意识和视野，甚至和教师的知识基础紧密相关。

一、自我反思的内涵

反思是教师以自己的职业活动为思考对象，对自己在职业中的行为以及由此产生的结果进行审视和分析的过程，反思不是一般意义上的回顾，而是反省、思考、探索和解决教育教学过程中各个方面存在的问题从而总结出优秀的经验①。

自我反思作为"教师专业发展和自我成长的核心因素"，是理论与实践之间的对话，也是实现这两者沟通的桥梁。它隐含着三个基本信念：①教师是专业人员。这里的专业不是把所教的"数学学科内容"作为其专业表现，而是把教师的"教育行动与教育活动"视为其专业表现的领域。专业人员必须培养从经验中学习和对自己的实践加以思考的能力。②教师是发展中的个体，需要持续成长。教师作为专业人员，由新手成长为专家型教师，亦是需要过程的，而且这个过程是无止境的。现在，很多地方都高度重视教师的专业成长，举办骨干教师、名教师培训班，让一线教师在不同的阶段得到不同程度的成长，逐步提高他们的专业化水平，激发教师们的职业成功感。国家对中小学教师设立了正高级教师职称，也就是希望广大中小学教师能够不断地学习，追求更高的专业发展水平，尽量减少一线教师的职业"天花板"心理。③教师即学习者与研究者。教师专业发展是自我引导的结果。因此，教师始终是一个持续的学习者。

---

① 余文森. 有效教学十讲［M］. 上海：华东师范大学出版社，2009，10：205.

学习本身就是一种能力，研究本身也是一种能力。教师只有在自己的岗位上认真做好常规教学实践的同时，努力学习，才能更新观念、完善自身的数学学科教学知识、适应新时代对数学教学的新要求。那种只管上讲台，不重视自身学习的做法，不值得提倡和效仿。也许有些教师认为，我们任教的数学知识就那么一点儿，长期都没变化过。但是，教材内容的编写会改变，教学理念要求、教学目标要求、教学技术手段等都会有所变化。这就需要教师具有较好的学习意识和能力。

"问题即课题，教学即研究，提高即收获"，这就说明我们教师的教学实践有很多值得研究的内容，常规教学本身也是一个研究的过程。教师在不断地研究过程中解决了一些问题，那就是提高了自己的专业化水平。教师有能力对自己的"教育行动与教育活动"加以思索、研究、改进，由教师来研究改进自己的专业实际问题是最直接、最确切的方式。

二、教师自我反思的实质

教师自我反思的实质是自我对话和自我诘难①。

1. 自我对话

人在生活、工作、学习中，都在不断地感受着、思考着、反省着、探索着、寻觅着。而这一切的进行，都离不开自我对话。自我反思就是一种自我对话，是过去的我与今天的我、现实的我与理想的我的对话；是作为被观察者的我与作为观察者的我的对话，即"此我"与"彼我"的对话。在日常校本教学研究的过程中，要求教师去感悟、去思考，在对话理念的观照下，实际上就是要求教师积极地开展自我对话。校本研究中教师进行的自我对话，不同于一般的自我对话，它要通过自我对话使教师不断地提升自我、完善自我。例如：这节课的引入如此设计是最好的吗？还有其他的引入方式吗？为什么要如此引入呢？等等。这就是自我对话，对自己的所作所为进行深入思考、探索、寻觅。例如：对于高中数学中的正弦定理的推导，在人教 A 版教材中是以三角形为研究对象采用分类讨论的数学思想来展开的，而笔者采用三角形的外接圆为背景来展开也是一种不错的做法（详见本书第 3 章第 2 节），这是笔者在正弦定理的新授课教学后进行自我对话的成果。

---

① 余文森. 有效教学十讲［M］. 上海：华东师范大学出版社，2009，10：206 – 207.

2. 自我诘难

反思涉及一系列相应的态度和德性。教师完成整个教学任务，实现教育目标，一方面需要以科学的理性态度和方法对教育教学的本质有深刻的理解，并在此基础上建立起观念理性和相应技术理性的结构体系。这自然必须对自己已有的行为和习惯进行重新审视和考察，筛选并保存好的行为习惯，淘汰和改造坏的行为习惯。另一方面，需要更宽泛地提高素质。这要求教师认真地检讨自己的言行，在教学过程中是否表现了适当的谦恭、足够的勇气、公正的品质、豁达的胸怀、丰富的情愫，以及敏锐的判断力和丰富的想象力；是否有耐心、自知之明、亲切感和幽默感等。

如果一位教师只顾埋头拉车，默默耕耘，从不抬头看路，也不反思回顾，那么他就永远无法实现自我发展和真正的超越。对教师来说，自我反思就是"留一只眼睛给自己"。例如，上完一堂课后，静静地坐在办公桌前，从容地整理自己的教学思路，梳理一下自己的教学行为，总结自己的教学得失，捕捉课堂教学的某个细节，及时记下课堂中精彩的小插曲或难得的灵感。

面对纷纭复杂的数学教学现象，即使别人习以为常，也要问问自己："为什么会这样？我和别人有什么不一样的看法？我的观点是否轻易地被别人左右了？在这个问题或现象的背后还隐藏着什么？这节课还可以怎样设计？"

教师自我反思的内容与形式

教师自我反思的内容与形式多种多样，因人而异。

一、教师自我反思的内容

教师反思什么与教师的工作实践范围有关，教师自我反思的内容是多方面的，大致可以分为以下三类。[①]

1. 指向行为、观念及其角色层面的反思

即教师对自己的教育教学行为表现及其背后的隐性观念和角色假定进行反思和分析。例如："我在刚才这节课上的讲解是否太详细了，太多了呢？""我批改作业是否太少评语式评价了？"

2. 指向设计、实施及其结果层面的反思

即教师对自己的教育教学设计（方案）及其实施过程和实施结果进行反思和分析。例如：我们在上完一节公开课后，对整节课的教学流程的设计是否有利于教学目标的达成？教学效果如何？

3. 指向个性、风格、机智及其智慧层面的反思

即教师对自己的教育教学个性、独特性、智慧和机智表现进行反思和分析。例如：一个从教了十年的老师可以反思自己有什么教学风格、面对数学课堂上的生成性环节，往往如何处理。

反思作为一种思维方式总是按照一定的方向和过程展开的。就教学工作来说，我们可以依据反思所涉及的教学进程，将教学的反思分为教学前、教学中、教学后三个阶段。

（1）在教学前进行反思。这种反思具有前瞻性，能使教学成为一种自觉的实践，并有效地提高教师的教学预测和分析能力。在书写教学设计之前，教师

[①] 余文森．有效教学十讲［M］．上海：华东师范大学出版社，2009，10：208.

凭借自己以往的数学教学经验可以展开反思；在书写教学设计的过程中，也可以对教学设计涉及的内容展开反思；在书写完教学设计之后，还可以反复思考其中的有关细节。哪怕在马上走上讲台进行讲课之前，教师仍可以进行反思：这个设计还可怎样修改、调整一下，使得教学效果更好一些。如此的反思就是很好的探究，很有必要，对教师的专业发展十分有帮助。

（2）在教学中进行反思，即及时、自动地在行动过程中反思。这种反思具有监控性，能使教学高质高效地进行，并有助于提高教师的教学调控和应变能力。在课堂教学中，需要教师边讲课边对之前的教学进行反思，灵活处理好预设与生成性环节，围绕教学目标推进课堂教学进程。课堂教学充满了预设和生成性环节。如何合理处理生成性环节，考验任课教师的教学智慧。笔者认为，无论预设多么充分，课堂依然会有生成性环节，要处理好这些生成性环节，就要求教师在教学过程中及时观察课堂、反思课堂和调整课堂教学环节，使得课堂教学沿着预设的教学目标前行；只有如此的课堂，才是真正关注学生发展的课堂，而不是教师一厢情愿的满堂灌。

（3）教学后的反思，即有批判地在行动结束后进行反思。这种反思具有批判性，能使教学经验理论化，并有助于提高教师的教学总结能力和评价能力。例如，在上完一节课之后，教师可以安静地反思这节课的成功之处和存在哪些可以继续改进的地方（遗憾）。本书第四章里的较多内容是笔者对自身十几年的数学教学实践的反思，不少是教学后的反思。相信读者在阅读之后会有一些触动。

这三个阶段构成了教师教学反思研究的基本过程，对改造和提升教师的教学经验具有重要的意义。"经验＋反思＝成长"，教师只有意识到自己的教学经验的局限性并经过反思使之得到调整、重组和完善，才能在提高教学效能的同时，实现自己的专业成长。

二、教师自我反思的形式

教师的自我反思可以从教学实践、理论学习、相互借鉴三个层面展开①。

1. 在教学实践中自我反思

教师在每一堂课结束后，要进行认真的自我反思，思考哪些教学设计取得

① 余文森. 有效教学十讲［M］. 上海：华东师范大学出版社，2009，10：209 - 210.

了预期的效果、哪些精彩片段值得仔细咀嚼、哪些突发问题让自己措手不及、哪些环节的掌握有待今后改进等。同时，认真进行反思记录一下，主要记录以下三点：

（1）总结成功的经验。每堂课总有成功之处。坚持把这种成功之处记录下来并长期积累，教学经验自然日益丰富，这有助于教师形成自己的教学风格。

（2）查找失败的原因。无论课堂的设计如何完善，教学实践多么成功，也不可能十全十美，难免有疏漏之处，甚至出现知识性错误等。课后要静下心来，认真反思、仔细分析、查找根源、寻求对策，以免重犯，使教学日臻完善。

（3）记录学生情况。教师要善于观察和捕捉学生的反馈信息，把学生在学习中遇到的困难和普遍存在的问题记录下来，以利于有针对性地改进教学。同时，学生在课堂上发表的独到见解，亦可拓宽教师的教学思路，及时记录在案，师生相互学习，实现教学相长。

2. 在理论学习中自我反思

教师要不断地学习和研究先进的教育教学理论，并自觉地运用理论反思自己的教学实践，指导自己的教学活动，在学习中深刻反思，认真消化，并付诸实践。先进的理论往往能让我们感受到"山重水复疑无路，柳暗花明又一村"，使我们的教学进入新的境界。没有深厚的理论素养和丰富的知识储备，是难以达到高屋建瓴的教学境界的。本书第四章中的大多数内容就是笔者基于理论视角对自身教学实践的深刻反思。十几年来，笔者喜欢订阅数学教学杂志，如《数学教育学报》《数学通报》《数学通讯》等，还有购买如张奠宙、郑毓信、涂荣豹、喻平、曹一鸣、王光明、何小亚等知名数学教育专家的著作，进行自主阅读。笔者能较好地带着自身的数学教学实践去阅读这些杂志和著作，并且读到一些能较好解决困惑的理论、文献时，能动笔将一些感想、体会写下来，甚至写成论文去投稿发表。经过多年的坚持，笔者能较好地运用一些数学教育理论去解读自身的教学实践，甚至较好地解决了不少数学教学中的困惑，取得了一系列探究成果。通过如此的理论与实践相结合的反思，让笔者较好地提高了教育理论素养。

3. 在相互借鉴中自我反思

教师之间，多开展相互听课、观摩的活动，不但可以避免闭目塞听、孤芳自赏而成为井底之蛙，而且能够使我们站在巨人的肩膀上高瞻远瞩。只要有可能，就要多听课，多参加评课研讨。除了要多争取观摩别人的课堂教学，还要研究特级教师、优秀教师的课堂实录。从课堂结构、教学方法、语言表达、板书设计、学生情况、教学效果等方面，客观、公正地评价其得失。教师对所听和所观摩的每一堂课都要思考、探讨、研究，并用以反思自己的教学，进行合理扬弃、萃取精华、储存内化，从而促进自身的教学走向创新，提高教学效果。积极参与听课和评课，是一线教师提高自身数学教学技能的重要措施。如何听课和评课才更有利于一线教师的专业发展？那就要求教师在听课和评课过程中善于将自己对这节课的教学设计和所听到的课的教学过程进行对比，运用合适的数学教学理论去反思、分析、探究；要力求理论与实践相结合，展开深层次的反思，而不是表面上的简单对比和谈谈经验做法。当前较多教师在评课过程中不愿意表达自己的看法，或者不会评课，不知道从哪些角度去评。一位教师听完了一节课，如没有任何想法和看法，那是不可想象的。教师整理自己听课后的感想和体会，就是自我反思的过程。敢于评课，表达自己的看法，这就是很好地将反思暴露出来，这也是与同行研讨的前提。

　　总之，我们数学教师要不断在借鉴中进行反思，力求理论与实践相结合。

教师自我反思的方法与策略

方法比努力更加重要。只有掌握了正确的自我反思的方法和策略，才能提高自我反思的效果，才能有助于教师自身的专业化发展。

一、教师自我反思的方法

教师自我反思的方法主要有内省式反思、交流式反思、学习式反思、研究式反思等。①

1. 内省式反思

所谓内省式反思，即通过自我反省的方式来进行反思，可用反思日记、课后备课、成长自传等方法。内省式反思，意味着教师开始以自己的生命经历为背景去反观自己、观察世界，内在地承受着对自己的言行给出合理解释的思想压力，从而促使教师进入沉静思考的层面，倾听自己内心深处的声音，站在自己的角度反思和挖掘自我，生成自己的智慧，激发出许多自己平日难以料想的洞见。这就意味着教师开始不再依赖别人的思想而生活了。反思日记，即对一天中所发生的各种教育行为进行记录，并初步分析收获与不足，以便改进工作，扬长避短。课后备课，即课后根据教学中所获得的反馈信息进一步修改和完善教案，以明确课堂教学改进的方向和措施。成长自传，即教师对自己成长经历的描述和分析，内容包括成长的主要阶段、各阶段的主要事件及其起因和影响等，成长自传是一种比较系统、细致的反思方法。

2. 交流式反思

所谓交流式反思，即通过与他人的交流来进行反思，可用观摩交流、学生反馈、专家会诊和微格教学等方法。反思尽管表面上看是一种个体的活动，却依赖一个群体的支持，它不仅要求教师自己有一个主动、负责、全心全意的心

---

① 余文森．有效教学十讲［M］．上海：华东师范大学出版社，2009，10：210−212.

态，同时也要求有一个信任、合作、协作的环境。

观摩交流，即教师之间相互观摩，分析、交流观摩到的情境，提出问题，共同研究解决问题的方案。学生反馈，即教师从学生那里了解自己教育教学的效果，以便更好地改进自己的工作，使之达到学生期望的结果。专家会诊，即专业研究人员、学校领导、教师同行定期对教师进行教育教学会诊，从中发现教师教育教学工作中的不足，并通过共同研究来解决问题。微格教学，即以少数学生、教师或专家为对象，在较短的时间内尝试小型的课堂教学，并把教学过程制成录像，课后反复观看、交流，认真听取他人意见和建议。

3. 学习式反思

所谓学习式反思，即通过理论学习或与理论对照进行反思。理论学习，即教师系统学习理论，从而深刻地理解和把握教育的规律，树立全新的教育理念，并对自己已有的教育理念和行为进行反思。与理论对照，即教师用相关理论自觉地审查自己的教育理念和行为，从而矫正自身的理念与行为，并使之符合理论要求。笔者在任教初中数学和高中数学的过程中都十分重视对课程标准及其解读本的认真研读，带着自己的教学实践去学习其中的理论、理念，收获巨大。在学习理论的过程中，笔者运用这些理论去进行数学教学案例探究，写成了几十篇论文并公开发表，也整理出版了两本专著，即《高中"说数学"案例探究》与《中学生数学写作研究》。如此的基于实践的理论学习是一种很好的学习方式，也是很好的教学反思。

4. 研究式反思

所谓研究式反思，即通过教育教学研究来进行反思。教师可以以先进的教育教学理论为指导，对教育教学过程进行调查、观察、实验和总结，从而探索出有助于学生发展的教育教学模式、内容和方法；也可以以本校、本班出现的实际问题为研究对象，以解决这些问题为目标，进而不断地改进教育教学工作。笔者分别在2012年和2014年申报并成功立项了广州市教育科学"十二五"规划课题，还成功立项了广东省2019年度中小学教师教育科研提升（强师工程）项目。笔者通过申报这些数学教育课题，长时间地对数学教学实践进行调查、观察、实验和总结，以此来进行反思，并且形成了较多成果，特别是在"说数学"和"数学写作"这两大方面。这就是研究式反思，它带有很强的教育科研的味道。

为了提高反思的效果，有两种常用的反思策略（手段）可借鉴。一是问题单。问题单是指教师为了对自己教学实践的某些方面进行自我观察、自我监控和自我评价而使用的一种问题调查表。二是录音或录像。教学录音或录像不仅可以为教师提供更加详尽的教学活动记录，而且可以帮助教师认识真实的自我或者隐性的自我。随着信息技术的快速发展，对教学过程进行录音或者录像都很容易实现。教师通过对所收集的数据进行系统的、客观的、理性的反思，分析行为或现象的形成原因，探索合理的对应策略，从而使自己的教学更加有效。

二、教师自我反思的策略

要做好自我反思，我们需要重视反思的主动性、及时性、规范性、科学性、多元性、系列性、专业性、发展性、可视性和创新性等。

1. 反思的主动性

较多教师尽管从事数学教学工作多年，但很少开展深入的教学反思，一直沿用着自己的一些感性经验做法去实践。对自己任教的教学成绩的好与不好，这些教师都不会自我反思、总结经验与教训。出现如此情况的原因是这些教师对教学反思的重要性的认识存在不足，欠缺反思的主动性。只有主动反思才能真正有助于促进反思者的数学教学。主动反思者会反复思考自己教学实践中的很多细节，从多个角度去展开思考，内心会提出改进教学的一些策略，甚至会在实践中积极探索这些策略的有效性。主动反思者会不断地学习先进的教学经验，会自觉地将这些先进经验与自身的教学实践联系起来，甚至会主动地学习一些教育理论知识，尝试用理论知识来解释自身的教学实践。被动的反思往往是表层的，不够深入，其广度也存在严重不足，从而不会对自身的教学实践产生较好的影响。有的教师只在学校要求写教学反思时才动笔书写一下，平时几乎不写教学反思；有的教师善于主动将自己教学实践中特别深刻的一些细节书写下来，写成案例研究成果去投稿、公开发表。这两种教师不同的教学反思的态度必然对自身的教师专业化发展产生不同的影响。

2. 反思的及时性

当前，一线数学教师的日常工作比较繁多。如果没有及时进行教学反思，那么很多有价值的反思素材就会消失。有时候，笔者看到一些教师上完课回到办公室，坐在办公桌前，和同事们分享自己在刚才这节课上的精彩片段或者失意的设计。可是，这些教师未能做到及时把这些分享写下来，仅仅停留在口头上，过了若干天之后，就忘记了，丧失了深刻反思的良机。针对"精彩片段或者失意的设计"开展的反思非常有价值，较多的是开展教育科研的好素材，需要我们去及时把握住，第一时间将其写下来，防止被遗忘。一般而言，学校里安排的课程每天都会有数学课。新的感触容易覆盖旧的感触。不少教师总觉得找不到数学教学论文写作的选题、找不到数学教育科研课题的选题。其中较多的是在平时的教学实践中不注意积累素材，不重视数学教学反思，一到需要选题时，就难以找到合适的选题。"好记性不如烂笔头"，为了强化反思的作用，我们就应该及时开展教学反思。

3. 反思的规范性

教学反思应该尽量做到规范化。只有规范化的反思才能提高反思的水平。规范化的反思就是符合数学教学研究规范的反思。在长期的教学实践中，笔者看到较多教师为发表教学论文或者申报课题而发愁，经过深入了解才知道，这些教师对数学教学研究规范了解不多，不了解数学教学论文的基本格式的规范要求、不了解投稿给杂志期刊的方法与策略、不熟悉数学教学论文的常见类型及其写作要求等。只有规范的反思才具有较好的深度和广度，才有较好的参考、借鉴和推广价值；才容易获得同行们的认可；才能够通过反思促进自身的专业发展。

4. 反思的科学性

数学教师开展的教学反思应该是数学教学方面的反思。数学教学有一些固定的原则，如因材施教原则、启发性原则、层次性原则等。数学知识本身是科学文化知识的一部分，十分严谨。因此，数学教学反思要符合数学教学和数学知识的科学性，不能有随意性和盲目性。为了做好教学反思的科学性，反思者就应该强化自己自主学习，不断更新自身的教学知识、教学理论素养和数学知识。笔者主张，一线教师应经常阅读高质量的数学教学期刊论文，经常阅读教育教学理论著作。只有不断学习，才能提高反思的科学性。特别需要指出的是，反思的科学性不仅仅是教师所任教的数学知识的正确性，还包括数学教学方面的科学性。

5. 反思的多元性

反思的多元性，是指反思的角度可以不同，从多个视角去反思同一个数学教学实践。反思的多元性可以强化反思的深度和广度。只从一个视角去反思某一个数学教学实践，难免会比较肤浅，甚至存在一定的片面性。本书的第四章介绍了一些笔者基于多个不同的理论视角对"说数学"的实践（案例）探究成果。如从信息不对称理论、核心素养培育、课程资源开发等视角对"说数学"利用案例研究法展开了深刻的反思性探究，得出了不少有价值的结论。如此多角度地对"说数学"的反思性探究，很好地促进了笔者加强对这些理论的学习以及运用这些理论去解读、反思"说数学"的能力，也引发了笔者从更高、更深、更广的角度去探究"说数学"。同一个数学教学案例，从不同的视角去反思、探究往往能得出不同的结论。

6. 反思的系列性

反思的系列性是指反思者应该善于将自己的教学反思整理成具有一定的系列性的研究成果。譬如，数学课型可以划分为新授课、复习课、习题课、讲评课等，对于这些不同的课型我们完全可以围绕着"如何提高课堂教学的有效性"去反思具体的课堂教学环节（实践），从教学设计、教学实施、教学效果、教学评价等角度去展开。这样开展的教学反思具有很好的系列性，也具有很好的针对性，会带来较好的实效性。如此的反思应当十分符合一线教师的教学、科研的需要，也容易让同行产生共鸣，更能促进反思者对数学教学常规的整体性把握能力的提高。笔者在长达十五年的"说数学"的探究中，对新授课、复习课、习题课、讲评课等不同课型如何实施"说数学"，如何提高教学的有效性展开了比较深刻的反思，在省级以上刊物公开发表了一系列成果。如此的系列反思，使得笔者在两次申报、主持广州市教育科学"十二五"规划课题的全过程显得比较顺利。在当前新一轮课程改革中，如何在新授课、复习课、习题课、讲评课等教学实践中达成培育学生的数学学科核心素养，需要广大一线数学教师不断地学习、积极探索和系列反思。只有如此，数学教师的专业化发展能力才能适应新时代国家教育对数学教师的要求。

7. 反思的专业性

数学教学反思是数学教师所做的反思，要符合数学教学的专业要求，要具有数学学科的特点。数学、语文、英语、政治等不同学科的教师所做的教学反思应该有所不同，最大的差异应在于学科特点不一样。数学教学反思应紧扣数学知识教学来展开。数学知识的教学具有很强的专业性，这主要是数学知识本身具有很强的特性，如抽象性、严谨性、推理性等。另外，数学教学有自身的教学原则和策略，是其他学科所不能代替的，如弗赖登塔尔的再创造教学思想、范希尔夫妇的几何思维教育思想、顾泠沅的变式教学思想等。总之，数学教学反思应该有很浓的数学味。

8. 反思的发展性

反思在数学教学过程中应无处不在。反思对于同一个反思者而言都会具有不同的层次，不同反思者之间对同一个教学实践所作的反思往往存在差异。反思应该为提高反思者的数学教学能力水平服务，这有助于促进反思的受众们的反思。笔者以为，数学教师追求数学教学反思的层次应该越来越高，不断向上发展。反思的发展性与主动性、规范性、科学性和专业性等紧密相关。不断追求反思的发展性，能增强反思的主动性。反思的发展性需要很强的规范性、科学性和专业性。不断发展的反思对反思者乃至受众们的专业化发展水平的提高具有很强的实用价值。需要指出的是，反思的不断发展，离不开理论与实践的有效结合。因此，值得强调：不断学习教育教学理论知识，对教师自我反思十分重要。

9. 反思的可视性

所谓反思的可视性，是指反思者尽量将自己的反思写下来，形成看得见的成果，如数学教学论文、教学反思稿。为什么要强调反思的可视性呢？因为较多教师在反思自己的数学教学实践的时候，往往是停留在脑海里，没有动手去把自己的思考书写下来。很多教师会觉得安静地用脑去反思自己的教学实践容易做到，但是当真正动手将其写下来时，感觉十分困难。这也许是"平时想得多，而写得少"导致的。

新时代对教师的教育科研能力提出了较高要求。各种层次骨干教师、名教师的遴选和认定，以及特级教师的评选和高级职称的评审等都对教师的论文写作能力提出了具体要求；教育科研课题的申报和结题也对课题研究者提出了论文发表的明确要求。教师能将自己在教学中的所思所想规范地写下来，是新时代教师专业发展能力的要求之一。数学教师的教学反思，是论文写作的重要题材。

20 世纪 50 年代，英国物理化学家波兰尼（M. Polanyi）在他的著作《人的研究》中首次提出了默会知识①的概念，把人们头脑中的知识按外在化程度分为两类：一类是明确知识（也叫明显知识），它是显现的，主要是关于客观世界的事实与原理的表达，解释现实世界是什么、为什么的问题，它可存于书本之中，可进行编码储存和传递，能在实践中加以运用和批判性反思，具有逻辑性、共享性和批判性等特征；另一类为默会知识（也叫缄默知识），它是人们头脑中潜在的，主要是关于人们对客观现实世界的知识与原理的理解、获得过程的表述，以及对知识与技能的领悟过程的描绘。

数学教师将教学实践反思写下来，就是对数学教学的"默会知识明确化"的非常好的措施。书写教学反思能将反思进行得更加深入、更加规范、更加全面，也更能有效地促进数学教学实践能力的提高。

---

① M. Polanyi. The Study of Man［M］. London：Rout ledge & Kegan Paul，1957.

10. 反思的创新性

数学教学实践可以做到许多创新。这里的创新不是一般意义上的发明创造，而是教师自己在教学实践中不懈努力，改进教学策略和方法，勇于超越自己，不断提高数学教学效益。反思的创新性，是指数学教学反思要有新视角、新方法、新观念和新观点。反对那种任务似的、因循守旧的教学反思。只有在教学反思中不断追求创新，教师才会在教学实践中追求创新，如适当改变数列复习课的教学环节流程，会带来如何的教学效果呢？若经过教学实践检验，发现如此的改变具有非常好的教学效果，那授课者就要反思：如此设计的依据是什么？为什么如此改变会带来这么好的教学效果呢？这样的教学流程适合所有的数学知识单元复习吗？如此创新，就是教师在平凡的工作岗位上"尝试——改进——完善——反思"教学实践①。

---

① 钟进均．基于"说数学"实践的创新思维培养案例研究［J］．数学通讯，2019（7）：11－15.

教师自我反思的意义与条件

教师自我反思有助于提高教学工作的自主性、有助于提高教学经验的质量、有助于形成优良的职业品质、有助于促进教师的缄默知识显性化。

一、自我反思的意义

自我反思的意义主要有：提高教学工作的自主性，提高教学经验的质量，形成优良的职业品质，促进缄默知识显性化。[①]

1. 提高教学工作的自主性

反思总是指向自我的，它要求把自己看作反思的对象，同时也是反思的承担者。教师反思过程实际上是使教师在整个教育教学活动中充分地体现双重角色：既是引导者又是评论者；既是教育者又是受教育者。因此，教师反思过程实际上是将学会教学与学会学习统一起来，努力提升教学实践的合理性，使自己成为学者型教师的过程。教师不仅要成为教学的主体，而且要成为教学研究的主体，把自己作为研究的对象，研究自己的教学观念和实践，反思自己的教学实践，反思自己的教学观念、教学行为以及教学效果。通过反思和研究，教师不断更新教学观念，改善教学行为，提升教学水平，同时形成自己对教学现象、教学问题的独立思考和创造性见解，使自己真正成为教学和教学研究的主人，提高教学工作的自主性和目的性，克服被动性、盲目性。

2. 提高教学经验的质量

自我反思有助于提升教师的教学经验。许多研究表明，教师自身的经验和反思是教师教学专业知识和能力的最重要的来源。没有经过反思的经验是狭隘的经验，意识不高、理解不透、系统性不强，它只能形成肤浅的认识并容易导致教师产生封闭的心态，从而无助于甚至阻碍教师的专业成长。只有经过反思，

———————————————

① 余文森. 有效教学十讲 ［M］. 上海：华东师范大学出版社，2009，10：214，215.

使原始的经验不断地处于被审视、被修正、被强化、被否定等思维加工中，去粗取精，去伪存真，这样的经验才会得到提炼，得到升华，从而成为一种开放性的系统和理性的力量。

新课程对教师的传统教学经验提出了全新的挑战，经验反思的重要性也因此被提到了前所未有的高度。但是，只有教师自己才能改变自己；只有教师意识到自己的教学经验具有局限性，并经过反思使之得到调整和重组，才能形成符合新课程理念要求的先进教学观念，从而使自己的教学质量得到真正的提高。

3. 形成优良的职业品质

反思不是一种能够被简单包扎起来供教师运用的技术，而是一种面向问题和反思问题的主人翁方式。反思涉及直觉、情绪和激情。在反思行为中，理性和情绪交织其中，三种态度——虚心、责任感和全心全意是反思行为的有机组成部分。教师形成反思意识，养成反思习惯，本身就是对事业、对学生、对自己的责任感。它有助于形成教师爱岗敬业、虚心好学、自我否定、追求完美等优良的职业品质。

4. 促进缄默知识显性化

教师拥有的缄默知识体现出高度个体化、不易言传和模仿的特点。缄默知识深置于教师个人的行动和经验之中，包括融于教育教学中非正式的、难以明确表达的技能、技巧、经验和诀窍。这些是与教师个人经验、行为和工作内容紧密相关的，是教师在长期的教育教学中积累和创造的结果。教师个体拥有的这种缄默知识体现为教师在教书育人中的直觉、灵感、信念、洞察力、价值观和心智模式等，它与教师的性格、个人经历、修养等因素有着密切的关系。

教师的缄默知识是一份极其宝贵的教育财产。通过对话和反思，让缄默知识"说话和发声"，这是一个将缄默知识转化为显在知识的过程。个体通过相互的交流、对话、讨论、分析，使个体的缄默知识转化为团体共同的术语和概念，个体享有他人的缄默知识的同时，也促进了个体对自己的缄默知识的反思，从而达成对知识的共同理解。

二、教师自我反思的前提与条件

教师的成长过程也就是不断反思、重构自己对教育教学理论与实践基本看法的过程。让教师真正意识并切身体会到反思对其专业发展的意义，对于督促教师自觉进行反思、养成良好的反思习惯具有重要意义①。

责任感是教师自觉进行反思的前提。责任感是师德的核心，是教师持续发展的基础。只有增强责任感，教师才能在没有外界压力的情况下自觉反思；才能把反思与履行好自己的角色义务联系在一起；才能把个人专业发展与教育的终极目标联系在一起，从而不断提高自己的反思能力，成为批判反思型教师。

顽强意志是教师坚持进行反思的保证。反思需要勇气和毅力，因为反思是把自身作为反思对象，是对自己的剖析甚至否定，同时反思还是一份艰苦细致、劳神费力的工作。这就要求教师具有反思的勇气和顽强的意志，能够自觉地、积极地、持续不断地思考自己的理念和行动，即使不令人满意或非常痛苦也应坚持不懈。

教师要真正意识到自己的教学行为，开展有效的教学研究，还需要教育行政部门、专业研究人员、学校领导和其他教师及管理人员的引导、支持与合作。没有这种引导、支持与合作，教师的反思将难以深入开展，或者浅尝辄止，或者半途而废，或者不得其法。良好的反思氛围是教师深入进行反思的必要条件。因此，营造一个支持性的环境对养成教师的反思习惯大有裨益。期待各层次的教育管理者高度重视、支持教师的自我反思。

---

① 余文森. 有效教学十讲［M］. 上海：华东师范大学出版社，2009，10：214，215.

数学教师开展教学反思的原则

教学反思是教师在教学实践中为了提高自己的教学水平而采取的一种重要手段，教学反思的关键在于反思后的行动，教学反思要从细微处着手。根据教学反思的概念和教学反思的特点，结合数学学科教学实际，我们提出教学反思的以下几点原则①。

一、目的性原则

教学反思要有目的性。教学反思的目的是教育目的的组成部分，"教育目的不是赖于教育科学，而是赖于教育哲学来决定"。教学反思的目的是解决教学中的问题，提升教师自身的教学素质和提高教学质量。一线教师教学反思的目标要定位在寻找和分析自己教学中的问题，改变自己的教学策略和具体教学方法，以提升自身的教学技能和提高教学质量。

1. 反思是为了达到更高的境界

教学反思是教师在教学实践中，为了自己达到更高的教学境界，通过学生的反应和学习效果来调整自己的教学行为，逐步学会放弃，不断地自我完善的一种行为。叶澜教授指出："一个教师写一辈子教案难以成为名师，但如果写三年反思则有可能成为名师。"教学反思的目的是提高自己的教学技能，使自己达到更高的教学境界。

2. 反思是一个人积极进取的外显

反思是一个人积极进取的外露表现，当一个人希望提升自己的业务素质，有了内部动机，即使没有任何人督促他，他也会自觉地进行反思；一个不思进取的人是不会积极主动地进行教学反思的。有些学校要求教师每天写 1000 字的教学反思，于是就出现了应付检查的假思，只片面追求数量达标，这样不是发

---

① 陈白棣．教学反思的原则［J］．教学与管理，2016（8）：5－7.

自内心的反思，即使写三十年也不可能成为教学名师。建构主义认为，主动建构时反思者非形式化的教学经验在其中起着重要作用，教师的主动建构需要学校为其创设良好的教学反思环境，因此学校应该将精力用在指导教师如何反思和调动教师反思的积极性上。

3. 教学反思是为了提高教学质量

教师教学能力决定了教学质量，教学质量是学校的生命力。教师为了提升自己的专业能力，就要对自己具体的教学活动、教学方法的选择、教学内容的呈现、教学原则的运用、教学案例的设计是否适合学生的实际等进行反思。

二、问题性原则

反思产生于教学过程中遇到的问题，教学反思要坚持问题性原则，没有问题就没有教学反思①。教学反思是一种学习，也是一种提高。只有解决了教学上的问题，教学才是有提高的重复。教师用批判的眼光审视自己的教学行为和观念，寻找教学中的困惑。在教学中感到某一个部分讲授得不顺手、某个问题讲授得不满意、某个场面的处理有待提高，这都是教学中的问题。问题的内涵应该扩大化，凡是能引起自我信念的疑惑或心理上的不适都应该看作问题。教学反思的基本目的在于提高教师的专业技能，帮助教师解决教学过程中存在的问题，并通过持续不断的教学反思和教学行为促使"教师学会教学"。如果是新手教师，我们可以提出这样的问题：①这节课我计划让学生学到什么？②我采取什么样的教学方法把知识传授给学生？能不能换一种传授知识的方法？③这节课是否让每一个学生都有所收获？④学生获得这些知识需要多长时间，能否缩短几分钟？⑤这节课培养了学生的哪种数学能力？⑥这节课是否揭示了问题的本质？如方程这节课中，方程的概念是"含有未知数的等式"，但方程的本质是"为了寻求未知数，在已知数和未知数之间建立起来的一种等式关系"。列方程解应用题是一个难点，可能与学生没有掌握方程的本质有关。⑦这道题目解答完了，还有没有其他的解法，引导学生讨论问题的条件是否必要，改变一下条件呢？

三、行动性原则

教学反思是在回顾自己的教学过程中发现问题和不足，从而修正自己的教

---

① 陈白棣. 教学反思的原则［J］. 教学与管理，2016（8）：5 - 7.

学策略，提出新的教学方案，在下次教学时进行新的尝试。教学反思要有行动跟进，没有行动跟进的反思是无用的反思，因此，反思要坚持行动性原则。如果学生期末考试失败，严于律己的教师往往归因于自己教学的缺陷，从中寻找原因，写下教学问题分析和新的教学策略，改变自己的教学方法。再讲授这部分内容时，就不再重复以前的错误，并且又多了一种教学策略和方法。中小学教师由于教学任务重，很多教师的教学反思仅仅是一种应付检查的形式，对提高教学几乎没有什么促进作用。教学反思宁可少些，也要写得真实。只有教学反思后立刻行动起来，教师的教学技能才能改变，才能提高，否则就会多一个人说："学生的基础差得很，某个问题我讲了 N 次，学生还是不会。"

四、针对性原则

教学反思要有针对性。教学是一门技术，更是一门遗憾的艺术。每一节课不论新手教师还是专家型教师讲授之后都会有很多遗憾，我们不可能一次对每一个问题都反思，如果这样做，愿望是好的，但效果不一定好，特别是新手教师。因此，反思不一定面面俱到，我们可以在一个时期，针对某一类问题进行教学反思。教师的反思要针对自己的教学实际，准确把握问题的要害，是教学目标没有达到、是所举例子与学生实际生活有距离、还是教学方法的选择不恰当，反思者自己要做到有的放矢。

五、科学性原则

科学性原则体现在两个方面：一方面，反思教学方法的科学性。第一步选取一节有代表性的课堂教学或教学片段；第二步分析找出教学片段中自己采用了哪几种教学方法；第三步对教学方法进行分析、反思。例如：①这种教学方法是否符合这节课的课型？②这种教学方法符合什么教学原则？③这种教学方法能否达到本节教学目标的要求？④换一种教学方法教学效果将如何？另一方面，反思课的基本结构的科学性。要反思讲授时间、学生练习时间、课堂小结时间等是否分配得合理。

六、微观性原则

教学反思要从点滴的小事做起，教学前可以反思课堂设计的理念、教学目标，教学后可以进行提问方式、板书设计规范性、课堂组织教学、新课导入、课后作业和课堂练习选配的反思等。一线教师的教学反思最好从大处着眼，从小处着手。对每个具体问题进行反思，每一次反思后的行动跟进都对教师教学境界的提高有促进作用。反思可以从以下几方面着手：成功和得意之处：精彩的师生对答、层次清楚的板书、教学方法的创新、教材的改进与处理等；失误和不足之处：教学是否流于形式、一些知识是否讲透、难于理解的知识学生是否掌握；学生的问题和建议：学生的问题有个别的也有普遍的，有意想不到老师难以理解的，也许还有些是创新的；教师还要善于倾听学生与关注学生的状态：真心欢迎学生插嘴、欣悦接受学生的质疑、专注倾听学生的意见和见解、鼓励学生在听讲过程中提问。今后的教学再设计，就是要付诸实际行动。我们在课堂上的一个小的得意发挥、在讲课时的灵光一现、对某个问题想出了新的解决办法或者一个小的遗憾，如讲一个问题时用错了条件，某一步证明推导中有学生看不出而自己后来知道的错误等，都可以记录下来，作为教学反思的材料。只要我们勤动笔，善于分析总结，不论多么小的成功与失误都记录下来，就可以"积小胜为大胜"。当然从小事抓起并不反对对教学理论、专业发展等大问题的反思。

七、创新性原则

教学反思的目的是解决教学中的实际问题，提升教师自身的教学技能和提高教学质量，实现教师个人教学境界的超越。没有创新就没有超越，教师为了提升自己的教学艺术，就要创新教学方法、教学策略和教学模式，来实现教师自身的提高和自我完善。在反思的行动跟进中，所谓创新教学方法，对其他老师来说，不一定是新的，但是对反思者来说一定是新的教学方法。教学反思的过程中不仅教学方法、教学理论得到了创新，而且教师个人的知识体系、教学理念也得到了改造和提高。那么，在教学中如何创新？

1. 用数学中的比较方法

一方面，自己与自己比较。我讲一元一次方程时用什么方法？我讲一元二次方程时用的什么方法？自我感觉两种方法的效果如何？另一方面，自己与他人比较。优秀教师是如何讲这一节课的？我讲这一节课时是用的什么方法？我为什么要选择这种方法？两种讲课方法的优缺点是什么？我能借鉴和坚持的是什么？

2. 用数学中的转换方法

给上一级学生讲某一个问题时，用的是综合法，这一次能不能用分析法，分析后证明过程由学生来书写完成。

3. 故意制造一点错误

老师故意在上课时制造错误，故意讲不下去，然后请同学们帮助老师寻找错误，当一位或几位同学发现问题后，老师及时表扬，这也达到了让同学们掌握知识的目的。

八、持续性原则

教学反思是一种持续不断的批判性思维，不是一朝一夕的事情。一名教师要从新手转变成为专家型的教师，不可能只通过一次反思就完成转变，反思要经常、持之以恒地贯穿整个教学过程。教师要以开阔的心胸不断地对自己教学过程中有困惑的教学设计、理念、教学目标、教学方法进行回顾和剖析。青年教师要认真学习教育理论，要在理论的指导下不断改进教学方法，提升教学理念。主动积极的教学反思对教师素质的提高会有一个从量变到质变的过程，一天两天可能看不出这个人素质的显著变化，但是两年三年后再与以前对比，这个人的教学境界、教学观念、教育教学行为和教学能力就会有质的飞跃。

教学反思的目的是提高自己的教学技能，教学反思的关键在于反思后的行动，教学反思要从细微处着手。谁真正地进行教学反思，谁教的学生成绩提高得就快；因为"学校对教师的考核不是以教师说什么，而是以学生的变化来考核的"。谁不真正进行教学反思，谁的教学水平就相对容易下降。

影响教师教学反思能力的因素

影响教师教学反思能力的因素比较多，既有教师个人主观方面的因素，也有客观因素。

一、学校的物质环境与组织文化

学校环境作为影响教师教学发展与教学反思的客观因素，主要包括学校的物质环境与组织环境①。

首先，从物质环境来看，主要指学校的各种物质性存在与构成，即学校的硬件设施。完善的物质环境有助于促进教师的教学反思，能够为教师开展教学反思活动提供丰富的物质条件与多样的方式方法，拓展教学反思内容。不完善的物质环境不利于教师进行教学反思，制约教师教学反思的开展。如果学校的相关设备不健全，教师在进行教学反思时就无法使用该设计，而健全的技术手段与工具，为教师的教学设计提供了可能性。另外，学校的无线网络和为教师配备的办公电脑等设施，为教师通过网络来查询各种资料提供了便利。其次，从组织环境来看，学校作为一个组织机构，有其自身的教育理念、学校文化和相应的各种规章制度，教师在开展教育教学活动的过程中进行教学反思时会受到学校制度环境、教育价值取向等的影响。例如，处于学校教育观念核心位置的教育价值取向，在很大程度上调控着学校的组织管理、办学定位与教师的教育教学行为等。当学校以学生成绩与升学率为价值取向时，教师会以提高学生考试成绩为目的来选择教学反思的内容与方法，并以此判断教学的成功与失败。

二、教师掌握与熟练应用教学反思的方法

开展教学反思的重要途径与手段是科学的反思方法。因此，教师在开展教

---

① 赵潇. 教师教学反思能力的影响因素与提升策略 [J]. 教学与管理, 2019 (4): 61–64.

学反思时，要根据具体的实际情况来选择科学、合理的反思方法，并依据一定的操作标准，合理处理反思内容与过程，使方法得以准确高效地运行。在具体进行教学反思的过程中，一般在不同的阶段会采用不同的方法。例如，在开始阶段的时候，首先要发现教学中存在的问题，要用观察法、提问法、文献分析法、叙事法等方法来找到教学中的问题所在；在反思的总结阶段，则要采用反思总结、写反思日记等方法对教学活动进行一定的概括与总结，总结出初步的反思结论，抓住问题的关键，为下一个反思周期奠基。每一种方法都有其固有的内容、注意事项、使用范围和遵循的原则等，教师在选择反思方法时要分析与考虑多种综合因素，做到会用与好用。同样，不同学科的教师在进行教学反思时存在一定的差异性。通常来说，教师要在教学周期内对教学目标、内容、方法及过程进行一定的反思，概括总结每一个周期内教学中存在的不足与具有的优点，总结出初步的反思结论，在反思的过程中逐渐适应教学反思方法，而不是在下一个教学周期再改进教学中存在的问题。这样，才能做到最大限度地避免因使用了不合理的教学反思方法而给教学反思带来的不良影响。现实中，有许多教师都能发现自身教学中存在的问题，但因自身能力与其他各方面的因素，却不能很好地找到解决问题的方法，一旦进行比较深入的反思，往往存在一系列无法解决的问题，这极容易给教师带来挫败感。

三、教师对教学实践产生的反思意识与反思动机

教学反思是教师对教学的认知与情感相互作用的过程，在这个过程中需要教师的勇气、意志力和责任心等情感因素，这些因素都属于动机层面[①]。

在管理学中，认为可以影响和改变个体行为的两条途径分别是满足个体的动机和影响或改变个体的行为动机。由此可以看出，要使教学反思成为教师在教育教学活动中的真正需要，首先就应该激发或满足教师进行教学反思的动机。然而，在现实的教学实践中，很多教师的教学任务繁重，不能清楚地认识到教学反思对提高课堂教学效果、提升教学质量的重要性，学校也没能为教师进行教学反思提供可以满足教学需要的物质和非物质条件。这样，教师会因缺乏教学动机而出现教学积极性与主动性不高的情况，最终导致教学效率下降，教学质量降低。只有当教师具有强烈的内在教学反思动机时，教师才有可能会开展

---

① 赵潇 . 教师教学反思能力的影响因素与提升策略 ［J］. 教学与管理，2019（4）：61–64.

相应的教学反思，并勤于和乐于进行教学反思活动。反思型的教师承担着教学决策的责任，其教学决策一般是在进行教学活动的过程中做出的，通常他们会反思已做的教学决策所产生的行为结果。一般情况下，教师所做出的决策是在已有经验的基础上，以一种直觉的、自发的方式产生的。对决策型教师来说，尽管教学反思是他们身上很有价值的品质，且很多时候这种反思是通过不成系统的记忆或对某一事件的偶然观察进行的，但如果教师能在此基础上不断保持自身内在的反思动机，即长期进行有意识的观察，并形成系统的知识结构，则教师的教学反思价值就会得到进一步的提升。

四、教师已经具备的教学理论素养

这里的教师理论素养实际上就是教师所具备的教育教学理论与数学学科知识理论素养，即教师对各种教育教学理论与数学学科知识理论的掌握情况及将相关理论知识应用到教学实践当中的能力与水平[①]。教学反思是教师从批判性的视角对已经发生或正在发生的教学活动有意识地进行的思考与审视，在这个过程中，教师要运用之前积累的知识与经验，即教师所具备的理论素养，来发现并深入分析教学活动中存在的问题与具有的优势，从而在解决问题的过程中进一步积累和丰富教学知识与经验。从另一角度来看，教学反思是以实际问题为聚焦点的，在聚焦实际问题的过程中，教师需要做出新的教学决策，而在做教学决策之前，反思型的教师往往能够做到深思熟虑，在实施的过程中不断反思自己的教学决策，并以此来判断在今后出现类似的情况下如何做出科学、合理的决策。在现实的教学实践中，如果教师具备较高的教育理论素养，就能够用独特的视角从更高的角度来看待和分析教学中存在的问题，并自觉运用自身已掌握的教育理论知识来反思教学实践，在这个过程中不断提升自身的教学反思能力与教学水平。笔者观察发现，有很多教师存在对教育理论理解的偏离与浅陋，在教学实践中呈现出迷茫和困惑的状态。因此，教师只有从理论的层面来探讨和分析教学实践中反映出来的问题，才能探寻到问题的根源所在，并更好地解决这些问题。

---

① 赵潇. 教师教学反思能力的影响因素与提升策略［J］. 教学与管理，2019（4）：61-64.

中学数学教师开展自我反思的建议

仅凭教师自身的教学经验，很难提高自身的数学教学水平，也不会提升教师专业的发展水平。积极开展数学教学反思十分重要。如何开展数学教学反思呢？本节就此提出若干建议。

一、中学数学教师可以做的自我反思

1. 教学后的反思

对于一线教师而言，教学后的反思比较容易实施。教学后的反思主要是教师在课后对整个课堂教学行动的轨迹进行回溯、思考，对自己和学生的教学经历作更加透彻的理解，对教学效果进行价值判断，发现问题和困难，力图探究出解决方案，这有助于提高教师的归纳、总结和评价能力。这样的反思有时是因为已发生的教学事件困扰着教师，促使教师在课后进行必要的反思以解决自己的困惑和难题；有时也会是出于教学教育的要求而反思自己的教学活动。教师在课后通常会思考：这节课是怎样进行的？在课堂上学生的表现和反应如何？我的教学能引起学生的注意和兴趣吗？我帮助学生掌握了学习方法了吗？学生是否达到了预期的学习目标？我是如何处理考试不需的知识内容的？我是如何调控课堂气氛的？在授课过程中是否发生了意外的状况，为什么会出现这些改变，我是如何处理的？哪些环节没有按备课计划进行，为什么？我的教学观念、方法、行为符合哪些教学规律和理论，如何用这些理论来进行解释？如果再次教学这一课的内容，我会做怎样的修改……通过这些思考，教师或许会对自己之前的教学表现感到失望和遗憾，会有"我本来应该怎样"的想法。这样的反思具有批判性，让教师能够认识到这些经历的意义，甚至能将教学经验上升到理论层面，有助于教师的专业发展和成长，使以后的教学更加完美。①

---

① 靳玉乐 . 反思教学［M］. 成都：四川教育出版社，2006，12：140.

笔者在近二十年的数学教学实践中，经常进行教学后的反思。这些反思中的一部分形成了案例研究论文（本书第四章的部分内容就是教学后的反思的代表），也有的写成了期末教学总结报告上交给学校存档。有人说，教学是遗憾的艺术。的确，要上好一节课很不容易；很难完全按照自己预设的教学环节去实施教学。但是很多老师对这些遗憾的挖掘不够全面、不够多角度、不够深入；对如何解决这些遗憾，大多数老师都停留在头脑风暴，进行粗浅的思考。其实，这些遗憾正是教师开展教育科研的好素材，是提升教学技能的切入点。只有深刻的教学反思，才能使得反思者在下一次的实践中减少遗憾，完善教学过程，慢慢地提高教学效果，从而促进自身的教学实践能力的提高。笔者较长时间都避免在课堂上讲得过多，努力控制自己的讲；经常在下课之后感到后悔，认为自己没控制好自己的讲，给学生练的机会太少。"说数学"就是因为这些后悔而诞生的，使得学生在笔者的课堂上有了越来越多的主体作用的发挥，成了课堂学习的主人，使得笔者逐渐成了学生数学学习的组织者、引导者。

2. 教学中的反思

教学中的反思直接指向课堂，是教师在教学过程中及时对突发问题进行反思，批判地考察自己的教学行为，对出现的问题不断地做出决策，给予即时改正、调整，从而确保教学活动顺利有效地进行。在这个反思过程中，教师是自主地发现自己存在的教学问题，并自行改正，而不再需要被动地服从别人对自己的指导。在教学过程中，教师可以将已有教学理论与实践结合起来即时反思、检验，用自己的体验使教学理论变得生动，从更深层次加以理解，形成自己独特的见解，而不是简单地将一个理论用于实践。同时，教师能够有意识地反思平时意识不到的教学行为，使教师更理性地审视自己的教学活动。并且教师的专业发展也由此得到加强，突出表现为教师的教学机智和课堂调控、应变能力得到有效提高。反思的问题是从学生身上反映出来的，因此，在课堂教学过程中，教师应该随时关注学生的学习状况，掌握学生的学习状态，发现课堂上的各种可能性，理解这些困难对学生意味着什么，然后弹性地采取措施调整教学活动计划。这一阶段的反思主要关注课堂上可能出现的问题：学生在课堂学习时出现了哪些意想不到的困难，要如何运用教育机智来解决？如果课堂上出现跟原先的教学计划不符的教学状况该如何进行临场调整？如果学生与学生之间或是学生与教师之间发生了争论，该如何处理？在学生的讨论环节里，如何收放自如地控制局面？等等。

3. 为教学的反思

为教学的反思是通过实践中的反思与实践后的反思最终形成的超前反思，使教师养成反思的良好习惯，根据自己在教学中和教学后进行的反思所做的总结来认识自己的教学情况，总结出自己教学的长处和不足，进而对接下来的教学进行前瞻性思考、预测，拟定计划，未雨绸缪，以促进以后的教学更加有效地实施。对教学的提前反思主要是在课前拟订课程计划和预测课堂教学的情境。课前拟订课程计划通常是结合反思过去得出的经验，重点预测学生的学习状况，根据自己所了解的学生的知识背景和学习能力来确定教学的重点和难点，了解学生的思维能力、创造能力等个性特点和学生的兴趣、学习动机等非智力因素，从而全面地预测学生在课堂学习的过程中可能会出现的困难和问题，并拟订解决策略，这样才能在课堂教学时做到游刃有余。教学前，教师对教材的反思也是非常必要的。教师不是教教材，而是将教材作为一种课程资源进行教学，应该把握教材的编写意图，思考课程资源的开发和利用，包括社会资源和自然资源，了解所用教材的特点是什么，学生对教材的理解度和接受度是多少。另外，通常还会思考：自己以前在教学相关内容时曾经遇到过什么问题？如何解决的？效果怎样？采用何种教学方法适合自己的教学风格和教学能力，同时也对学生适用……通过这样的超前反思，教师在反思过去教学经验的基础上进行新的教学设计，形成系统的教学策略，能更加有效地促进整个教学过程的顺利进行，而且还有助于培养教师的反思习惯和反思能力。然而，有些教师在备课的时候不考虑自己以前教学的经验教训和自己学生的实际情况，照搬别人的现成教案，或者是过分依赖自己原有的教学经验而没有进行反思，使教学得不到进步。

预测课堂教学的情境对教师上好一节课十分重要，它是指教师对一些能预测到的课堂情境进行反思，试图思考出解决策略并采取行动①。我们在备课时需要充分预测这节课上可能出现的一切，以及应付这些可能发生的情况的有效措施，力求做到心中有数。到底在课堂上会发生什么？对课堂上出现的不同情况应采用什么措施？这需要教师在平时的教学中积极反思、积累经验。

---

① 靳玉乐．反思教学［M］．成都：四川教育出版社，2006，12：149，150.

二、不断努力提高自我反思的层次

1. 对数学教学技能与技术有效性的反思

靳玉乐在《反思教学》一书中指出，反思课堂情境中各种技能与技术的有效性是教学反思的最低层次，即根据个人的经验对课堂管理、教学手段和先前某些被忽视了的教学情境进行反思，或进行非系统的、非理论性的观察，这里的反思、观察都意味着对教学情境进行新的理解和重新考察。教师反思的目的在于寻求教学活动的指导，通过全面思考、审视自己的教学行动而得出对实践的指导。处于这一技术层面的教师将教学理解为教育理论和技术的应用过程，具有工具性，只注重选择利用教学知识、教学策略等因素并适时地在课堂情境中加以运用，以期达到教学目标，其反思和观察也只关注教学实践过程中如何达到和是否达到既定目标；处于这一技术层面的教师不会思考。如何才能使教学过程取得更好的效果，目标是否合理性，更不会思考目标以外更深层的如课堂、学校以及社会中的问题。这一水平的教师往往是新手，只能够使自己的教学实践服从所谓的权威研究成果，根据个人的经验反思教学事件、课堂情境是否符合预定规则①。笔者接触到一些数学老师听课或者评课时关注较多的是课件制作是否美观、板书是否美观、是否使用先进的教学媒体等，而较少考虑这节课的教学目标是什么？教学的重点和难点是什么？如此设计教学流程的依据是什么？也有不少数学老师在听课过程中看到执教教师所采用的教学方式不错，课堂教学效果好，就回到自己的课堂上模仿这个老师的做法，慢慢地发现自己做不下去了，也不深入思考一下为什么自己做不下去而别人可以做得那么好？其实，我们需要深入思考：为什么要如此教？如此教到底怎么操作？如此教会带来什么效果等？

2. 对理论标准与教学策略的反思

对课堂实践所依据的理论标准以及教学结果进行反思是较高层次的教学反思。如此的反思体现了教师在教学实践中不再是机械地学习教育教学理论，而是对一些教育理论标准进行整合，将理论与实践结合起来。在教学实践中运用理论分析教育学事实，包括教学目标、学生和教师的教学行为及其引起的教学后果，以确定目标的合理性，作出决策，也就是个体作为教师的自我认识，包

---

① 靳玉乐. 反思教学 [M]. 成都：四川教育出版社，2006，12：131.

括对自身和所处的教学文化环境的理解。处于这一水平的教师在反思的时候不再只是对教学事件和教学结果进行客观叙述，而是以自己对教学实践的自觉主观认知为基础，组织和重构教师教学实践的知识经验，也就是教师的实践性知识。实践性知识具有不可传递性，只能通过教师个人对实践经验的不断反思和感悟而获得，依靠别人的讲授、陈述是得不到的。它并非纯粹的知识，而是融合了教师的教学价值观、教学能力等较为隐蔽的因素。只有教师对自己的教学实践进行主动反思，才能建构富有个性的实践知识。这既有利于教师专业的发展，也有助于对学生的学习产生积极影响①。

笔者从元认知、教学生成、知识分类、语言学等理论角度对自身的数学教学实践展开过教学反思，还写成了案例研究论文发表在《数学通报》《数学通讯》《中国数学教育》《中学数学杂志》等期刊上。撰写这些论文，让笔者很好地学习了这些理论，很好地学会了运用这些理论去分析自己的课堂教学案例，较好地做到了理论与实践相结合，促进了自身数学教育科研能力的提高。撰写这些论文，本身就是深入反思教学实践的过程，也是学习理论知识的过程，更是消化、运用这些理论知识的过程。选择、运用哪些理论来开展教学实践案例的反思更加合适？这又是一个需要付出较大努力的探索过程。这样的反思经历已成为笔者职业生涯中十分珍贵的经验。

需要强调的是，许多教师都具备相应的教育学知识，对已有的教育理论耳熟能详，但很少有人能理解这些理论的真谛，难以运用到教学实践中分析解决教学问题，究其原因是这些知识只是停留在理论层面，没有转化为教师的实践性知识，因而不能很好地解决实践问题。这就要求教师对教学理论进行深入思考和慎重选择，分析教学事件的背景和原因，使自己的教学实践更加理性。也就是说，教师努力学习教育理论虽然很有必要，也很重要，但更加重要的是要懂得运用这些理论去解释自己的实践性知识，努力做到理论与实践相结合。

我们应努力做到对理论的实践性解读和对教学实践的理论性反思。前者是指应将理论学习与教学工作更好地结合起来，后者是指教学实践的理论性反思：应当超越单纯的经验积累，并从理论的高度做好总结与反思工作。这应该是广大数学教育工作者（包括数学教师）的教学反思的重要方向。

3. 以批判的眼光反思数学教学

以批判的眼光反思数学教学，是反思的最高层次，一般只有专家型教师才

---

① 靳玉乐. 反思教学［M］. 成都：四川教育出版社，2006，12：133.

能做到。它要求反思者不带任何个人主观偏见地对课堂上和伦理、道德标准直接或间接有关的教学事件进行批判、质疑，如教学中师生关系的处理是否得当，对教学内容的处理、对教学方法的使用、对教学工具的运用、对教学设计的理念等从多角度展开批判，并不轻易听从某一种观点的解释，而是从学生在数学学习上的发展甚至终身发展的角度去分析、探究数学课堂。

新时代的数学教学关注学生数学核心素养的培育。传统的数学课堂教学有较多合理的做法，但也有一些不符合、不利于学生数学核心素养的培育的教学方式。哪些需要继续坚持并不断完善，哪些需要尽快摒弃，这就需要数学教师不断学习，结合自身的数学教学实际去批判、辩证地看待新时代的数学教学。笔者以为，深入阅读国家数学课程标准和相应的课程标准解读本是数学教师特别需要加强的重要方面；努力按照课程标准的要求实施、批判、反思和完善数学教学实践，是一线教师提升专业发展水平的重要举措。如果能广泛阅读数学教育理论著作，及时学习新的数学学科教学发展前沿知识，从更高、更广和更深的角度去思考课程标准的每一个要求，对上课、听课、评课等细节展开批判性反思，这对教师的专业发展十分有益，这也就是反思的至高层次了。

十几年来，笔者在从事初中、高中数学教学过程中都十分重视对课程标准及其解读本的阅读，带着自己的实践去琢磨课程标准中的各种要求，反复思考：专家们为什么如此提出来呢？依据是什么呢？如此提带来什么好处呢？我在教学实践中应如何做到这些提法呢？"说数学"和"数学写作"的探究，就是笔者在如此的反思基础上展开的。

三、如何对数学教学实践展开反思

一切科学理论的真理性只有通过实践的检验才能被认可，其科学价值也只有在实践中才能得到体现。同样，数学教学理论也只有运用到数学教学实践中，通过数学教学实践对其进行检验和辩证的否定，才能使其继续存在并发展到新的高度。可见，数学教学实践对数学教学理论的发展具有决定性的意义。围绕课堂教学活动，一般可将教学实践分为教学目标、教学内容、教学方式、教学评价等环节。教学实践的反思也就是教学主体（教师）对上述各个环节好的地方和不尽如人意的地方所进行的思量与改进①。

---

① 靳玉乐. 反思教学 [M]. 成都：四川教育出版社，2006，12：115.

（一）对教学目标的反思

教学目标通常被认为是进一步具体化了的教育目的，是学生通过教学活动要达到的预期学习效果，也可以再细化为数学教学目标、学期目标、单元目标和课堂目标。在教学实践中，教师首先需要对教学目标有深刻的认识，了解教学目标的特性与功能，了解数学教学的总目标和课堂上所生成的目标，随时反思总目标和教学细化目标的相互关系和作用，以及生成目标对总目标的达成度。只有这样，才能更好地完成教学目标。

1. 对教学目标确立和生成的反思

教学目标是每节课的教学方向，是影响课堂教学的关键因素之一。它不是由教师在教案上随心所欲编造而成的。教师应该根据课堂教学的过程和效果，对自己制定的目标进行如下反思：①是否符合新课程标准的要求。应着眼于学生核心素养的发展，全面设置教学目标。②是否按照学生的特点和能力制定、调整教学目标。不同的学生有着各自的数学知识经验、基础，教学目标应该考虑到这些差异性，从而有针对性地进行调整，切实做到因材施教。③是否表述明确具体。④学生是否达到了教学目标的要求。⑤学生在学习中关注的问题能否作为教学目标。

2. 反思教学目标的实现

教学目标的实现是教学主体深入反思教学实践的过程，在其过程中，教师的引导作用至关重要①。教师可以通过创设情境、强化体验、巧妙运用教学方法、分层次教学等方式来引导学生实现教学的预期结果。

教学目标是教学过程中师生预期达到的学习结果和标准，但教师和学生的状态、教学内容的难度、教学氛围的活跃度并不是一成不变的，因此，教学目标很难适应变化多端的课堂教学现场。在具体的教学情境中，教师通过激发学生的潜能，还会生成一些课前没有预先设定的目标，这就要求教师能够将预设目标和生成目标结合起来，使生成目标科学化。生成目标的产生，意味着学生真正进入了学习状态，使教学目标尽量面向全体学生。值得提出的是，并不是生成的都是科学的，它可能会使得教学处于无序、混乱的状态，影响教学目标的达成。因此，教师必须对课堂教学的目标进行科学的选择和规范，努力将生成目标转变成有序的、符合课程标准要求的教学目标。

---

① 靳玉乐．反思教学［M］．成都：四川教育出版社，2006，12：116.

（二）对教学内容的反思①

1. 教学内容的含义

教学内容是教师在教学过程中根据具体的教学目标、教学对象和教学情境对教科书内容进行创造性的、个性化的演绎、创造和开发。在课堂教学中，教学内容主要是指教科书内容，但又不是静态地呈现教科书，而是教师对教科书的二次开发，将教科书内容灵活地重新组合、扩展、深化、转化，以利于学生的数学核心素养的发展。

2. 教学内容的反思策略

教学主体对教学内容的反思过程更多的是对教科书进行认识、开发与实践的过程。教师在教学过程中，应分析教材在编排体系、价值观念、材料的呈现方式等方面的特点和内涵，结合学生的实际特点对教科书进行二次开发，在教学中创造使用，以符合教学实际。

（1）分析教材的特点、重点、难点和知识点。教师只有明确了教科书的特点后，才能在课堂教学中紧密围绕重点、难点和知识点对教科书进行处理。这样，既能贯彻教科书编写者的宗旨，又能有的放矢地进行个性化教学，满足学生的发展需要。

（2）联系教学实际，调整教学内容的顺序和侧重点。不同地区、不同学校、不同班级的学生之间，其知识背景和智力水平、学习能力参差不齐，而同样的教材如何才能使之统一起来呢？这就需要教师根据自己的学生的实际情况，调整教科书原有的知识框架和先后顺序，对内容进行重新组合，从而可以从学生最熟悉或最感兴趣的内容入手，将有联系的知识调整在一起教学，使知识形成一个有序的系统，以利于学生对新旧知识进行联系，产生迁移，举一反三，以旧知识带动新知识的掌握。教师还可以根据学生的实际情况改变教科书的重点，以促进学生的真正理解。也就是说，教师要懂得创造性使用教材。本书中第四章介绍到的"正弦定理""余弦定理"的创新教学设计正是创造性使用教材的体现。

（3）对教学内容进行加工，以学生易于接受的形式呈现出来。教师应该总结教学内容的特点，判断该内容是属于陈述性知识还是程序性知识，是规律性知识还是抽象枯燥的知识，然后再进行加工、变化，以合适的形式展现给学生。陈述性知识可以转化为图表、图式的形式，抽象的知识可以变为直观、生动的

---

① 靳玉乐. 反思教学［M］. 成都：四川教育出版社，2006，12：118.

形象，程序性知识可以通过动态的环节展现出来，这样，既有利于学生对知识的接受，也能够给学生全新的感觉，训练思维，培养能力。按照学生的认知基础水平，合理地将学术形态的数学知识转化成教育形态的数学知识，这考验教师的数学教学知识和教学技能。

（4）对教学内容进行深化、扩展。教学内容在教材中的反映往往比较基础化、浅显化，只呈现了一些基本知识和基本原理，不能进一步帮助学生培养数学能力，或者难以满足学生的学习需求。教师可以根据学生的学习能力和兴趣需求，对教学内容进行深化、扩展，挖掘教科书知识深处蕴藏的知识宝库，丰富学生的知识，帮助学生提高解决问题的能力，开阔眼界，使课堂充满吸引力，让学生乐于学习。面对不同的生源，教师需要对教学内容进行处理。针对课程标准和考试大纲要求，教师需要对教学内容进行适当深化和拓展。教材仅是教师实施数学教学的工具，是根据课程标准来编写的，并不是不可以对其进行整合、深化和拓展的。不是教教材，而是用教材教。

（三）对教学方式的反思

反思教学方式是教学实践反思的重要部分。对教学方式的反思，教师必须在明确教学方式的内涵和功能的基础上，根据教学的具体内容和情境来选择和使用教学方式。

1. 教学方式的含义与功能①

教学方式是指师生在教学活动中所采取的方法和形式。也就是说，教学方式包括教学方法和教学形式。教学方法通常被界定为："在教学过程中，教师和学生为实现教学目的、完成教学任务而采取的教与学相互作用的活动方式的总称。"例如，提问、启发、讲解、布置作业等具体教学方式可以组成以教师讲解为主的讲授法，也可以组成以引导探究为主的发现法等。

教学方式是教学活动不可缺少的一部分，它直接关系到教学活动的效率。选择有效的教学方法运用于相应的教学组织形式中，形成先进的教学方式，有助于提高教学活动的效率，确保教学目的的实现，还能使教学活动满足每一个学生的个性化发展需求，促进学生的最大发展。以往的教学实践证明，不合理的教学方式只会给教学活动带来损失，耗费巨大的人力、物力和财力，增加教师和学生的负担。

① 靳玉乐. 反思教学 ［M］. 成都：四川教育出版社，2006，12：119.

41

2. 对选择教学方式的反思

鉴于教学方式在教学活动中的重要地位，我们必须谨慎选择教学方式，明确教学方式选择的依据。选择合适的教学方式意味着在深刻理解其含义的基础上，根据具体的教学情境对其作出合理分析与再认知，要依据教学目的、特定的教学内容、学生的具体状况、教师的风格和教学方式本身的合理依存条件来组合与具体化。不同的教学目的需要教师采用不同的教学方式去实现，教师应在明确教学目的的基础上选用合适的教学方式及不同教学方式的组合运用。同样，不同数学知识内容对教学方式的选择要求是不同的，如立体几何、三角函数和解析几何的教学，对教学方式的要求就有所不同。

每个教师在长期的教学活动中形成了自己的教学风格，同时所教授的对象也有具体化的特征，由此，教师对于所选择的教学方式应该随时反思自己的教学特点和学生的总体情况与可接受的方法。只有教师在根据自身的实际情况和充分了解学生的个性、兴趣、思维方式、学习习惯、身心发展状况的前提下，所选择的教学方式才能达到最佳的教学效果；而不是一味地跟风，将别人认为最好的教学方式不加分析和改造，机械地套用。不同的生源层次对教学方式有不同的需要。

每种教学方式都有其具体适用的条件，对教学方式的选用应考虑包括时间、环境、经济等在内的诸多条件因素。例如，多媒体教学方式虽然可使课堂教学变得多姿多彩，但对学校的经济条件有一定的要求，达不到此要求的学校则无法采用这种教学方式。时间条件的限制也是不能忽略的条件之一，如果所选择的教学方式耗时太多，则会降低教学活动的效率，难以取得预期的教学效果。在教学中，教师对教学方式的使用是一个不断变化与创造的过程，教师应随时监控教学方式所运用的现实条件，并根据教学中所生成的情境对原有教学方式进行改进，以便更好地施教。

（四）对教学评价的反思①

教学评价是按照一定的价值标准，对教师的教学工作和学生的学习质量做出客观衡量和价值判断的过程。科学的评价体系是实现教学目标的首要保障，通过评价的反馈作用，能对教学进行指导，以提高教学的效果。过去的教学评价被狭隘地定义为考试，使考试内容成为教学的指挥棒。新课程实施以后，对这种不合理的界定进行了改革。现在，评价成为教师了解教学状况、调整教学

---

① 靳玉乐. 反思教学［M］. 成都：四川教育出版社，2006，12：120.

进展的重要手段，不再仅仅注重学习结果，而更关注学生的学习过程，同时也伴随着学生了解自己的学习，激励自己不断进步。对教学评价的反思可以使教师更好地了解自己的教学状况和学生的学习状况，改进教学并最终促进教师的专业发展和学生的学业进步。对教学评价的反思既是对整个教学过程的反思，也是对评价本身的反思。

1. 对教学评价理念的反思

教学评价有多种策略，策略的运用反映了评价者的评价理念，反映了评价者的价值观，它们都是基于对课堂教学本身的根本看法，是提高教学成就和促进学生学业成长的有效方式。传统的教学评价通常等同于考试、测验，考试分数成为评价学生的唯一准绳。然而，除此之外，教学评价还应包括学生的口头陈述（如"说数学"）、家庭作业，同时还可以通过提问、访谈、展示等形式进行，让学生有较大的自由空间展示自己的数学学习成果；数学教师也能在和学生面对面的交谈中掌握学生的数学学习状况，这样的评价在师生互动中凸显人的主体性。教师还可以通过对学生在数学课堂学习的过程进行观察，以发现学生的数学学习风格、能力和学生的个性品质，为教师的数学教学提供真实、全面的参考信息，提高他们教学的决策能力和判断能力。在使用这些评价策略的时候，教师要充分考量其对教学对象的适应性，考虑哪种教学策略能反映自身所遵循的价值理念，这样才能更好地为提高教学效率和促进学生的学业成长服务。笔者提出并探究多年的"说数学""数学写作"就是很好的实施过程性评价的渠道，让学生在"说数学"和数学写作中强化对数学知识的认识，经历数学问题解决的过程，品尝和分享数学学习的情感、态度和价值观。

2. 对教学评价方式的反思

教学评价的目的在于提高教学效率，促进教师的专业成长和提高学生的学业成就。任何评价方式的使用都需服从于这一目的。一般来说，按照不同的维度划分，主要有以下几种类型的评价方式：①形成性评价和终结性评价。②量化评价和质性评价。③自评与他评。每种评价方式都有其应用的条件，任何一种单一的方式都不能全面地反映教学的实际情况，只有将这些方式结合使用，弥补单一方式所带来的局限，才能做到评价的科学性和效用性。教师要在评价理念的指导下，在了解各种评价方式的长处和局限的基础上，结合具体的教育情境和学生的实际状况，分析和创造性地运用评价方式。有哪些常用的教学评价方式、每一种教学评价方式该如何实施，这就需要老师们加强理论学习，毕竟数学教学评价本身也在不断发展、变化之中。

第 二 章

新时代教师专业发展的展望

　　教师是教育发展的第一资源。习近平总书记高度重视教师队伍建设，提出了"四有"好老师、"四个引路人""四个相统一"等一系列要求，为教师队伍建设指明了方向。习近平总书记深刻指出，教师是人类灵魂的工程师，是人类文明的传承者，承载着传播知识、传播思想、传播真理、塑造灵魂、塑造生命、塑造新人的时代重任。……我们要把全面加强教师队伍建设作为一项重大政治任务和根本性民生工程，建设一支政治素质过硬、业务能力精湛、育人水平高超的高素质教师队伍①。《中共中央国务院关于全面深化新时代教师队伍建设改革的意见》明确指出，各级党委和政府要从战略和全局高度充分认识教师工作的极端重要性，把全面加强教师队伍建设作为一项重大政治任务和根本性民生工程切实抓紧抓好。要抓好教师队伍建设，就要努力提高教师的专业化发展水平。

　　本章将首先对教师专业发展进行概述；其次阐述新时代对教师专业发展的要求；再次介绍反思性教学的有关成果；最后对新时代数学教师的专业发展进行展望。

---

① 教育部课题组．深入学习习近平关于教育的重要论述［M］．北京：人民出版社，2019，5：6.

教师专业发展概述

1966 年，联合国教科文组织（UNESCO）和世界劳工组织（ILO）发表了一份教育史上划时代的文献——《关于教师地位的建议》。这份文献写道：教育工作应被视为一种专业。这种专业要求教师经过严格且持续不断的研究，才能获得并维持专业知识和专门技能，从而提供公共服务；教育工作还要求教师对其教导的学生的教育和福祉具有个人的和共同的责任感①。

从这段文字可以看出，教育工作明显不同于普通职业。联合国教科文组织明确了教师应该具有社会地位，这给教育工作者指明了努力的方向。最先提出教师专业发展问题，指出通过教师专业发展来实现教育改革理想、提高教育质量、促进学生发展的组织和团体，是美国"卡内基基金会教育与经济论坛"。该组织于 1985 年成立了一个名为"教育作为一种专门职业"（Education as a Profession）的工作小组。该小组于 1986 年提出一个题为《国家为培养 21 世纪的教师做准备》的报告。报告得出两个著名论断："①美国的成功取决于更高质量的教育；②成功的关键在于建立一支与担任此任务相适应的专业人员队伍，即受过良好教育的教师队伍。"② 同年，美国又一个著名教育基金会霍尔姆斯集团（Holmes Group）的教师工作小组连续发表了三份研究报告：《明日的教师》《明日的学校》《明日的教育学院》。霍尔姆斯小组的报告强烈呼吁提高教师的专业化水平和声望，同时也提出许多有助于教师专业发展的建议。以霍尔姆斯报告为标志，人们关注的主题和重心已经从"教育是不是一个专业"的理论问题转移到"如何促进教师专业发展"的实践问题上来③。

---

① 黄旭华. 教师专业化发展历史进程 [J]. 教育学术月刊, 2014（9）：86 – 92.

② 卡内基基金会教育与经济论坛（1986）. 国家为培养 21 世纪的教师做准备, 发达国家教育改革的动向和趋势 [M]. 北京：人民教育出版社, 2004：265 – 266.

③ Charlotte Danielson & Thomas L. McGrealz. 教师评价——提高教师专业实践能力 [M]. 陆如萍译. 北京：中国轻工业出版社, 2005：1.

本节主要就三个方面对教师专业发展进行概述：首先是教师专业发展的概念；其次是教师专业素养的结构；最后是影响教师专业发展的因素。

（一）教师专业发展的概念

数学教师的专业知识不应被等同于数学知识与数学知识的简单组合。舒尔曼（L. Shulman）的以下观念获得了人们的普遍重视：数学教师的专业知识不应被看成具有单一的维度，而是包括了多种不同的成分。舒尔曼指出了三种知识成分：题材知识、特定题材内容的教学法知识和课程知识。

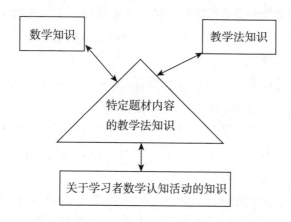

教师专业化发展是指教师作为专业人员，在专业思想、专业知识、专业能力等方面不断发展和完善的过程，即是由专业新手到专家型教师的过程①。

（二）教师专业素养的结构

新时代教师应该具有教师职业的美好追求和愿意从教的坚定信念，同时，为了胜任日常教育教学工作，还必须具备丰富的专业知识结构及熟练的专业技能。另外，追求自我发展和提高是现代教师应该具备的基本素质。教师的专业素养结构可以分成四个方面，即专业信念、专业知识、专业能力和专业自我发展意识。

1. **专业信念**

专业信念是教师对其所从事工作所具有的信念，也可简单地理解为教育信念。教育信念就是教师作为教学人员所信奉的教育观念。它可以分为三个层次，即宏观层次、中观层次和微观层次。宏观层次的教育信念是指关于教育的观念，进一步说就是关于"教育是什么"的观念。中观层次的教育信念是指课程与教

① 余文森，连榕．教师专业发展［M］．福州：福建教育出版社，2007，11：50.

学观。微观层次的教育信念则是指学习观、师生观。宏观层次的教育信念决定影响中观层次的教育信念，同时，中观层次的教育信念决定影响微观层次的教育信念。教师的教育信念所体现的是教师个体对教育大系统、大环境及其系统内部相互联系及作用的基本看法。教师的教育信念一经形成，就具有相对的稳定性，不易改变或转向，它在教师专业素养结构中处于最高层次，直接影响和制约教师专业素养结构的其他方面①。

2. 专业知识

只注重专业知识和专业技能的教师专业素质对于今天的教育教学工作显然是不够的。教学是培养人的活动，有着复杂的工作环境，这就必然要求现代教师要有合理的专业知识结构。教学是建立在教师的专业知识基础之上的，没有教师的专业知识也就不存在教育教学活动。那么，拥有什么样的教师专业知识结构才是今天教师专业发展所追求的专业知识结构？长期以来，教师在专业知识结构上极其单一，他们往往注重学科知识的训练和学习，而不太关心或忽视其他知识类型的训练和学习，这导致了教师专业知识结构的比例失调。那么，在新课程改革背景下，教师专业知识结构应该包括普通文化知识、数学学科知识、教育学知识和实践性知识。普通文化知识是指教师作为专门人员所拥有的大众文化方面的知识，它体现教师的知识面或知识宽度；数学学科知识是指数学学科方面的知识体系，包括数学概念、数学知识体系、数学的知识结构以及它们的源流和未来发展走向等，也可以简单理解为"教什么"中的"什么"；教育学知识是指教师作为专业人员所必备的教育学、心理学、哲学、教育哲学、教育社会学以及教育法等方面的知识；实践性知识是指教师在教育教学过程中所形成的操作性的情境知识，也可以理解为"怎么教"。这四个方面的知识相互影响和交融②。

3. 专业能力

教师专业发展离不开教师专业能力，没有教师专业能力就谈不上教学，更谈不上教师专业发展。教师专业能力是指教师作为专业人员所具有的基本能力和特有能力的总称。教师的专业基本能力是指教师的智力水平。教育是培养人的活动，这就要求教师在智力上应该达到一定水平，它是维持教师正常教学思维流畅性的基本保障。教师的专业特殊能力主要涉及交际能力、合作能力及教

---

① 靳玉乐. 反思教学 [M]. 成都：四川教育出版社，2006，12：76-77.
② 靳玉乐. 反思教学 [M]. 成都：四川教育出版社，2006，12：77.

育科学研究能力。学生的成长和发展不仅是学校教育一方面的结果，而且是学校、家庭和社会合力的结果，这就对教师的交际能力提出了要求。教师与教师之间为了共同的教育目标，通力合作是教育的内在逻辑，教师缺乏合作能力势必影响教育教学成果的取得。只有教师之间密切合作，学生才能更好地成长，教师才能获得专业的成长和发展。因此，教师的专业合作能力是教师专业能力的一项重要能力。除了教学能力、交际能力和合作能力之外，还有一项重要的专业能力，那就是教师的教育科学研究能力，它对于教师走向专业成熟发挥着重要的作用。长期以来，教师一直扮演着技术熟练者的形象，其教学主要任务就是把教科书上的知识传授给学生，教育科学研究并不是他们的教学任务。随着时代的不断进步，教育发生了巨大变革。新时代的教育对教师的教育科学研究能力提出了较高要求。各层次的教育行政部门通过各种不同的渠道对教师的教育科研能力提出了明确要求。例如，较多地区把教育科研成果纳入了职称评审、人才认定、学校评估等。通过教育科研，教师不断地修正或改正自己的教育观念和教育行为，以更好地指导自己的教育教学工作，并使教育科学工作朝着更加优质的方向发展①。

4. 专业自我发展意识

教师的专业自我发展意识是教师不断地要求专业成长的意识，是教师专业发展的内在动力，它对于保证教师专业发展起着动力支持的作用。在人的发展过程中，自我发展意识起着重要的作用，"因为它意味着人不仅能把握自己与外部世界的关系，而且具有把自身的发展当作自己认识的对象和自觉实践的对象，并能构建自己的内部世界，只有达到这一水平，人才在完全意义上成为自己发展的主体。""独立的自我意识和自我控制能力的形成，它把个体对自身发展的影响提高到自觉的水平。这是一种影响性质的变化，而不纯粹是强弱、大小的变化。"教师专业发展也属于人的发展的组成部分，由此可见教师的专业发展意识在教师专业发展中的地位和作用。按照时间分类，教师的专业自我发展意识包括三个方面：对自己过去专业发展的意识，对自己现在专业发展状态、水平所处阶段的意识以及对自己未来专业发展的规划意识。如果具有自我专业发展意识的教师又了解了教师专业发展的一般阶段理论，那么，他就会对自己的专业发展保持一种自觉的状态，有意识地将自己专业发展的一般路线进行比较，追求理想的专业发展成为自觉行为，及时调整自己的专业发展行为方式和活动

---

① 靳玉乐. 反思教学［M］. 成都：四川教育出版社，2006，12：78.

安排,以至最终达到理想的专业发展。专业自我发展意识是教师真正实现自主专业发展的基础和前提①。

新时代要求教师在教育科研能力、专业自我发展意识上进一步加强。《教育部关于加强和改进新时代基础教育教研工作的意见》(教基〔2019〕14 号)的颁发就表明国家对基础教育教研工作提高到了一个新的高度。如何策划、组织和完善基础教育教研工作,提高基础教育教研工作绩效,必将是新时代教育研究的重要课题之一。这离不开教师努力提高专业素质和专业发展水平。

(三)影响教师专业发展的因素

在教师日常的教育教学活动中,我们容易发现一些对教师成长与发展有重大影响的因素,包括关键人物、关键事件和关键时期等。

1. 关键人物的影响

许多优秀教师在介绍自身成长时,往往都提到在其专业发展过程中受到某个关键人物的影响。关键人物在教师专业发展的早期尤其重要。新课程改革以来,很多学校为了加强教师的专业发展,拟定学校教师专业发展规划,指定专职干部负责教师培训工作,特别重视新教师的岗前培训、在职培训,甚至建立师徒结对制度,让有经验的教师(师傅)和新教师(徒弟)结对。如此,当新教师到达工作岗位后,在师傅的带领下能较快适应岗位工作。我们发现多数初任教师在刚走上工作岗位的前三年,总会自觉或不自觉地选择某一位教师(可能是自己的师傅,也有可能是自己所在学科组的优秀教师)作为认同的对象和教学行为的基本参照(也可以称为身边的榜样)。此后,新任教师即在如此模仿、学习的基础上不断改造和更新自身教学实践,中间还可能以新的关键人物代替原来的认同对象,经过几年的辛勤付出,最终脱离关键人物的窠臼形成独特的个人专业结构。

笔者的专业成长得到了较多关键人物的指导,如华南师范大学的吴康老师,他在本科教育实习、人际交往、数学教育科研、继续教育、职业规划等方面给予了很多指导。又如,在 2005 年至 2008 年,笔者在云南师范大学攻读教育硕士学位,得到了导师、著名数学教育家朱维宗教授在数学教育理论、数学教育科研方法等方面的系统指导和专业引领。还有,在 2014 年和 2015 年,笔者被遴选进入了广州市刘仕森教育名家工作室学习,受到了特级教师刘仕森对数学教学实践的深入指导。这些教育名家的指导深刻影响着笔者的专业发展。

---

① 靳玉乐. 反思教学 [M]. 成都:四川教育出版社,2006,12:78-79.

2. 关键事件的影响

关键事件是指教师教育教学生活中的重要事件①。教师围绕该事件做出某种关键性的决策。它促使教师可能对导致特定发展方向的某种特定行为作出选择。教师抓住这关键事件，树立了正确的发展目标，做出了有助于自身专业成长的抉择，付出了不懈努力，并最终实现了目标，使自身专业水平提高到了新的层次。有些优秀教师的成长从承担一次学科组或者学校公开课开始，在这一节课的选题、准备、实施和反思等过程中成长。也有一些教师的快速成长从发表第一篇论文（含数学教学论文或者数学研究论文）开始，学会了如何撰写、发表论文。还有一些教师的专业成长从参与某一个数学教学科研课题研究开始，了解到数学教学科研课题的研究意义、思路、方法、过程等。因关键事件有助于提升教师的职业成功感，故会激发教师在教学生涯中付出不懈努力，提高教师专业化水平。教师的专业成长与发展既有突变过程，也有渐变过程。在教师经历的突变发展过程中，关键事件扮演着重要角色。在教师专业发展的渐进过程中，也有对他们产生重大影响的某些经历或情境。

笔者在本科教育实习时面向全校数学教师、行政领导上了第一节数学公开课；本科毕业论文获得优秀等级；在大学毕业后的第三年发表了第一篇数学教学论文；2008 年到青海师范大学附属中学上全国性学术会议的课题研讨课；2012 年第一次申报市级教育规划课题成功……这些就是专业发展的关键事件，给笔者留下了十分深刻的印象，终生难忘，很好地激发了个人的职业成功感。

3. 关键时期的影响

关键时期是指关键事件发生的敏感期②。教师的内在专业结构多在这一时期发生突变，也是教师的快速成长期。关键时期分为两类：一类是由重大的社会事件所引发的外在关键时期，如教育制度或政策的调整、新课程的推行、区域或学校的重大教育改革等引发的关键时期。在这种情形下，教师要做出某种改变原来专业结构的决定，以适应岗位工作的需要。另一类是内在关键时期，即在教师专业成长与发展的自然演进过程中所出现的关键时期。如在教师的实习期、初任期等，教师都要就以后的专业发展做出某种选择和决策。内在关键时

---

① 周卫勇 . 走向发展性课程评价——谈新课程的评价改革［M］. 北京：北京大学出版社，2002，6：145.

② 周卫勇 . 走向发展性课程评价——谈新课程的评价改革［M］. 北京：北京大学出版社，2002，6：146.

期都是在教师工作的常态情况下发生的。关键时期，往往给教师发展提供许多契机，并构成教师专业成长的转折点。因此，教师专业成长与发展的动力有三个方面：①教师在日常教育教学生活中所遇到的、必须解决的问题或关键情境；②在自我专业意识引导下教师自身对专业发展的主观追求；③外界的各种力量对教师专业成长与发展的支持。特别需要指出的是，任何形式的发展动力和机会，是否真正促进教师的专业成长，或是否对教师专业成长与发展产生影响及影响程度如何，还取决于教师是否会对自身的职业意识、专业知识、教学实践等进行反思。这些反思的指向和反思的深度，取决于教师的自我专业发展意识。

2001年9月至2005年8月，笔者在广州市白云区一所教育基础非常薄弱的初中任教，参加了义务教育阶段课程标准的学习培训；2005年9月至2009年8月在广州市白云中学任教普通高中，参加了高中数学课程标准的学习培训；2005年至2008年在云南师范大学攻读教育硕士学位，在朱维宗教授的指导下硕士学位论文被评为"全国第三届专业硕士学位优秀论文"；2010年申报中学数学高级教师职称；2012年至2017年参加广州市教育系统新一轮"百千万"人才培养工程高中名教师培训班学习；2018年申报高中数学正高级教师职称……以上时期是笔者专业发展的关键时期。在这些时间里，笔者不懈努力，高标准要求自己，取得了较多专业发展方面的业绩。回想往昔，笔者深深地感受到抓住关键时期十分重要，原因是：①刚从高校毕业走上工作岗位时，年轻且没什么工作经验，总想好好做一些力所能及的工作业绩，动机比较好；②年龄小，由于还没有很重的家庭负担，使得投入职业发展上的精力比较多；③国家实施课程改革给一线教师带来了较多培训机会，也给一线教师改革课堂教学提供了比较宽松的环境；④笔者带着较多数学课堂教学实践中的困惑（问题）去参加培训或者攻读教育硕士学位，如此的外在和内在因素的联合作用，使得个人的数学教学水平和教科研能力得到较大提高。

新时代对教师专业发展的要求

党的十九大报告明确指出："经过长期努力，中国特色社会主义进入了新时代，这是我国发展新的历史方位""中国特色社会主义进入新时代，意味着近代以来久经磨难的中华民族迎来了从站起来、富起来到强起来的伟大飞跃，迎来了实现中华民族伟大复兴的光明前景"。广大数学教师承担着为新时代的祖国建设教育好下一代、为实现中华民族的伟大复兴培养栋梁之材的历史重任。新时代对教师专业发展提出了新要求。

一、新时代教师要具有高尚的师德

2014 年 9 月，习近平总书记视察北京师范大学，发表了"四有"好老师重要讲话，他专门强调，今天的学生就是未来实现中华民族伟大复兴中国梦的主力军，广大教师就是打造这支中华民族"梦之队"的筑梦人。打造一支有理想信念、有道德情操、有扎实学识、有仁爱之心的"四有"好老师队伍，是学校办学的重要任务。要切实加强教师思想政治工作，引导广大教师自觉做先进思想文化的传播者、党执政的坚定支持者，更好地担负起学生健康成长指导者和引路人的责任。要加强师德师风建设，坚持教书和育人相统一，坚持言传和身教相统一，坚持潜心问道和关注社会相统一，坚持学术自由和学术规范相统一，引导广大教师以德立身、以德立学、以德施教。

《中共中央国务院关于全面深化新时代教师队伍建设改革的意见》明确指出，要把提高教师思想政治素质和职业道德水平摆在首要位置，把社会主义核心价值观贯穿教书育人全过程，突出全员全方位全过程师德养成，推动教师成为先进思想文化的传播者、党执政的坚定支持者、学生健康成长的指导者。

可见，师德建设成为了新时代教师队伍建设的首要任务。广大数学教师要提高政治站位，以党和国家有关师德建设的精神为指导，努力提高自身思想政治素质和教师职业道德水平，努力增强学法、守法、用法意识，忠诚党的教育事业，在数学教育教学工作中兢兢业业，做好学生健康成长的指导者、数学学习的指导者和引路人。

二、新时代教师应是反思型教师

"反思是教师之所以成为专业教师的核心所在。对于教师教育、监督和开发的建构应该可以使这种明确的反思以更加实用、更加彻底的方式来进行。"当教师把审视的目光投向自己的教育教学活动的时候，就意味着对旧我所包含的教育理念和行为的批判、扬弃，也意味着对未来发展图景的规划，这是一种自我超越和发展①。美国心理学家波斯纳提出了教师的成长公式：成长＝经验＋反思；我国学者林崇德教授也提出：优秀教师＝教育过程＋反思的成长公式。这两个公式向我们展示了：教师的成长是在日常教育教学经验反思基础上进行的。相反，如果一个教师仅仅满足于获得经验而没有对经验进行深入的思考，不把经验上升到理性认识的高度，那么，即使是有"20 年的教学经验，也许只是一年工作的 20 次重复；除非……善于从经验反思中吸取教益，否则就不能有什么改进"。可想而知，如果一名教师在教育教学中没有反思的习惯，他的专业要想获得成长，几乎是不可能的②。

数学教师不需要很多仪器设备，不需要操作很多实验，往往用一支笔、一张嘴就能开展数学教学活动。这在某种意义上符合数学教学的事实。有的数学教师就以为数学教学很简单，就如此朴素地操作，没有什么值得反思的，没有什么需要再学习的，毕竟自己都能熟练解答课本上的题目。不少数学教师认为，只要自己会做所教的学段的数学题就能教好那些学段的学生了。其实，数学教学远不是如此，其中有很多值得教师们努力学习、钻研的地方。数学教育正在逐渐成为一个重要的学科教育分支。教学内容可以有不同的处理方式，生源情况的差异要求教学方式要有差异，教学工具随着信息化的发展发生了巨大变化，心理学、教育学、脑科学等的快速发展给数学教学也带来了很多重要参考，给数学教学研究提供了更广阔的研究空间。新时代，需要数学教师立足自身的教学实践，反思自我，优化自己的教学行为，提高数学教学质量。

---

① 靳玉乐. 反思教学 ［M］. 成都：四川教育出版社，2006，12：82.
② 靳玉乐. 反思教学 ［M］. 成都：四川教育出版社，2006，12：79.

三、新时代教师应是教育科学的研究者

教师应以研究者角色，通过对自己实践的不断反思，进行行动研究以增进解决实践问题的能力。一线教师拥有非常便利的课堂教学实践的条件，可以开展有针对性的行动研究。教师进行行动研究是一个循环往复、逐步提升的动态过程。第一，选择研究的问题。通过对日常的课堂教学工作进行反思发现问题，可以对自己已经采取的行动进行批判性的反思，也可以带着对未来实践情境的预测去想象可能遇到的问题。第二，形成关于实践情境中的研究课题以后，就要对具体问题进行剖析，分析问题的实质及产生的原因设计解决问题的对策。第三，把设计好的方案付诸实践，进行行动验证。在此过程中，教师要注意情境的适应性和恰当性，并根据不断变化的情境调整行动方案，形成实践过程中的教育机智，并把此过程中形成的个体性学识和体验，比如教师对课堂教学情境的整体感知、对课堂教学问题的敏锐把握、对课堂教学冲突的机智处理等进行经验总结。第四，对获得的有关资料进行分析处理，参照实践过程，评价行动目标的实现程度，分析取得的经验和不足之处，从而为下一轮的行动研究提供经验保证。行动研究形成教师实践智慧，进行行动研究的重要条件是教师反思能力的提高。因此，在反思过程中进行行动研究可以增加教师的教育智慧。

笔者在 2008 年顺利完成了教育硕士学位论文《在普通高中数学教学中开展数学交流活动的实验研究》，该论文被评为"全国第三届专业教育硕士学位优秀论文"。这是笔者对 2005 年至 2008 年的高中数学教学实践探索的规范化、系统化的总结和提炼。拿到教育硕士学位之后，笔者继续在自己的岗位上进一步就数学交流活动（特别是"说数学"和数学写作）展开了实践研究。在 2012 年和 2015 年分别立项了广州市教育科学规划课题，在 2019 年立项了广东省教育科学规划课题。在平凡的工作中，笔者运用观察法、案例研究法、实验研究法等去研究数学教学实践，改进了数学课堂，发表了几十篇数学教学论文，形成了较好的区域内影响力。这就是让数学教育科研伴随着数学教育实践，两者紧密地结合起来。实践表明，如此的做法有助于教师的教育科研能力的提高，能很好地促进教师个人专业发展水平的提高。

四、新时代教师应有优秀的教育智慧

新时代的教师需要有优秀的教育智慧。专业化发展水平高的教师会具有较

高的教育智慧。优秀的教育智慧的形成离不开教师科学的教学反思。

1. 什么是教育智慧

教育智慧根据存在状态的不同，分为教育理论智慧和教育实践智慧，两者有机结合起来，才是完整意义上的教育智慧。教育理论智慧是凝结于教育理论中的关于教育教学的策略，具有普遍的意义，以文本形态存在。教育理论智慧包括个体理论智慧和公共教育智慧。个体理论智慧是个人在长期的教育实践中探索的、对于教育意义的特殊理解。公共教育智慧包括两个方面，一方面是人类世代流传下来的、经得起检验的优秀教育思想，如孔子、孟子等古代教育家留给后人永远受用的教育智慧；另一方面是教育学者构建的对教育本质和教学规律深刻认识的精华，包含在教育理论著作之中，对实践具有指导作用的、一般的教学策略技巧。教育实践智慧是教育者面对复杂多变的教育情境，运用道德直觉，敏捷地抓住问题的本质，做出恰当的判断，进而采取行动巧妙地解决问题的一种临场的创造性才智。教育理论智慧的活水源头是教育实践，是对教育实践的理性把握，它所包含的内在智慧一经展开，就是一幅生动的教育图景，展现的是具有普适意义的教学策略。教育实践智慧上升到一定的高度，经过检验具有普遍性就变为教育理论智慧。对于每一位教师来说，两种智慧整合共存于一体，二者不可分割。同时，教师一般都拥有自己对教育实践的体悟，潜藏在个体的实践知识之中，虽然无法用语言表述，但是在需要的场景中就会自动浮现①。

教育智慧是通过对教育本质和教学规律的深度理解而获得的，包括教师的教育能力、教育机智、教育艺术以及知识修养等内容。"教师的教育智慧集中表现在教育、教学实践中，具有敏锐感受、准确判断生成和变动过程中可能出现的新形势和新问题的能力；具有把握教育时机、转化教育矛盾和冲突的机智；具有根据对象实际和面临的情境及时做出决策和选择、调控教育行为的魄力；具有使学生积极投入学校生活，热爱学习和创造，愿意与他人进行心灵对话的魅力。教师的教育智慧是他的工作进入到科学和艺术结合的境界、充分展现出个性的独特风格。教育对于具有教育智慧的教师而言，不仅是一种工作，也是一种享受。"②

2. 时代呼唤智慧型教师

智慧型教师是指拥有较多教育智慧的教师，能面对变动不居的教育情境，

---

① 靳玉乐. 反思教学［M］. 成都：四川教育出版社，2006，12：96.
② 靳玉乐. 反思教学［M］. 成都：四川教育出版社，2006，12：96－97.

通过即时的行为观照自身，灵活地处理突发事件，使师生双方达到精神的愉悦，使教师自己体会到职业的神圣和生命的意义。智慧型教师的教育智慧是教育科学与艺术高度融合的产物；是教师在探求教育教学规律的基础上长期实践、感悟、反思的结果；也是教师的教育理念、知识修养、情感和价值观、教育机智、教学风格等多方面素质高度个性化的综合表现。智慧型教师对教学情境的观察与判断只需要凭借道德直觉，一般不需要进行仔细的分析，凭借他们的经验学识便能准确地发现问题，并采取适当的解决方法。他们对教学情境中问题的解决不仅能达到快捷性、即时性、灵活性和创造性的程度，而且能达到完全自动化的水平，在没有意外情况发生的情况下，不需要有意识的努力就可以处理遇到的各种教学问题①。

　　智慧型教师是教师专业成长达到卓越的标志，是实现有效教学的必然选择，也是把教师从沉重的教学压力和繁忙的事务中解脱出来的理性追求。首先，从知识进化角度看，人类正从知识经济时代向智慧文化发展的时代迈进，人人都在寻求智慧，教育价值自然就从纯粹追求知识增加的迷失中走了出来，教育的使命就是培养拥有智慧的人。其次，教育变革是社会变革的动力因素，各个国家相继展开教育改革，教师需在复杂的变革中应付自如，洞察时局，应对繁杂的挑战，这是对教师专业发展提出的新要求，要求切实提高教师的教育智慧水平。最后，以教育理论形式存在的教育智慧往往跟教学实践相脱节，教师应用普适性的策略时不能和自己的个性化教学联系起来，为了主动应对教学的复杂性、多变性和高度的技巧性，需要智慧型教师的出现。因此，对教育智慧意义与价值的认识和把握，探索智慧型教师的成长路径，让智慧引领教师发展，是教师专业成长的需要②。

　　3. 反思教学是智慧型教师成长的必由之路

　　教师专业成熟的标志不仅要拥有丰富的知识，而且还要有运用所学的知识解决实际问题的能力。首先，由于教育情境具有重复性，行动前的反思是教师对以往教育状况的回想，使教师对各种可能性做详细的了解，计划所应该做的准备，以及对行动结果的期望，从而形成一定的教学策略，"有助于以一种有组织的、决策性的、有备无患的方式处理情境和与人相处。"其次，教育情境同时具有不确定性，行动中的反思是使情境和问题相协调的方略，教师面对不断变

---

① 靳玉乐. 反思教学 ［M］. 成都：四川教育出版社，2006，12：98.
② 同上.

化的情境及时地采取适宜的行动，这种机智性的行动是教育智慧的外在表现。教育机智能迅速地发现问题的因果关系，凭着一种道德直觉，采取恰当的行动，使教育者把突发的、危害性的事件转化成积极的动力，这种机智行动就是一种全身心投入型的智慧行动。再次，行动后的反思再现已经发生的事，反思有助于深刻理解事件的深层意义，使教师成为更加有经验的实践者，通过对过去实践的反思可增长教师的教育智慧。最后，教师专业发展的使命要求教师从"技术熟练者"向"反思性实践家"转变，反思性实践就是通过不断做出决策，在行动中反思的专业工作者通过形成一种临场的机智来增加教育智慧。所以，反思教学是智慧型教师成长的必由之路。

4. 行动研究是开展教学反思的重要方法

行动研究是一种适应小范围内教育改革的探索性的研究方法，其目的不在于建立理论、归纳规律，而是针对教育活动和教育实践中的问题，在行动研究中不断地探索、改进和解决教育实际问题。进行行动研究的目的是解决理论和实践脱节的现象，从实际工作需要中寻找研究课题，在实践情境中进行研究，解决实际问题，改善实践行为。实践工作者为改进其工作情境内部活动的品质从事行动研究，从而增进他们对事件、情境和问题的理解，加深解决实际问题的有效性。行动研究将改革行动与研究工作相结合，与教育实践的具体改革行动紧密相连。由此可见，行动研究就是实践工作者为提高自己实践的合理性和正当性，增进对实践及其情境的理解而采取的自我反思探究的一种形式。教师的行动研究是反思教师的教育实践，解决教学过程中遇到的问题，释疑解惑，提升教学的有效性，增进教师的实践智慧的有效途径。基于"教育理论可以指导实践却不能预测特殊的教育情境，教师难以直接用教育理论解决具体的实际问题"，这就决定了教师是教育教学实践中的研究者，教师必须通过对自己实践的不断反思，进行行动研究以增强解决实践问题的能力①。总之，反思应贯穿于教学过程始终；在行动中反思，在反思中不断改进教学实践；教师可以通过不同途径的反思形成个性化的教学，积累实践智慧。

---

① 靳玉乐. 反思教学 [M]. 成都：四川教育出版社，2006，12：100.

促进教师专业发展的重要抓手
——反思性教学①

推动教师专业发展有许多途径，如教师的行动研究、教育科研教师培训、反思教学等。其中，反思教学是推动教师专业发展的一个重要途径。

郑毓信教授指出教师专业化的内涵：对专业知识的很好掌握，一定的专业工作能力，工作的创造性质，特别是，既不应墨守成规，也不应盲目地去追随各种潮流，而应加强自己的独立思考与分析，包括必要的批判，从而就能依据具体的教学内容、对象、环境等作出创造性的工作②。

促进教师的专业发展的策略有四个，分别是：①要激发教师专业发展的内驱力；②要促进教师的专业发展，要以对教师专业自主权的尊重为条件；③反思性教学，使教师走出经验的局限，走向理论的真切体验和对教育意义的真实追求；④要重视专家在教师专业发展中的引领作用③。

新一轮基础教育课程改革强调建立促进教师不断分析和反思自身教学行为的教师评价体系，倡导教师进行反思性教学，成为反思型实践者。因此，下面对反思性教学进行概述。

一、什么是反思性教学

反思性教学是教师在教学实践中，批判地审视自己的教学行为及其所依据的观念、教学结果、教学伦理、教学背景，或给予肯定、支持与强化，或给予否定、思索与修正，从而不断提高自身主体性的过程；也是教师借助行动研究，

---

① 周卫勇. 走向发展性课程评价——谈新课程的评价改革 ［M］. 北京：北京大学出版社，2002，6：131–146.

② 郑毓信. 数学教育：动态与省思 ［M］. 上海：上海教育出版社，2005，1：151.

③ 卢真金. 教师专业发展的阶段、模式、策略再探 ［J］. 课程·教材·教法，2007（12）：68–74.

不断探究与解决自身与教学目的、教学工具等方面的问题，将学会教学与学会学习结合起来，努力提升教学实践合理性，使自己成为学者型教师的过程①。

1. 反思性教学以探究和解决教学问题为基本点

在反思性教学中，教师不是一般地回想教学情况，而是探究处于教学的决策和技术以及伦理等层面的教学主体、教学目的、教学工具等方面存在的问题；教师不是机械地按照教材和教学大纲或上级的要求等按部就班地行事，而是在领会教材与教学大纲要求的基础上，重点解决教学中存在的问题，并在解决问题的过程中使教学过程更优化，取得更好的教学效果。

2. 反思性教学以追求教学实践合理性为动力

通过教学反思可以发现新问题，进一步激发教师的责任心，使教师在不断改进教学的过程中把自己的教学实践提升到新的高度。这与操作性教学（也称常规性教学）形成鲜明对照。操作性教学是教师凭借自己有限的经验进行的简单重复的教学实践，它是反应而非反思的、直觉而非理性的、例行而非自觉的。然而，良好的教学需要反思、理性和自觉。

3. 反思性教学是促进教师发展的过程

反思性教学不仅促进学生发展，而且促进教师发展。反思性教学实践帮助教师从冲动的、例行的行为中解放出来，让教师以审慎的方式行动，从而成为更好、更有效率、更富有创见的行家。当教师全面地反思自己的教学行为时，他会从教学主体、教学目的和教学工具等方面，从教学前、教学中、教学后等环节获得体验，使自己变得更成熟。因此，教学反思是教师"取得特定实践成就……走向解放和专业自主的工具"。"成功的有效率的教师倾向于主动地创造性反思他们事业中的重要事情，包括教育目的、课堂环境，以及他们自己的职业能力。"波斯纳（Posner, G. J, 1989）提出了一个教师成长公式"成长 = 经验 + 反思"，他同时指出，没有反思的经验是狭隘的经验，至多只能形成肤浅的知识。

为了深入地理解反思性教学，有学者从时间维度将反思性教学实践划分为三类：①实践中反思（reflection in practice）；②对实践反思（reflection on practice）；③为实践反思（reflection for practice）。实践中反思意味着反思发生在教学实践过程中。在教学过程中，不可预料的情况不断发生，需要教师随时作出反思。对实践反思意味着反思发生在教学实践过程之后。教学实践之后的反思

───────────────

① 熊川武. 反思性教学 [M]. 上海：华东师范大学出版社，1999，10：5.

需要对教学目标以及依据这一目标选定的教学策略作出评价和判断。在整个评价过程中，教师可追问自己如下问题：这节课是怎样进行的？是否如我所希望地发生了什么？怎样用教和学的理论来解释我的教学？学生是否达到了预期目标？根据这些问题，教师就可以判断自己是成功地完成了教学目标，还是需要调整或尝试新的教学策略。为实践反思是前两种反思的预期结果，即通过实践中反思与实践后反思最终形成超前反思，使教师养成了于实践前未雨绸缪、三思而行的习惯。为实践反思要求教师在教学前深入分析相关数学知识材料和教学内容、教师自身的能力和特征、学生的特征和需要、教学目标以及满足学生需要、达到教学目标的教学策略等进行计划和反思。可见，教师进行教学反思，其目的不仅是回顾过去，不仅是对过去的教学过程进行察觉、质疑等，更重要的是为了指导未来的教学行动。总之，反思过去的教学，重要的是为了更好地做好未来的教学①。

二、如何实施反思性教学

要真正实施反思性教学，成为反思型教师，必须养成在教学中自觉反思的习惯（即反思的意识），清楚在教学中究竟应该"反思什么"（即反思的内容），并懂得在教学中"怎样进行反思"（即反思的策略与方法）。

1. 养成自觉反思的习惯

自觉反思习惯的养成，就是要使反思成为教师的生活和存在方式。在认识论层面上，需要教师充分意识到反思对自己专业成长、自身主体性和创造性的提升等具有重要价值；在实践论层面上，需要教师针对反思内容，运用反思策略，持续地进行反思实践。久而久之，就会养成自觉反思的习惯，形成对教学实践的反思意识。当教师形成自觉反思的习惯之后，心理上就有了一道警戒线，它随时提醒教师对自己的教学保持应有的警觉，一旦有可疑之点或遇到特定刺激（如困难、问题等）便自然进入反思状态。

2. 知晓反思的内容

一般来说，有关教学的任何事项都可成为教师反思的对象。概括起来，反思的内容包括：①教学技术。即反思数学课堂情境中各种教学策略、技能与技术的有效性，如选择了哪些方法进行教学、教学过程是否合理、是否有效地达

---

① 重点参考了熊川武著的《反思性教学》（华东师范大学出版社 1999 年出版）.

到了预期的目标、教学中存在哪些问题、有哪些成功的经验和失败的教训等。②教学理念。即反思数学教学得以推进所依赖的各种显性的和隐性的假定。如教学的人性假定、目的预设、价值观及教学的哲学、心理学、社会学基础等。③教学伦理。即反思直接或间接与数学教学有关的道德、伦理规范。如数学教学中师生关系的处理是否得当，教师主体性的发挥是否有害于学生及其他主体的主体性的彰显，是否符合主体间性原则等。④教学背景。即教师要对教学赖以存在和进行的社会、组织、文化背景等十分敏感并不断进行反思。需指出的是，教师的发展水平与程度不同，其反思指向的内容也会有所差异。一般而言，教师更容易对教学技术进行反思，但要成为真正的、成熟的主体性强的学者型、专家型教师，教师应进一步随时随处深刻地反思教学理念、教学伦理与宏观的教学背景。

3. 掌握反思策略

反思的策略很多，且因人而异，这里列举几种常用的方法。

（1）书写教学札记。这是一种十分有益的教学反思方式。一线教师每天都在上课，并且所上的课不会重复，毕竟学生不一样，教学内容也会不同。"教学是遗憾的艺术"。只要愿意记录下来，那老师就有大把课堂教学材料可以书写。本书前面的诸多案例就是笔者在日常教学中积累下来的教学札记的基础上逐步完善而成的。

（2）拍摄教学录像。把自己的课堂教学过程用摄像机录制下来，这样，我们观看录像就像别人看自己一样，通过课后观看、分析、推敲录像，有时会对自己的教学表现感到震惊，也会发现自己在课堂上发现不了的一些问题。例如，录像带可让我们对自己的课堂教学时间分配作出确切的估计：在课堂上，有多少时间用于教师讲授，又有多少时间用于学生发言，有多少时间用于引导学生，又有多少时间让学生自己去分析、反思和实践；可以让我们清晰地了解自己的教学语言是否精练、生动，体态语言是否自然、协调；可以让我们知晓自己是如何对待学生的不同观点和意见的……值得注意的是，尽管通过教学录像可以察觉自己在教学中存在的问题，但不要期望它本身就能改变我们做事的方式。它在一定程度上可以告诉我们教学的哪些方面需要努力，而不会告诉我们如何去改进和完善教学。就像卡尔（Karl）和考普（Kopf）所指出的，"还没有支持这一假定的证据，那就是人们对自己的行为知道得越多，就越能改变自己的行为"。用批判反思的思想重塑我们的教学是一个漫长的、逐渐积累和艰辛的过程，这就需要得到同事和学校的反思性文化的支持。

（3）邀请同伴观察。邀请同事来到课堂观察自己的教学思路与教学过程，让他们指出自己在数学教学中存在的问题，这样可发现反思（自评）与他评之间存在的差距，以进一步改进自己的反思与教学。主动承担各种各样的学科公开课，对提高执教者的教师专业化水平很有帮助，因为，一般在公开课之后的评课阶段，听课者都会对公开课提出评价意见。有些教师（或者学科组）重视课题立项，通过课题研究来推动教学、教育科研能力的提高，促进课题组成员的教师专业化发展。多组织课题组成员互相听课、观察执教教师的教学思路和教学过程、共同研究课堂教学中的问题，对促进教师专业发展特别有好处。

（4）开展行动研究。当教师以研究者的心态置身于教育情境中，以研究者的眼光审视已有的教育理论与现实问题，并以研究者的精神不断发现问题、解决问题时，自身的反思意识和能力便得以确证和发展。在教育研究中，教师不断设计、创造、实施新的实践方案，不断反思。概括自己实践的成败得失，不断改进、优化自己的教育教学行为，充分体现和发展反思意识、反思能力，进而实现专业自主和自身解放。

总之，教师处于最佳的研究位置，拥有最佳的研究机会。笔者提倡在自我反思的基础上，借助同伴观察和行动研究多开展交流性的反思活动。当教师在与他人对话的过程中讲述自己的观念时，可使其思路更清晰明确，来自交流对象的反馈又会激起教师更深入的反思。在此，再一次强调：反思活动不仅是教师个体行为，它需要教师所在的群体的支持。养成反思习惯、知晓反思内容和掌握反思策略之间是相互促进的动态过程。只有养成了一定的反思意识，教师反思才有可能；只有知晓了一定的反思内容，反思才会有的放矢；只有掌握了一定的反思策略，反思才能更高效。当每一次反思结束后，反思意识更强了，反思内容更全面、更深刻了，反思策略更丰富，运用更娴熟了。这样，下一次反思则在新的起点上启动。如此循环往复，反思能力才会不断提升①。

---

① 周卫勇. 走向发展性课程评价——谈新课程的评价改革［M］. 北京：北京大学出版社，2002，6：131－146.

对新时代数学教师专业发展的展望

党的十九大明确指出："要全面贯彻党的教育方针，落实立德树人根本任务，发展素质教育，推进教育公平，培养德智体美全面发展的社会主义建设者和接班人。"新时代数学教师使命光荣，责任重大，是落实立德树人根本任务的主力军。数学教师是落实基于核心素养的数学课程标准的基石。数学教师要有机会看到和领会如何在课堂教学中落实数学核心素养，如何在数学教学任务的设计和实施中聚焦学生数学核心素养的发展。教师的专业教育和发展不能只是传达课程标准的具体内容、罗列核心素养的内容和水平，也不能只是停留在缺乏理论引领的教学观摩和讨论上，而是务必理论联系实践，既要有理论的实践性解读，也要有实践的理论性分析，二者相辅相成，齐头并进[①]。

一、加强对课程标准及其解读本的学习

课程标准是国家颁发的纲领性教学文件，规定了教育目标和教育内容，提出了教育实施的建议，是国家意志在教育领域的直接、重要的体现，在立德树人中发挥着十分重要的作用。新时代数学教师的教学实践必须严格按照课程标准的要求去展开。

《普通高中数学课程标准（2017 年版）》明确指出，教师实施课程标准应注意以下几个问题[②]。

1. 以教师专业标准的理念为指导，提升自身的专业水平

《中学教师专业标准》提出了"育人为本，师德为先，能力为重，终身学习"的基本理念，从专业理念与师德、专业知识、专业能力三个维度提出了教

---

① 吴颖康. 美国数学教育的是是非非：思考与启示 [J]. 数学教育学报，2019，28（6）：33 – 36.
② 中华人民共和国教育部制定. 普通高中数学课程标准（2017 年版）[Z]. 北京：人民教育出版社，2018，2：97 – 99.

师专业发展的基本要求。数学教师要以《中学教师专业标准》的理念为指导，以数学学科核心素养为依托，终身学习，不断实践，掌握教学所需的基础知识，提升教书育人的基本能力，达到《中学教师专业标准》对教师专业发展提出的基本要求。

2. 数学教师要努力提升通识素养

教师应主动提升自身的通识素养，包括科学素养、人文素养和信息技术素养等。应养成良好的自主学习习惯，能学习、会学习、善学习，努力成为学生主动学习、不断进取的榜样。在教学活动中，应勇于创新，包括教学方式的创新，也包括从教学实践中总结经验；包括指导学生学习方式的创新，也包括对学生认知规律的探索；包括对数学知识更为深刻的理解，也包括对数学结构的梳理。实现对自身数学教学经验的不断反思和超越。

3. 数学教师要努力提升数学专业素养

教学建议强调："'四基'是培养学生数学学科核心素养的沃土，是发展学生数学学科核心素养的有效载体。"因此，为了培养学生的数学学科核心素养，数学教师必须提升自身的"四基"水平、提升数学专业能力，自觉养成用数学的眼光发现和提出问题、用数学的思维分析和解决问题、用数学的语言表达和交流问题的习惯。

4. 数学教师要努力提升数学教育理论素养

数学教师要有良好的数学教育理论素养，能把握数学教育的价值取向，有效落实数学教育的育人目标。要想提高数学教师的数学教育理论素养，要求数学教师在平时的教育教学工作中要注意抽出适当时间，坚持阅读相关理论书籍。这些理论既可以从传统的书报、杂志当中去阅读，也可以通过自媒体渠道去阅读。较多一线教师长期不重视教育理论的学习，导致理论素养比较欠缺，限制了其专业发展水平的提高。

5. 数学教师要努力提升教学实践能力

数学教师应用理论指导实践，不断总结与反思自己的教学实践，不断提高教学能力，最终落实到课堂、落实到学生。

（1）提升教学设计和实施能力。首先要把握数学知识的本质、理解其中的教育价值，把握教学中的难点，理解学生认知的特征；在此基础上，探索通过什么样的途径能够引发学生思考，让学生在掌握知识技能的同时，感悟知识的本质，实现教育价值；最后能够创设合适的情境、提出合适的问题，设计教学流程、写好教案。在实施过程中，能够有效处理预设和生成的关系，积极启发学生思考，关注每一个学生的成长。

（2）提升教学案例的分析能力。教学活动是不断实践的过程，实践能力的提升本质上是一种经验的积累，除自我反思之外，与同事或者教研组共同分析教学案例也是一种有效的手段，同时还能促进数学教师团队的共同成长。要注意不断积累教学资源，掌握基本的教学策略。

（3）提升信息技术的使用能力。基于信息技术的教育资源和教学手段日新月异，正在改变着数学教与学的方式。教师要适应时代的发展，按照课程标准的要求，发挥信息技术直观便捷、资源丰富的优势，帮助学生发展数学学科核心素养。

（4）提升数学教育研究的能力。数学教育研究要落实到课堂，落实到学生。一方面要善于发现自己在教学过程中、学生学习过程中的问题，另一方面要善于借鉴其他教师的教学经验。把这些发现的问题或教学经验作为自己的研究课题，实现教学活动的理性思考，不断提升理论水平和教学能力。

可见，课程标准对新一轮课程改革下的数学教师提出了一系列明确的要求，从师德、通识素养、数学专业素养到数学教育理论素养，再到教学实践能力。教师只有认真学习并领会好这些要求，才能更好地实施新课程理念下的数学教学。课程标准明确提出：引导学生会用数学眼光观察世界，会用数学思维思考世界，会用数学语言表达世界。怎样才能让学生做到这三个会用呢？教师有哪些可操作的教学策略或者教学方式呢？这就要求广大数学教师需要加强对课程标准的学习与探索①。毕竟课程标准给出的多是理念性、统领性的要求，较少明确、具体的实操性措施。正因如此，我们广大数学教师才有了非常广阔的研究、探索空间。

另外，国家课程标准修订组组织出版了课程标准解读本，很好地将课程标准修订的意图、课程标准的相关理念进行了详细解读。还有不少著名数学教育专家学者对课程标准的理念发表了论文或者出版了专著。这些解读本、论文和专著对一线数学教师、数学教育研究者能够深入理解课程标准具有很重要的作用。

二、新时代数学教师要树立终身学习观

《普通高中数学课程标准（2017 年版）》明确指出，高中数学课程标准修订

---

① 中华人民共和国教育部. 普通高中数学课程标准（2017 年版）［Z］. 北京：人民教育出版社，2018，2：2.

的重点是落实数学学科核心素养，这对数学教师提出了新的要求。通过校本教研、学习讨论、教学实验、展示交流等途径，数学教师要深刻认识数学学科核心素养的育人价值，把握数学学科核心素养与知识技能之间的关联，理解数学学科核心素养的内涵和水平划分，将数学学科核心素养的落实变成自己的自觉行动。要通过创设合适的学习任务、学习情境、学习活动等，把学生数学学科核心素养的养成渗透到日常教学中；要以创新评价的形式和方法，把知识技能的评价与数学学科核心素养达成状况的评价有机融合，完成课程标准中提出的学业质量的要求，落实立德树人的根本任务①。什么是核心素养、什么是数学学科核心素养、如何在数学教学实践中培育学生的数学学科核心素养、核心素养背景下的数学课堂相对上一轮课程改革而言需要发生怎么样的变革等，都需要一线数学教师认真学习与积极探索。核心素养包括必备品格和关键能力两个部分，我们教师需要深度思考：什么样的教学能够帮助学生形成必备品格和关键能力。那些牢牢地守住以往的教学经验，不努力学习新课程改革理念的教师，是很难适应新课程改革的需要的，也不会在教师专业发展上取得较大进步。

当今时代，教育学、心理学、教育技术学、脑科学等发展迅猛，较多研究成果对数学教学产生直接的重要影响。这就需要一线数学教师树立终身学习观，不断努力学习新的理论知识、新的教学理念、有效的教学方式，向书本学习、向媒体学习、向专家学习、向优秀的同行学习……数学教师只有不断学习，才能使自己做好教学反思，较好地适应新时代教育发展的需要。

需要强调的是，新一轮课程改革重视发展学生的核心素养，这需要教师提高自身的教学核心素养。教师的教学核心素养有哪些？笔者认为，会自主学习应该是其中之一。我国著名数学教育家王光明教授领衔的天津师范大学科研团队正在主持一个国家级重点课题的研究，对教师的核心素养展开了系列研究，已经发表了不少研究成果，值得广大教育工作者和研究者关注。

三、新时代数学教师要具有良好的反思性思维和批判性思维

思维是一个为了特定目的而做出分析、评估和判断的智力活动过程，是一个人运用自己的理智形成记忆、产生观念、做出决策的活动。首先，思维具有

① 中华人民共和国教育部.普通高中数学课程标准（2017年版）[Z].北京：人民教育出版社，2018，2：99.

目的性。人与动物的根本区别在于人有自己的目的，并能寻求达到目的的手段，而这一切都要通过思维活动来获得。人类所有成功与进步都是思考的结果，文明、知识科学和技术都来自人类的思考。其次，思维具有过程性。任何人的思维都是一个智力活动的过程，或是解决一个问题，或是接受或拒绝一个论断或建议，或是回答一个问题，或是应对一个情境①。

1. 新时代数学教师要具有良好的反思性思维

清醒的自我意识与自觉的反思应被看成提高研究能力的重要途径，特别是，更应被看成终身学习与自我成长的必然要求②。通过整理以往的数学教学反思性探究成果写成本书，就是笔者提高自我意识、增强自觉反思的特别好的过程与结果。

郑毓信教授指出："如何做好由理论研究向教学实践的转变应当被看成数学教育深入发展的关键；然而，这又正是数学教育界所存在的一个严重弊病，即在理论与实践之间始终存在较大的距离。而且，就国际数学教育的总体形势而言，由于视角的拓宽直接导致研究成果的大量增加，其内容也日趋丰富，因此上述的间隔有进一步扩大的趋势。"③"我们应当清楚地认识数学课程改革的长期性和复杂性，而不应持盲目的乐观情绪，更不应刻意地去追求某些短期效果；恰恰相反，我们应对课程改革所可能面临的种种困难与问题保持清醒的头脑，并十分重视对于已有工作的自觉总结与反思，从而就能通过更为深入的研究与实践……不断克服所存在的问题与不足之处，保证课程改革的顺利发展。""我们应努力做到'大处着眼，小处着手'，即应充分肯定各种细小的进步，并通过长期的积累逐步实现根本性的改革。"④

反思的本质是自我体悟、自我判断、自我认同，最后达到自我认识、自我超越和自我发展。教师的教育智慧是教师取得教学成功的核心，是教师在长期的教育实践中不断反思、探究、创造的结果，主要表现在理解、判断和应对突然出现的问题时，许多应变策略就像脚本一样保存在教师的头脑中，这些丰富的图式是逐渐建构的，是通过反思教学实践形成的一个巨大的智慧仓库。因此，反思是将知识技能、经验、认识经过自我加工以及自我意识的调控，凝结在个

① 冯周卓，左高山. 批判思维与论辩 [M]. 北京：北京大学出版社，2015，7：1-3.
② 郑毓信. 数学教育：动态与省思 [M]. 上海：上海教育出版社，2005，1：13.
③ 郑毓信. 数学教育：动态与省思 [M]. 上海：上海教育出版社，2005，1：9.
④ 郑毓信. 数学教育：动态与省思 [M]. 上海：上海教育出版社，2005，1：11.

体的知识结构中，从而自我提升的过程，在这个过程中形成具有个性化色彩的教育智慧①。

一线教师最了解教育对象，熟悉教育教学方法，其有着丰富的教育实践经验，处于科学理论与教育实践的中介地位，他们的积极参与，无论对教育科学的发展还是教育实践的推动都具有决定的意义。一线教师通过研究，总结经验与教训，达到提高教育质量、提高管理水平、提高育人能力的目标，促进与变革教育实践。这既是教师研究的价值，也是教师研究的重点。一线教师通过教育科研活动过程，提升个体与群体的基本能力与素养，加速专业化成长步伐。单有勤勉踏实的工作态度，把精力全部忙于应付日常教育教学的事务，不注意学习教育理论，对自身和他人的成功经验和失败教训不善于总结，这样的教师最终只能成为知识的机械传递者。英国著名的课程论专家斯腾豪斯提出了教师就是研究者的思想，这一思想正被世界各国的教育工作者广泛接受②。

作为一个一线中学数学教师，笔者在新课程改革实践（既有初中数学教学实践，也有高中数学教学实践）中，遇到不少困惑。特别是学习了课程标准以及新课程改革方面的有关理论文献之后，在课程改革实践中想尽办法去践行这些理念，遇到过许多困难，曾有很多疑惑。但笔者没有放弃对数学教育的理想，保持清醒的头脑，重视对自身教学工作的总结与反思，想尽办法去追求数学教学的进步。

例如，在经历了较长时间的学习、探索、总结和反思之后，笔者以为：①数学教学活动设计的核心是促进学生积极主动地思考；教师要想尽办法去创设良好的学习环境，设置适当的情境引起学生的认知冲突，激发学生参与数学学习，积极主动思考数学问题。②发展学生的数学学科核心素养，就离不开培养学生的数学思维能力。数学课堂需要多种渠道、多种教学方式去培养学生的数学思维能力。需要指出的是，数学交流活动（如"说数学"和数学写作）有助于数学思维能力的培养。③要想提高数学课堂教学的效益，就要努力改进教师的教学行为，让学生进行充分的思考、充分地表达自己的思维过程和成果。笔者一边实践、一边学习、一边反思，慢慢地就养成了较好的反思习惯，努力把一些反思成果写成论文去公开发表，与同行分享，很好地增强了教育科研的成就感。

---

① 靳玉乐. 反思教学 ［M］. 成都：四川教育出版社，2006，12：97.
② 苏忱. 教育科研并不高远，教师需要科研 ［J］. 上海教育，2017（3）：58－59.

2. 新时代数学教师要具有良好的批判性思维

批判性思维是基于逻辑对概念、观点和情境进行开放性分析和评价的思维。这是一个审慎的复杂思考过程，这个思维过程的有效性要求具备相应的技能和态度①。批判性思维过程主要包括以下任务：识别他人的立场、论证和结论；评价不同观点的证据；公平对待对立的论辩与论据；能够读懂字里行间的含义、透过表面求得真相、发现虚假或不公平的前提假设；识别诱惑他人支持自己立场的技术；以结构化的方式思考问题，使之基于逻辑和洞察力之上；基于良好的论据和理智的假设，得出论证是否有效和理由是否充足的结论；使用结构化的、清晰的、合乎逻辑的表达来说服他人。批判思维是可以通过学习和训练来获得的。

近十多年来，国家对教师培训的力度很大。一线教师有很多机会参加各种各样的培训活动。省市级名教师培养工程、省市级骨干教师培养工程、省市级名教师工作室建设、市区级学科教研活动、校本教研活动、教师继续教育课程等，使得一线教师有很多再学习、与外界零距离接触交流的机会。在参加这些学习、培训的过程中，教师们必然面对很多新的教学理论、新的教学理念、新的教学方式、新的教学模式等，面对这些，我们教师需要运用批判性思维去看待：这些理论就全部都是正确的吗？这些理念符合课程标准的要求吗？有充分的理论支撑吗？这些教学方式或者教学模式适合自己任教的生源层次水平的学生吗？可以迁移、推广吗？这些教学方式或者教学模式的设计依据是什么？正确吗……新时代的教师需要用批判的眼光和思维去对待类似的信息，而不能盲目地效仿、实践一些理论、观点和他人的实践。需要在自主学习、专业研修和教学实践中训练自己的批判性思维，这样就能较快地提高自身的学习能力、知识水平、科研能力和教学实践能力，适应新时代的教师专业发展的需要。"与单纯的学习相比，我们应当更加重视'理论的实践性解读'，即如何能够联系自己的工作实践积极地去开展独立思考。""我们应自觉坚持辩证观念的指导，切实防止各种简单化的认识与片面性的观点。"②

四、新时代教师要强化教师研修共同体意识

当今社会的特征可以用三个关键词来描述：信息社会、全球化和可持续发

---

① 冯周卓，左高山. 批判思维与论辩［M］. 北京：北京大学出版社，2015，7：3.
② 郑毓信. 新数学教育哲学［M］. 上海：华东师范大学出版社，2015，7：133.

展。在信息时代，合作、共享、团队等词语成了高频词，它反映了一种社会发展的追求，一种人们工作和生活的理想，这就是追求和谐共生。处于同一区域内的学校，无论是中小学，还是教学教研、科研、培训类的学校或机构，由于面对着共同的教育环境，又有着一致的教育目标，非常需要合作和资源共享。因此，同一区域内的学校和为学校服务的教育机构应该成为一个整体，形成一种团队，故称其为共同体。学习共同体是指一个由学习者及其助学者共同构成的团体，他们彼此之间经常在学习过程中进行沟通、交流，分享各种学习资源，共同完成一定的学习任务，因而在成员之间形成了相互影响、相互促进的人际联系。教师研修共同体，就是基于学习共同体的一种联合研修的模式。这种以同质促进、异质互补的原则建立起来的共同体，在学校内部根据各自学校的特色和教师专业发展的需求，联合互动，共同开展校本研修，从而形成一种任务驱动、资源共享、相互借鉴、协同研究、共同发展的良好机制。在学校外部，由每个学校发挥各自特长、互补成为校际合作的范式；在区域间，由特定组织机构牵头形成区域内各成员学校的研修形式。教师研修共同体是基于学校、立足职场、源于问题、自主研究、团队互动、区域统领的教师专业发展模式。新时代教师专业发展倡导以教师研修共同体的形式促进教师队伍建设。教师研修共同体有助于专家引领、资源共享、合作交流，有助于强化团队意识，增强教育科学研究的凝聚力。例如，省市级名教师工作室的建设，工作室主持人一般在教育理论知识、教学技能、教育科研能力等方面都优于工作室成员。在工作室主持人的组织和带领下，工作室成员可以参与主持人的课题项目研究，可以参与主持人组织的一系列教学研讨活动（如同课异构活动、教学设计讨论、送课下乡、网络教研活动等）和读书分享会，还可以依靠工作室建设的专项经费外出参观考察、学习先进的教育经验。如此的工作室实际上就是一个政府承认的教师研修共同体，由于政府对这些工作室的建设有严格的考核机制，所以工作室全体成员既有一定的研修目标、任务，同时也是志同道合的专业发展团队。

随着信息技术的迅猛发展，自媒体的高度发达，人与人之间的沟通交流已经十分便利。各种网络教育资源（教育理论课程视频、中小学数学示范课、数学试题资料、专题报告课件等）通过互联网、腾讯 QQ 群、微信公众号等广泛传播。在如此背景下，广大数学教师需要学会搜索信息、辨别信息、筛选信息和利用信息，否则，容易被各种各样的教育信息所干扰或者丧失了宝贵的信息资源。哪些教育信息是优秀的、是有助于中小学数学教学的、有助于促进教师专业发展的? 这些问题如果有教师研修共同体的成员进行适当处理, 就会好很多。

　　一个人可以走得很快, 但容易疲倦; 一群人一起走, 尽管慢一点, 但可以走得更远一些。这就表明团队的重要性。新时代教师需要具有较强的教育科研能力, 对基础教育教研工作更加重视, 而教研工作和教育科研工作以教育研修共同体的形式开展更容易实施。

第 三 章

基于实践的数学教学反思性探究

　　教师专业化是指教师个体专业水平提高的过程以及教师群体为争取教师职业的专业地位而进行努力的过程，前者是指个体专业化，后者是指职业专业化，二者共同构成了教师专业化。但是，教师专业化最终体现于个体专业发展的水平，依赖于个体专业发展的追求。所以，教师专业化的核心在于教师个体的专业发展。教师专业化从本质上讲是教师个体不断发展的过程，是教师不断接受新知识提高专业能力的过程。教师专业化发展是指教师作为专业人员，在专业思想、专业知识、专业能力等方面不断发展和完善的过程，即是专业新手到专家型教师的过程，是教师的专业成长或教师在专业结构的不断更新、演进和丰富的过程①。开展教学反思，是促进教师专业化发展的重要举措。如何开展教学反思，是中小学教师亟待解决的问题。

　　著名数学教育家顾泠沅教授指出："国内存在着乐于构建理论体系而疏于实证研究，急于发表论文专著而轻视实地调研试验等学风，这些均不利于教育科研水平的提高，更不利于素质教育的实施，待进一步扭转。"② 加强对一线数学

---

① 何声钟. 教师专业发展的概念、历程与目标取向 [J]. 江西教育学院学报（社会科学），2012, 33（1）：34.
② 顾泠沅. 教学改革的行动与诠释 [M]. 北京：人民教育出版社，2003, 8：325.

教学实际的调查研究，聚焦数学教学实践，基于教育理论知识的对教学实践的反思探究是值得大力倡导的。本章将呈现笔者在这方面的一些探索性成果，抛砖引玉。

对数学教师专业发展的反思

　　本节将首先详细介绍数学教师该如何理解数学，包括哪些具体内容。理解数学，是教好数学的前提和基础。其次，对一个新教师参加求职试教的案例展开了反思性探究，以期对数学教师的职前教育指导提出一些参考性建议。

一、对教师理解数学的重要性的反思性探究

　　1986 年美国的舒尔曼（Lee S. Shulman）教授首次提出学科教学知识的概念，即 Pedagogical Content Knowledge，简称 PCK，将其定义为"教师个人教学经验、教师学科内容知识和教育学的特殊整合"。舒尔曼试图在教师资格认证制度中重新重视学科知识在教学中的重要性，指出学科问题对教学很重要，如教师对学科的理解如何影响他们的教学质量①。按照"教与数学对应原理"，教数学的第一要素是精通数学，钻研数学教学内容。一个对数学认识浅薄的人是无论如何也不能成为好数学教师的②。因此，教师要重视对数学的理解③。如何才能做到理解数学呢？笔者对此有以下的反思。

（一）教师理解数学的重要意义

　　高水平的数学教师应能将数学知识深入浅出地处理，传授给学生。能否深入，取决于教师本身的数学水平；能否浅出，取决于教师的教学水平。数学教师的数学水平，主要表现为教师对数学知识的通透理解上。"当前教师培训和研修中，过分倚重于教学理念和方法，而数学学科知识则受到冷落。许多教师往往对教学方法研究情有独钟：研究教学导入艺术，研究指导探究的艺术，研究练习设计的艺术……但作为一名数学教师，却唯独忘了研究那些貌似简单却内涵深刻的数学知识""在目前的数学教学中，存在着一种'会而不懂'的现象，

---

① 董涛. 课堂教学的 PCK 研究 [D]. 上海：华东师范大学，2008，4.

② 涂荣豹. 数学教学认识论 [M]. 南京：南京师范大学出版社，2003，12：234.

③ 钟进均. 对教师理解数学的重要性的探究 [J]. 中学数学杂志，2017（7）：31–34.

即学生会机械做题，但不太理解数学，数学学习演变成了一种形式化的、无意义的、机械式的解题训练""数学教师的数学理解水平，直接决定了学生的数学理解水平，影响到学生的数学能力的发展"①。数学教师首先要教得对，也就是教给学生正确无误的知识，然后才是教得好，即教学效果好。否则，数学教师就会误人子弟。

（二）教师理解数学的几个重要方面

1. 理解数学概念

"概念是事物本质的反映，是对一类事物概括的表征""概念学习是知识学习的最基本形式"②。数学概念是反映数学对象的本质属性的思维产物③。"数学概念的形成过程是一个归纳、概括、抽象的过程""数学概念从其形式上看，它是中学数学的表层知识。但是，一个数学概念的背后往往是蕴含着丰富的数学思想，有的数学概念本质上就是一种数学观念，是分析、处理问题的一种策略和基本方法。理解、掌握蕴含于数学概念中的思想方法，始终是数学概念教学的重要议题""数学概念的理解，并不是对孤立的单一概念的简单分析，往往涉及与之有着逻辑联系的相关概念和有着非逻辑联系的概念。每个概念都是认知网络结构中的一员，对它的理解的深刻与否，除了取决于对内部图式结构的认识外，很大程度上取决于它与相关知识的练习的多少与强弱""对一个数学概念的学习，并不是仅仅能记住它、说出它的定义、认识代表它的符号，而是要真正能够把握它的本质属性。尽管在数学对象的定义里已经反映了概念的本质属性，但要真正把握它的本质属性并不是那么容易的"④。数学概念教学是数学教学的核心。因此，教师要准确理解和掌握数学概念。

例如，在概率中，对于基本事件的认识，有人认为基本事件是绝对的，也有人认为它是相对的。在依照基本事件的定义（在一个特定的随机试验中，称每一个可能出现的结果为一个基本事件）难以对基本事件确切理解的情况下，我们通过查阅资料和求教专家可知，其实基本事件的确定依赖于样本空间的构造。对于同一个随机试验，分析问题时选取不同的角度，就会得到不同的样本空间，相应的基本事件也会各不相同。比如投掷一枚骰子，求正面出现的点数

① 李祎. 刍议教师理解数学的几个维度 [J]. 数学通报，2014（6）：6-10.
② 喻平. 数学教育心理学 [M]. 南宁：广西教育出版社，2004，8：192.
③ 李祎. 高水平数学教学到底该教什么 [J]. 数学教育学报，2014（5）：31.
④ 涂荣豹. 数学教学认识论 [M]. 南京：南京师范大学出版社，2003，12：274.

为奇数的概率。若记事件 A 为"正面出现的点数为奇数"，用 e_i（$i \in \{1，2，3，4，5，6\}$）表示"正面出现的点数为 i"这一基本事件，那么基本事件的空间 $\Omega = \{e_1，e_2，e_3，e_4，e_5，e_6\}$，共包含了 6 个基本事件，此时事件 A 包含了 $e_1，e_3，e_5$ 这 3 个基本事件，故 $P(A) = \dfrac{3}{6} = \dfrac{1}{2}$。如果把这一随机试验的结果看成是由"正面出现的点数为奇数"（即事件 A）、"正面出现的点数为偶数"（记为"事件 $\bar{A}$"）这两个基本事件构成的，此时 $\Omega = \{A，\bar{A}\}$，故 $P(A) = \dfrac{1}{2}$。解法不同，但结果一样。可见，基本事件是相对的，而不是绝对的①。

又如，直线的斜率为 $k = \tan\alpha$，其中 α 是该直线的倾斜角。为什么 $k = \tan\alpha$，而不是 $k = \sin\alpha$ 或者 $k = \cos\alpha$？从建立直线方程的角度来看，直线上的动点 $P(x，y)$ 与作为不变量的倾斜角 α 不能直接建立起关系，还必须将倾斜角 α 进一步代数化，变量 $(x，y)$ 与不变量——斜率 k 才能建立起关系。在对倾斜角 α 进行代数化时，之所以使用了正切而不是正弦或余弦，是因正切函数的单调递增性，即无论 α 是锐角还是钝角，此时都是倾斜角 α 越大，则斜率 k 越大，正弦和余弦函数就达不到如此的实际效果②。

所以，我们要理解概念的内涵和外延，注重概念的形成过程和表征方式，注重概念蕴含的数学思想方法。

2. 理解数学思想方法

涂荣豹教授指出："我国的数学教育从来都是把具体数学知识的学习放在第一位，殊不知学过数学的绝大部分人都会把那些具体的数学内容遗忘掉，唯有数学学习中留在心灵深处的数学精神和数学思维方法刻骨铭心，永不磨灭。"③ "如果说表层知识可以用文字和符号来记录和描述，那么思想方法与知识技能融于一体，这样，思想方法有载体，知识技能有灵魂，才能真正帮助学生理解数学。"④ 因此，教师要加强对数学思想方法的理解。

数学思想是指人们对数学理论和内容的本质的认识，数学方法是数学思想的具体化形式，实际上两者的本质是相同的，差别只是站在不同的角度看问题。通常混称为"数学思想方法"。常见的数学四大思想为函数与方程、转化与化

① 李祎. 刍议教师理解数学的几个维度 [J]. 数学通报，2014（6）：6－10.

② http://baike.haosou.com/doc/6794468－7011187.html

③ 涂荣豹. 数学教学认识论 [M]. 南京：南京师范大学出版社，2003，12：268.

④ 李祎. 刍议教师理解数学的几个维度 [J]. 数学通报，2014（6）：6－10.

归、分类讨论、数形结合①。

比如，数列求和的方法有多种，公式法、倒序相加法、错位相减法、分组求和法、裂项相消法等。对于这么多种数列求和的方法，我们需理解它们的本质，那就是化繁为简、化归与转化的思想。等差数列求和公式的推导，就用到了倒序相加法。

$S_n = a_1 + a_2 + a_3 + a_4 + \cdots + a_{n-2} + a_{n-1} + a_n$ ①，

将①右边的顺序颠倒过来得到：$S_n = a_n + a_{n-1} + a_{n-2} + \cdots + a_4 + a_3 + a_2 + a_1$ ②，

将①+②得到：

$2S_n = （a_1 + a_n） + （a_2 + a_{n-1}） + （a_3 + a_{n-2}） + \cdots + （a_{n-2} + a_3） + （a_{n-1} + a_2） + （a_n + a_1）$.

又因为在等差数列中若 $m + n = p + q$，则有 $a_m + a_n = a_p + a_q$。所以，$S_n = \dfrac{n（a_1 + a_n）}{2}$。

上述倒序的目的就是化繁为简，充分运用了等差数列的性质，将一个有省略号的烦琐问题转化成为无省略号的简单问题。分组求和法当中分组的目的就是将一个数列分拆成两个已学习过的、能够求和的数列去求解，这也是转化思想，把一个陌生问题转化成为熟悉问题。笔者以为，数列求和的教学需让学生充分理解这些求和方法背后隐含的数学思想方法。

我们在教学中不仅要深入挖掘宏观意义的思想方法，也要深刻领会具体解决问题的思想方法，不能只满足于求解出某一个问题的具体解答，还要努力揭示与之相关的同一类问题的本质，乃至不同知识类别及思考方式的共性，上升到思想方法的高度。

3. 理解数学知识的结构与联系

理解性学习的关键就是建构知识之间的联系，理解的程度是由联系的数目和强度来确定的②。数学理解的本质就是数学知识的结构化、网络化和丰富联系。而知识的有机联系与良好组织，是围绕核心概念或大观点组织的。核心概念或大观点是指通过对一节课或一个单元、一章，乃至一个数学分支中的主要概念进行解构，析出的有共同本质指向的、重要的、不可或缺的基础知识和重要思想。

---

① 李祎. 刍议教师理解数学的几个维度 [J]. 数学通报，2014（6）：6-10.
② 同上.

如在二分法的教学中，从内容前后联系的角度来看，可如此考虑：多数方程求解不容易，从而转化为求函数的零点；函数的零点的准确值往往不易求得，从而通过逼近思想转化为求函数的零点的近似值；实现逼近的基本方法是缩小区间；而缩小区间的方法之一为二分法。如此就将二分法、函数的零点和逼近思想联系起来，便于理解。

又如，函数的单调性、直线的斜率与导数分别在高中不同阶段进行学习，通过"变化率"就可知它们具有本质性联系。函数的单调性的判断，可转化为考查 $f(x_2) - f(x_1)$ 与 $x_2 - x_1$ 的符号是否相同，进而可以转化为考查 $\dfrac{f(x_2) - f(x_1)}{x_2 - x_1}$ 的符号。平均变化率 $\dfrac{f(x_2) - f(x_1)}{x_2 - x_1} = \dfrac{\Delta y}{\Delta x}$ 是函数图像上连接两点 $(x_1, f(x_1))$ 以及 $(x_2, f(x_2))$ 的割线的斜率，当自变量增加即 $\Delta x > 0$ 时，若 $\Delta y > 0$，则割线的斜率 $\dfrac{\Delta y}{\Delta x} > 0$，函数的单调性就递增；否则，函数单调递减。该割线的斜率通过取极限得 $\lim\limits_{\Delta x \to 0} \dfrac{\Delta y}{\Delta x}$，即为函数在区间内某点处的切线的斜率。

再如，直线方程的形式有很多种，如点斜式、斜截式、截距式、两点式、一般式等。这些形式都与直线的斜率紧密联系。我们知道，对直线 l 有 $k = \tan\theta = \dfrac{y_2 - y_1}{x_2 - x_1}$，其中 θ 为倾斜角，$x_1 \neq x_2$，$P(x_1, y_1)$ 和 $Q(x_2, y_2)$ 分别是直线 l 上不同的两个定点。如 $M(x, y)$ 为不同于 P，Q 的直线 l 上的一个动点，此时，$k = \dfrac{y - y_1}{x - x_1} = \dfrac{y_2 - y_1}{x_2 - x_1}$，即 $\dfrac{y - y_1}{y_2 - y_1} = \dfrac{x - x_1}{x_2 - x_1}$，这就是直线 l 上的截距式方程。如 $P(0, b)$ 是直线 l 上的一个定点，b 为直线 l 在 y 轴上的截距，$Q(x, y)$ 为直线 l 上的一个异于 P 点的动点，则有 $k = \dfrac{y - b}{x - 0}$，即 $y - b = k(x - 0) = kx$，$y = kx + b$ 就是直线 l 的斜截式方程。余下几种形式均可利用特殊化数学思想，将直线方程和直线的斜率联系起来，实现了直线方程和斜率的统一，强化了数学知识之间的联系性。

4. 理解数学知识的表征方式

所谓表征，即指两个世界的特征或元素之间的一种对应，即用一种形式（物理或心理的）将另一种事、物、想法或知识重新表现出来，其本质即为指代对象的一个替代（如符号或符号集）①。知识表征是指信息在人脑中的储存和呈现方式②。不同的思维方式将导致不同的表征。在不同的表征系统中建立不同表征形式，并在不同系统之间进行转换训练，可强化学生对数学知识内在本质的认识，促进学生对数学的多角度理解。"正确的数学问题的表征是解决数学问题的必要前提"。

数学解题活动最能影响学生数学思维的发展。要使数学解题活动在发展学生数学思维方面发挥出最佳效果，必须把学生的解题活动置于一定的控制之下，控制成教师指导下的、合乎思维规律的、由学生独立进行的探索解题的过程③。因此，教师应熟悉数学知识的常见表征方式。只有这样，才能更好地指导学生的解题活动。

例如，设 x，y 为实数，若 $4x^2 + y^2 + xy = 1$，求 $2x + y$ 的最大值④。

表征一，引入中间变量，具体如下：由 $4x^2 + y^2 + xy = 1$ 得：

$$4x^2 + xy + \frac{y^2}{16} + \frac{15y^2}{16} = 1,\ 即 \left(2x + \frac{y}{4}\right)^2 + \frac{15y^2}{16} = 1,$$

令 $2x + \frac{y}{4} = \cos\theta$，$\frac{\sqrt{15}}{4}y = \sin\theta$，则 $y = \frac{4}{\sqrt{15}}\sin\theta$，$2x = \cos\theta - \frac{1}{\sqrt{15}}\sin\theta$，

故 $2x + y = \cos\theta - \frac{1}{\sqrt{15}}\sin\theta + \frac{4}{\sqrt{15}}\sin\theta$

$$= \frac{\sqrt{15}\cos\theta + 3\sin\theta}{\sqrt{15}}$$

$$= \frac{\sqrt{24}}{\sqrt{15}} \times \left(\frac{\sqrt{15}}{\sqrt{24}}\cos\theta + \frac{3}{\sqrt{24}}\sin\theta\right)$$

$$= \frac{\sqrt{24}}{\sqrt{15}}\sin(\theta + \varphi) \leq \frac{\sqrt{24}}{\sqrt{15}} = \frac{2\sqrt{10}}{5}\left(其中设 \varphi \in \left(0, \frac{\pi}{2}\right)\right.$$

且 $\left.\sin\varphi = \frac{\sqrt{15}}{\sqrt{24}} = \frac{\sqrt{10}}{4}\right)$.

故 $2x + y$ 的最大值是 $\frac{2\sqrt{10}}{5}$.

---

① 李祎. 刍议教师理解数学的几个维度 [J]. 数学通报，2014（6）：6－10.

② 林国夫. 关注解题教学中数学问题的表征 [J]. 中小学数学，2014（6）：3－7.

③ 涂荣豹. 数学教学认识论 [M]. 南京：南京师范大学出版社，2003，12：349.

④ 林国夫. 关注解题教学中数学问题的表征 [J]. 中小学数学，2014（6）：3－7.

表征二，将代数结构 $4x^2 + y^2 + xy = 1$ 表征为几何图形，令 $t = 2x + y$，当 $2x + y$ 取最大值时，直线 $2x + y = t$ 与上述图像相切，故有如下解法：将 $y = -2x + t$ 代入 $4x^2 + y^2 + xy = 1$ 得 $6x^2 - 3tx + t^2 - 1 = 0$，故 $\Delta = 9t^2 - 24$（$t^2 - 1$）$= 24 - 15t^2 \geqslant 0$，故 $-\dfrac{2\sqrt{10}}{5} \leqslant t \leqslant \dfrac{2\sqrt{10}}{5}$，即 $2x + y$ 的最大值是 $\dfrac{2\sqrt{10}}{5}$.

表征三采用均值不等式或柯西不等式求解，也就是采用图式表征问题。具体如下：由 $4x^2 + y^2 + xy = 1$ 得 $4x^2 + xy + \dfrac{y^2}{16} + \dfrac{15y^2}{16} = 1$，即 $\left(2x + \dfrac{y}{4}\right)^2 + \dfrac{15y^2}{16} = 1$，即 $\dfrac{(8x + y)^2}{16} + \dfrac{(3y)^2}{\frac{48}{5}} = 1$. 由柯西不等式可得 $\left(16 + \dfrac{48}{5}\right) \cdot \left[\dfrac{(8x+y)^2}{16} + \dfrac{(3y)^2}{\frac{48}{5}}\right] \geqslant$

$(8x + y + 3y)^2$，从而得 $(8x + 4y)^2 \leqslant \dfrac{16 \times 8}{5}$，故 $(2x + y)^2 \leqslant \dfrac{8}{5}$. 故 $2x + y$ 的最大值是 $\dfrac{2\sqrt{10}}{5}$.

5. 理解数学知识的文化背景

数学是人类文化的重要组成部分，是人类社会进步的产物。教学中，教师应结合教学内容，介绍一些数学知识的文化背景，如对数学发展起重大作用的历史事件和人物，引导学生初步了解数学科学与人类社会发展之间的相互作用，体会数学的科学价值、应用价值、人文价值，开阔视野，探寻数学进步的历史轨迹，对激发学生的数学学习兴趣极有帮助。这就需要教师对一些突出的、重要的数学知识文化背景有所了解。

譬如，复数的产生就是数学史上的重大事件，具有重要的教育价值。

法国数学家笛卡尔在《几何学》（1637 年发表）中使"虚的数"与"实的数"相对应，从此，虚数才流传开来。虚数引起了数学界的一片困惑，很多大数学家都不承认虚数。然而，真理性的东西一定可以经得住时间和空间的考验，最终占有自己的一席之地。法国数学家棣莫佛在 1730 年发现了著名的棣莫佛定理。欧拉在 1748 年发现了有名的关系式，并且是他在《微分公式》（1777 年）一文中第一次用 i 来表示 -1 的平方根，首创了用符号 i 作为虚数的单位。挪威的测量学家成塞尔在 1779 年试图给这种虚数以直观的几何解释，并首先发表其做法，然而没有得到学术界的重视。德国数学家阿甘得在 1806 年公布了虚数的图像表示法，即所有实数能用一条数轴表示，同样，虚数也能用一个平面上的点来表示。在直角坐标系中，横轴上取对应实数 a 的点 A，纵轴上取对应实数 b

的点 B，并过这两点引平行于坐标轴的直线，它们的交点 C 就表示复数 $a+bi$。如此由各点都对应复数的平面叫作"复平面"。高斯在 1831 年用实数组 A（a，b）代表复数 $a+bi$，并建立了复数的某些运算，使得复数的某些运算也像实数一样"代数化"。他又在 1832 年第一次提出了"复数"这个名词，还将表示平面上同一点的两种不同方法——直角坐标法和极坐标法加以综合，统一于表示同一复数的代数式和三角式两种形式中，并把数轴上的点与实数一一对应，扩展为平面上的点与复数一一对应。高斯不仅把复数看作平面上的点，而且还看作是一种向量，并利用复数与向量之间一一对应的关系，阐述了复数的几何加法与乘法。至此，复数理论才比较完整和系统地建立起来了。经过许多数学家长期不懈的努力，深刻探讨并发展了复数理论，才使得在数学领域"游荡"了 200 年的虚数显现出它的本来面目。

可见，一些数学知识的产生、发展并不是畅顺的，往往充满了坎坷，经历了漫长的历程。这些都是很好的数学教育资源，能激发学生的数学学习兴趣。因此，教师有必要理解这些数学知识的文化背景。

（三）结束语

新课程改革以来，教师的专业化发展受到了各级教育行政主管部门和中小学的普遍重视；教师继续教育培训的力度前所未有。数学学科知识、一般教学法知识和数学学习知识等对于数学教师来说都是必需的。期待各级各类教师培训在关注对教师一般教学法知识、数学学习知识的同时，也要重视对教师的数学学科知识的培训。一线数学教师只有在理解数学上下足工夫，在广度和深度上付出足够努力，才能在数学教学中做到游刃有余，才能增强数学教学效果。

二、从一节高中数学试教课反思职前教师教育

世界各地的教育改革一再印证教师仍是学与教的核心[①]，教师之素质尤为重要。"新课程要求教师应该是教育教学的研究者，新课程所蕴含的新理念、新方法，以及新课程实施过程中所出现的各种新问题，都是过去的经验和理论难以解释和应付的，教师不能被动地等待着别人把研究成果和教学经验送上门来，再不假思索地把这些成果应用到教学中去""新课程要求教师应该是课程的建

① Clark B，Clark D，Sullivan P. The Mathematics Teacher and Curriculum Development［A］. In：Bishop A J，Clements K，Keitel C，et al. International Handbook of Mathematics Education Part 2［C］. Netherlands：Kluwer Academic Publishers，1996.

设者和开发者""必须在课程改革中发挥主体性作用"①。新课程改革以来，为了促进教师教育教学观念的更新和变革，教师教育问题受到了各级教育行政主管部门和教育研究界的高度重视。

2006年，"世界课例研究协会"成立。美国等37个国家将课例研究作为"改变21世纪教师专业发展的强有力途径"加以推广。笔者比较重视对课例展开反思和探究，有幸在2009年参加了一次新教师招聘工作，对其中一节数学试教课记忆犹新，至今难忘。以下拟就该试教课对职前数学教师教育问题展开反思性探究②。

（一）研究方法的选取

"案例是描述实验过程，揭示教育现象有关特征的有效手段""可生动地揭示数学教育现象的特点和规律""能向人们展示特定的教学过程，以其生动的情景吸引人，以其真实的经验说服人，让人震撼，促人深思""案例研究是实证研究的重要方面"③。因此，以下选取案例研究法进行探究。

所谓案例，即一个包含主题的、典型的真实事件及其描述。教学案例是根据教学的需要，为服务于某个特殊的教学目的而作的，对真实事件的一种创造性描述。它确定了主要事实和范围，提供读者以争端、问题、选择和信息，希望读者能够通过仔细研究和分析找到解决问题的方法或提出行动的方案，同时能够对案例人物已经作出的决策作出评价④。"数学教育案例有两重含义，第一是指特定的学生的某个认知过程，第二是指特定教学活动的某个进行过程。"以下案例属于第二种，对其进行描述型研究：在一定理论框架下，对实践活动作出详尽的描述。我们的案例选取重视真实性、典型性和启发性；描述重视简明性、有序性、过程性与情境性，并将案例分析立足于一定的理论基础来展开。

（二）案例描述

T为某重点非师范类院校的女硕士研究生，曾在本科毕业后任教中学一年，所讲课题为《数列》单元第一节新授课；课前没准备具体教学设计给评委老师；授课班级是高一年级某重点班，平时课堂气氛十分活跃，质疑意识很强。

---

① 叶尧城. 高中数学课程标准教师读本 [M]. 武汉：华中师范大学出版社，2003，9：98 - 99，106.

② 钟进均. 从一节高中数学试教课谈职前教师教育 [J]. 中学数学月刊，2012（9）：13 - 16.

③ 王林全. 现代数学教育研究概论 [M]. 广州：广东高等教育出版社，2005：139 - 140.

④ 姚静. 关于数学教育案例研究的探讨（Ⅰ）——相关概念与选题 [J]. 中学数学研究（广州），2008（1）：14.

T 使用 PPT 课件教学，课件底色为红色，页面充满喜庆气氛，教学内容的文字较小且少，不显眼。刚上课 T 仅用了 8 分钟就将数列的概念、通项公式、数列的项等全部介绍完（此时，黑板上只板书了课题，其余内容不作任何板书，用课件展示），接着开始让学生做练习。第一道练习题是：求数列 7，77，777，7777… （记作"数列 1"）的通项公式（该题非教材配置的练习题）。看到此题，平时上课十分活跃、善于讨论的学生们变得十分安静。T 在教室里来回走动，但没有认真观看过一个学生的解答（对学生的关注有形无实）。大多数学生看着屏幕发呆，无从下手。大约 5 分钟后，T 开始讲评，先让学生求数列 9，99，999，9999… （记作"数列 2"）的通项公式。给了 2 分钟让学生讨论，但没人能得出该问题的结果。经 T 启发诱导，得出数列 2 的通项公式 $a_n = 10^n - 1$。T 问学生：数列 2 和数列 1 有何联系？此时，多数学生开始讨论。学生 S_1（平时回答问题非常积极，很活跃，反应较快）高高地举起手，大声地说："老师，我知道了，它们的形式很类似。" T 不吭声，等待其他同学有无其他结果。学生 S_2 突然大声地说："$a_n = \dfrac{10^n - 1}{9}$。" 其余学生接着大声说："不对！"平时最活跃的几个学生大声地讨论着此问题，不时向 T 大胆提出自己的见解，但都得不到 T 的及时评价，T 站在讲台上极严肃地观看着学生。1 分钟后，S_1 再一次大声说："$a_n = \dfrac{9(10^n - 1)}{7}$。" T 把 $a_n = \dfrac{9(10^n - 1)}{7}$ 写在黑板上（对 S_1 不作任何评价），所有学生都安静地看着这结果。T 接着在黑板上引导学生检验 $a_n = \dfrac{9(10^n - 1)}{7}$ 是否正确。在检验结果就要出来时，S_1 再次发话："老师，我知道了，我知道了，$a_n = \dfrac{7(10^n - 1)}{9}$。" S_1 的声音盖过了 T 的声音，打断了 T 的讲解。

此时，相当一部分学生对 S_1 不满（认为他搅乱了老师的教学），课堂内一片嘈杂声。看到如此情形，T 十分严肃、大声地说："别吵了，我们一起来看看……" T 包办了求数列 1 通项公式的全过程，顺利得出结果 $a_n = \dfrac{7(10^n - 1)}{9}$。此时，离下课还有 10 分钟，T 布置作业让学生完成课本练习。期间，她站在讲台旁不动，没关注过任一学生的解题情况（T 在等待时间过去，对学生的表现好像很不满意）。离下课还有 5 分钟时，在多数学生还没完成练习的情况下，T 独自在黑板边板书边快速地讲解完了所有课本练习，准时下课。

（三）对案例的分析与反思

我们对案例的反思的角度应多元，从多个角度去反思才能使得反思有较好的深度。

1. 对案例的分析

以下分析主要从该试教课的教学设计、任课教师的教学观和评价观三个方面展开。

（1）教学设计方面。教学设计是以获得优化的教学效果为目的，以学习理论、教学理论及传播理论为理论基础，运用系统方法分析教学问题，确定教学目标，建立解决教学问题的策略方案、试行解决方案、评价试行结果和修改方案的过程。教学设计反映出执教者的教育理论学习情况，并表现出他的教学观念。在激起认知动因、安排认知方法、组织认知内容和利用认知结果等方面所采用的策略，能较好地表现出教师对基本教学定理的掌握情况。通过试教课教学设计，评委可了解试教者对课堂教学目标定位是否科学、合理，教学环节设计是否符合学科知识内在联系和学生认知心理特点，以及教材内容处理是否合适等。T教师没有提供试教课教学设计给评委，忽略了一个反映自身教育教学素质的重要渠道，导致评委难于了解执教者对授课内容的教学目标如何确定，如知识与技能、过程与方法、情感态度和价值观目标分别是什么，也难清楚某些教学环节的设计意图。显然，从实际教学看，T对该节课的教学重点和难点把握不当；习题处理未遵循学生的认知规律：难度过大，未能分层次，未能准确把握学生数学学习的"最近发展区"；课件设计喧宾夺主。

总而言之，T对本节课备课不充分，在备教材、备学生和备教法等方面有待加强。

（2）教学观方面。教学观就是教师对教学的认识或对教学的主张，具体地说，就是教师对教学目标、教学过程、教学对象等基本问题的认识。教学观支配着教师的教学实践活动，决定着教师在教学活动中采取的态度和方法。新课程提出，教师要改善教与学的方式；加强师生相互沟通和交流是教学过程的核心要素；数学教学过程应是"师生互动，共同参与"[①]。学生在讨论或做练习过程中，T教师未注意与学生的沟通与交流，未能关注学生的学；在短时间内将数列的概念、通项公式等新知识单向传授给学生，没有让学生参与到新知识的

———————————

① 叶尧城. 高中数学课程标准教师读本［M］. 武汉：华中师范大学出版社，2003，9：98 - 99，106.

学习活动中来，未体现学生的主体地位。

数学教学预见是指教师以特定数学内容为出发点，以优化教学结构、提高教学效率为目的，借助已有的或通过其他方式（听课、查阅资料等）获取的经验，对教学过程做出预判，并进行合理教学预案设计的活动。过分依赖教学预见，教案成了唯一的、不可改变的课堂教学框架，课堂教学也就必然是师生在一种几乎静态的环境中完成早已被教师列入教学计划的必须完成的教学内容，这样的教学状态对师生的成长都有害①。T的教学环节设计未能做到因材施教：不关注学生的具体学情而赶着准时下课，盲目追求教学内容的完整性和系统性，也就是课堂教学过分受自己的数学教学预见所约束，忽略了数学课堂的有效生成。

可见，T教师的教学观与新课程的要求有较大距离，很可能T教师从未了解过新课程改革的理念。

（3）评价观方面。新课标明确指出，数学教学应重视对学生数学学习过程的评价，重视对学生能力的评价。案例中的学生在数学学习中很活跃，敢于表达，敢于质疑，但T教师对学生的积极回答未能给予及时激励性评价；对学生积极参与数学学习过程（如回答问题，质疑问题结果等）不给予肯定，反而用教师的架子压抑学生，显然不符合新课标所倡导的评价观，严重挫伤了学生的数学学习积极性。

综上所述，T教师作为一名非师范类硕士毕业生，尽管曾是师范专业毕业，还当过一年教师，但其教育理论学习和对新课程标准的理解十分有限。该试教课结束后，几个学生就马上找到笔者说："老师，你要把今天早上的课重新上一次！"这从某种程度上反映了试教者的教学效果。

2. 对职前数学教师教育的几点建议

（1）高等院校应组织非师范类毕业生进行教育岗位技能的系统培训。新形势下，综合院校也在培养数学教育师资；数学教育不再单独作为一个专业。因而，如何设置数学教育类课程，如何在综合类院校培养未来的数学教师，都值得研究。随着就业形势的日趋严峻，不少非师范类硕士毕业生开始进入数学教育岗位，这部分准数学教育工作者的培训也值得研究。非师范类毕业生仅在教育学、心理学和普通话等考试过关后就能胜任数学教育工作吗？不一定。要搞好数学教育工作并不是一两门功课的考试过关就能具备的。在教师专业化发展日益重要的今天，非师范类毕业生在竞聘教育岗位之前应参加系统的教育教学

---

① 王阳. 制约青年数学教师教学能力提高的归因分析［J］. 数学教育学报, 2008, 17（1）: 85.

理论、技能培训，否则难以适应新课程改革的需要。

（2）数学教师具有良好的数学素养，并不等于该教师就懂得如何教数学。"要给予别人一滴水，就先要有一桶水"毋庸置疑。但如有一缸水，却不知道怎样给予别人一滴水，那也十分可悲！就像茶壶里煮饺子——肚里有货，嘴里倒不出来。捷克大教育家夸美纽斯曾打过一个生动的比方："如果我们拿一只仄口的瓶子（因为我们可以把它比作一个孩子的才智），把大量的水猛烈地倒进去，而不是让它一滴一滴地滴进去，结果会是什么呢？毫无疑问，大部分的水会流到瓶子外边去，最后，瓶子所盛的水比慢慢地倒进去的还少。有些人教学生的时候，不是尽学生所能领会地去教，而是尽他们所愿地去教。他们的做法也一样蠢。"可见，一个教师仅有"水"还不行，还要恰到好处地去"倒"，纵然教师有"一桶水"，学生也未必能得到"一杯水"①。随着重点高中扩招和示范性高中的建设，多数普通高中的生源水平在下降。面对不同的生源，教师如何进行合理有效地教学，提高教育教学效果，值得深思。据笔者调查，多数高中学生将老师讲课是否能让自己听明白作为评价老师优劣的重要标准。T 的学科知识不容置疑，但她需学会将数学知识的学术形态转化为教育形态，这样才能让学生更好地理解和接受数学知识。总而言之，数学教师需掌握较多的数学教育理论知识，要懂得"倒水"。

（3）数学教师教育需重视数学教学内容知识的提高。教学内容知识（Pedagogical Content Knowledge，PCK）就是教师开展教学活动时所具有的独特知识，这种知识是教学内容与教学法的有机融合，用以说明教师如何选择特有的课题（问题或专题等）组织教学，以适应学习者多种多样的学习兴趣与学习能力。数学教师开展常规教学应具备的知识分为三类：数学学科知识（Mathematics Knowledge）、一般教学法知识（Pedagogical Knowledge）、有关数学学习的知识（Content Knowledge）②。

"许多青年数学教师从站上三尺讲台开始就埋头于'题海'，很少（甚至从没）进行过教育教学研究，就连'什么是数学''为什么要教数学''如何教数学'这些最基本的问题都没思考过。长期进行这种缺少教育教学理论支撑的解题教学，使青年教师在成长过程中缺少前进的内在动力""虽然具有扎实的数

---

① 王思震. 教师论［M］. 南京：江苏教育出版社，2002，4：223－224.
② 黄毅英，许世红. 数学教学内容知识——结构特征与研发举例［J］. 数学教育学报，2009，1（18）：5－6.

学基础知识，但却忽略了数学素养中两大理论支撑：数学教育学和数学教育心理学"①。数学教师的专业知识显然不应简单被等同于数学的基础知识；在保持良好数学素养的同时，数学教师需较好地掌握心理学、教育学、社会学、人类文化学、语言学、哲学等方面的基本知识②。也就是说，数学教师应重视数学教学内容知识的综合提高，不能偏重其中某一部分。

　　十多年来，笔者在自身的数学教学实践中积累了不少有价值的案例。每一个精彩的案例都能让笔者产生很多思考，难以忘记。案例中的人和事，都有十分重要的探究价值，是笔者探究数学教学的最优题材。数学教学实践就是笔者从事数学教育科研的源头活水，没有间断，没有停歇。这些实践里还有很多创造性的行动，很多意外的惊喜，能激发笔者撰写数学教学案例的灵感和冲动。本章里的较多案例就是如此得来的。需要指出的是，这些案例的获取离不开笔者对数学教学实践的深刻反思。

---

① 王阳. 制约青年数学教师教学能力提高的归因分析 [J]. 数学教育学报, 2008, 17 (1): 85.
② 郑毓信. 数学教育：动态与省思 [M]. 上海：上海教育出版社, 2005, 1: 179.

对教材内容编写的反思性探究

"教材是实现课程目标、实施教学的重要资源""应当有利于调动教师的积极性、创造性地进行教学；有利于改进学生的学习方式，促进他们主动地学习和发展""教材中素材的选取，要有助于学生对数学的认识和理解，激发他们对数学的兴趣，充分考虑学生的心理特点和认知水平"①。"教材是教学内容的重要载体，教师在教学过程中应依据课程标准，灵活地、创造性地使用教材，充分利用包括教科书在内的多样化课程资源，拓展学生发展空间"②。教师是教材的使用者和建设者。"应大力提倡教师密切联系自己的教学工作积极地去进行教育教学研究，包括对'课程标准'与教材的独立分析与深入思考，而不是简单地充当被动的'执行者'……"③。

作为一线教师，我们不能唯教材，不能盲目地教教材，而应该用好教材，深入研究教材。只有深入研究教材、了解教材编写的意图，在充分的教学实践的基础上开展反思，改进使用教材的方式与方法，才能更好地将教材服务好课堂教学，有助于教学目标的达成。

一、新教材应保留万能公式

笔者曾在 2006 年任教于广州市郊区一所普通高中（广州市白云中学），在高中数学（使用北师大版教材）的三角恒等变换教学中作了尝试——补充了万能公式教学。在此，与同行们谈谈一些教学体会④。

万能公式在新课标中被删除了，在新教材中也没有出现。据了解，大多教

① 数学课程标准研制组. 普通高中数学课程标准（实验）解读 [M]. 南京：江苏教育出版社，2004，4：454.
② 叶尧城. 高中数学课程标准教师读本 [M]. 武汉：华中师范大学出版社，2003，9：98.
③ 郑毓信. 数学教育：动态与省思 [M]. 上海：上海教育出版社，2005，1：272–273.
④ 钟进均. 新教材不能保留万能公式吗？[J]. 中学数学研究，2017（11）：封底.

师严格按照教材内容进行教学，不讲万能公式，认为增加万能公式就是加重了学生负担；高考不考的内容没必要补充。笔者在连续两年（分别是北师大版和人教 A 版教材）的三角恒等变换教学中都补充了万能公式。笔者的万能公式教学不到一个课时；介绍了万能公式后，没有刻意补充任何课外习题，仅是在课本中找了几道三角恒等证明题让学生用万能公式进行了证明；没有要求学生记忆公式。三角恒等变换单元结束后，笔者与学生访谈了解到，学生对万能公式十分感兴趣。他们说：首先，这组公式的名称"万能"极有意思；其次，万能公式在许多三角恒等式证明中十分有效；最后，万能公式很好记忆。在笔者批改学生数学周记时发现，有 3 位学生在周记中把课后（人教 A 版三角恒等变换部分）能使用万能公式解决的全部题目归纳在一起，逐一用万能公式进行了解答，并主动请老师给予批改。不少学生能主动记住万能公式。学生对万能公式的高度喜欢让我大吃一惊。在笔者布置的三角恒等变换作业中，不少学生自觉使用万能公式进行第二种方法解答。一位女生（平时数学成绩并不突出）在周记中写道："本单元，数学老师给我们补充了万能公式。这公式真的'万能'。我发现许多课后练习都可以用它极好且快地做出来。例如，课本（人教 A 版必修 4）第 155 页练习'求证：$\tan\frac{\alpha}{2} = \frac{\sin\alpha}{1+\cos\alpha} = \frac{1-\cos\alpha}{\sin\alpha}$，除了用二倍角公式外，还可用万能公式证明，并且，我觉得用万能公式证明更加简便。又比如第 156 页练习'$\tan\frac{\theta}{2} - \frac{1}{\tan\frac{\theta}{2}} = -\frac{2}{\tan\theta}$，$\frac{1-\cos2\theta}{1+\cos2\theta} = \tan^2\theta$，$\frac{1+\sin2\theta-\cos2\theta}{1+\sin2\theta+\cos2\theta} = \tan\theta$'的

证明，用万能公式都易证明出来。当我将一道三角恒等式题证明出来时，我内心感到十分高兴，有很强的成功感，真爽！万能公式让我更喜欢数学了。"曾有一位成绩中等的男生拿着北师大版必修 4 教材来找笔者："老师，我觉得这题目（已知 $\tan\alpha = \frac{4}{3}$，$225° < \alpha < 270°$，求 $\cos2\alpha$ 和 $\sin2\alpha$ 的值）用你补充的万能公式很快就能解出来，并且比你的解答（先求出 $\sin\alpha$，$\cos\alpha$）更简单。"从学生学习万能公式的情况来看，万能公式的补充并没有加重学生的负担；尽管课程标准和教材删除了该公式，但学生对此公式能接受、感兴趣。

"教师是教材的使用者和建设者"。适当地补充学生力所能及的数学知识是需要的。增加数学教学内容不等于盲目拔高和增加难度。《普通高中数学课程标准（2017 年版）》指出，"教材内容的呈现方式丰富多样可以增强教材的可读性与亲和力，更好地引导学生自主学习。多样化的设计可以体现在教材编写的各

个方面，如素材选取、栏目设计、活动方式、情境类型、思路引领、习题选择、图文表达形式等。呈现方式的丰富多样，还可以通过信息技术与课程的深度融合以及课程资源开发的多样化实现。教材应具有一定的弹性，适应学生学习个性化需求"①。笔者认为，万能公式应保留在高中教材，起码要进入"阅读材料"，不应该完全被删掉。

"以落实立德树人为根本任务，以发展学生核心素养为目标"的新一轮课程改革已经拉开帷幕，高中数学新教材将在 2020 年 9 月公开发行、使用。这些新教材和上一轮课程改革的教材到底有哪些不同？从内容上、编写的形式上、问题的设计上等去探究……这些工作都很有意义，也应成为中学数学教学研究的重要课题之一。新时代的高中数学课程标准已经修订完毕并正式出版。新教材是按照新的课程标准的要求来组织编写的。这些教材是否能很好地体现课程标准的理念要求，是否适合一线数学教学的需要，是否有助于学生在数学学习上的发展，这都有赖于一线数学教师的积极实践和反思。

二、对《正弦定理》新授课的教学设计的反思

一线教师应如何创造性地使用教材、对课程标准和教材进行独立分析与思考，而不是被动地教教材，这很值得研究。为此，笔者对正弦定理的新授课开展了创造性的教学设计，并经过教学实践检验取得了良好效果。下面首先介绍人教 A 版必修 5 教材《正弦定理》的编写情况；其次具体介绍正弦定理新授课的创新性教学设计；最后基于理论视角对创新性教学设计展开反思性探究。

（一）人教 A 版教材《正弦定理》的编写简介

人教 A 版教材必修 5 （以下简称"人教 A 版教材"）第 2 ~ 4 页为正弦定理的新授课内容。"在 Rt$\triangle ABC$ 中，如果已知 $\angle A$ 所对的边 BC 长为 a，$\angle B$ 所对的边 AC 长为 b，$\angle C$ 所对的边 AB 长为 c，我们研究 $\angle A$，$\angle B$，$\angle C$，a，b，c 之间有怎样的数量关系。由于我们不容易直接得到一般三角形中边和角的关系，所以，我们先考虑直角三角形这种特殊情形"，这句话带领读者直接探究直角三角形的边和角的关系：

---

① 中华人民共和国教育部. 普通高中数学课程标准（2017 年版）［Z］. 北京：人民教育出版社，2018，2：94.

如图 1，在 Rt△ABC 中，$\angle C$ 是最大的角，所对的斜边 c 是最大的边，要考虑边长之间的数量关系，就涉及锐角三角函数。根据正弦函数的定义，$\dfrac{a}{c} = \sin A$，$\dfrac{b}{c} = \sin B$. 所以 $\dfrac{a}{\sin A} = \dfrac{b}{\sin B} = c.$

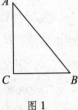

图 1

又 $\sin C = 1$，所以 $\dfrac{a}{\sin A} = \dfrac{b}{\sin B} = \dfrac{c}{\sin C}.$

"那么，对于一般的三角形，以上关系式是否仍然成立呢？"

如图 2，当 △ABC 是锐角三角形时，设边 AB 上的高是 CD，根据三角函数的定义，$CD = a\sin B$，$CD = b\sin A$，所以 $a\sin B = b\sin A$，得到 $\dfrac{a}{\sin A} = \dfrac{b}{\sin B}.$

同理，在 △ABC 中，$\dfrac{b}{\sin B} = \dfrac{c}{\sin C}.$

接着，给出了一个探究问题供读者思考：

当 △ABC 是钝角三角形时，以上等式仍然成立吗？是否可以用其他方法证明正弦定理？

图 2

在以上讨论的基础上给出了正弦定理（law of sines）：

在一个三角形中，各边和它所对角的正弦的比相等，即 $\dfrac{a}{\sin A} = \dfrac{b}{\sin B} = \dfrac{c}{\sin C}.$

在这个定理的后面，教材还指出了："正弦定理指出了任意三角形中三条边与对应角的正弦之间的一个关系式。由正弦函数在区间上的单调性可知，正弦定理非常好地描述了任意三角形中边与角的一种数量关系。"接着教材给出了"解三角形"的概念："一般地，把三角形的三个角 A，B，C 和它们的对边 a，b，c 叫作三角形的元素，已知三角形的几个元素求其他元素的过程叫作解三角形（solving triangles）。"

下面，教材给出了两个例题（限于篇幅，在此省去详细解答过程）：

例 1：在 △ABC 中，已知 $A = 32°$，$B = 61.8°$，$a = 42.9\text{cm}$，解三角形.

例 2：在 △ABC 中，已知 $a = 20\text{cm}$，$b = 28\text{cm}$，$A = 40°$，解三角形（角度精确到 $1°$，边长精确到 1cm）.

教材在最后配上了两道课堂练习题：

（1）在 △ABC 中，已知下列条件，解三角形（边长精确到 1cm）：

① $A = 45°$，$C = 30°$，$c = 10\text{cm}$；② $A = 60°$，$B = 45°$，$c = 20\text{cm}$.

（2）在 △ABC 中，已知下列条件，解三角形（角度精确到 $1°$，边长精确到 1cm）：

① $a = 20\text{cm}$，$b = 11\text{cm}$，$B = 30°$；② $c = 54\text{cm}$，$b = 39\text{cm}$，$C = 115°$.

（二）对《正弦定理》新授课的创新设计

对一节课进行创新性的教学设计，需有先进的教学理念指导、科学充分的理论支撑，对教学内容、教学过程环节、教学评价手段等进行创造性的设计。以下在呈现教学环节流程设计的基础上，介绍教学过程的设计，把教学评价手段渗透在教学过程之中。（见图3）

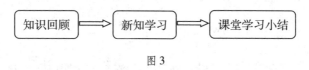

图 3

1. 教学环节流程设计

本节课分成三大部分，第一是"知识回顾"；第二是"新知学习"，包含知识要点、知识运用、知识总结和巩固练习四个环节；第三是"课堂学习小结"。

2. 教学过程设计

以下呈现的是这节课的教学过程设计。教师在课前编写好"导学稿"，在课堂上发给学生，要求学生在课堂上在老师的组织、引导下独立完成填空。整节课采用"问题带动知识点"的教学策略。

第一部分：知识回顾

（操作说明与设计意图：让学生在 15 分钟内独立完成填空。本部分通过三个问题，即问题1、2、3，及其思考题引发学生对基础知识的回顾，主要考查"圆的直径所对的圆周角是直角""同弧或等弧所对的圆周角相等"等初中数学知识。侧重在学生的已有认知的基础上逐步引出新知识）

假设在 △ABC 中，∠A 的对边是 a，∠B 的对边是 b，∠C 的对边是 c. 请完成以下问题.

问题1： 如图4，圆 O 是 △ABC 的外接圆，半径为 R，则 $\angle A = $ ____，$\dfrac{a}{2R} = $ ____，$\dfrac{b}{2R} = $ ____，$\dfrac{c}{2R} = $ ____ .（请说说理由）

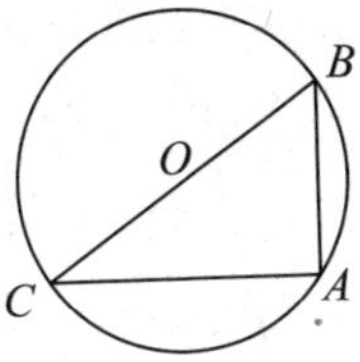

图 4

思考1： 由问题1可得 $2R = \dfrac{a}{(\quad)} = \dfrac{b}{(\quad)} = \dfrac{c}{(\quad)}$.

问题2： 如图5，圆 O 是 △ABC 的外接圆，半径为 R，则 $\dfrac{a}{2R} = $ ____，$\dfrac{b}{2R} = $

——，$\dfrac{c}{2R} =$ ——．（请说说理由）

思考 2：由问题 2 可得 $2R = \dfrac{a}{(\quad)} = \dfrac{b}{(\quad)} = \dfrac{c}{(\quad)}$．

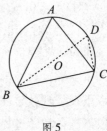

图 5

问题 3：如图 6，圆 O 是 $\triangle ABC$ 的外接圆，半径为 R，则 $\dfrac{a}{2R} =$ ——，$\dfrac{b}{2R} =$ ——，$\dfrac{c}{2R} =$ ——．（请说说理由）

思考 3：由问题 3 可得 $2R = \dfrac{a}{(\quad)} = \dfrac{b}{(\quad)} = \dfrac{c}{(\quad)}$．

总结与反思：上述问题的解答为什么都要作直径为辅助线？如此的作用是什么？

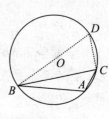

图 6

（设计意图：突出"作直径为辅助线"，是为了突出直径在上述问题探究中的重要性，更是为了让学生学习、理解和感悟归与转化的数学思想：把锐角三角形和钝角三角形转化为直角三角形）

归纳：从问题 1~3 中，我们可以得出一个结论：在 $\triangle ABC$ 中，若 $\angle A$ 的对边是 a，$\angle B$ 的对边是 b，$\angle C$ 的对边是 c，则有————————————。这就是著名的正弦定理。上述问题 1、2、3 的探究过程运用了我们平常所熟悉的————————————数学思想。

（设计意图：在上述分别对直角三角形、锐角三角形和钝角三角形进行探究的基础上，得出它们具有的共同性质：正弦定理。这符合学生认识、学习和探究数学问题的认知特点，也体现了从易到难的问题探究的层次性，运用了转化与化归的数学思想）

第二部分：新知学习

（操作说明：第二部分是学生在完成第一部分的学习任务并经过老师的讲评之后开始的，突出正弦定理的内容及其简单应用。学生先独立完成填空，然后老师及时讲评。老师把"新知运用"和"巩固练习"部分给学生作课堂限时训练。学生完成之后，老师利用实物投影仪投影学生的解答过程并进行讲评）

（1）知识要点。

正弦定理：在 $\triangle ABC$ 中，若 R 为 $\triangle ABC$ 外接圆的半径，则——————．

问题 1：由正弦定理可以通过变换得到哪些等式？

（设计意图：让学生动手写出尽可能多的正弦定理的变形结果，促进学生对正弦定理的数学表达式的认知）

问题2：在$\triangle ABC$中，如果我们要求这个三角形的外接圆的半径R，那么只需知道_____、_____或_____.

问题3：你觉得正弦定理漂亮吗？式子有什么结构特点呢？

（设计意图：从数学美的角度启发学生对正弦定理的数学表达式的认知，促进学生进一步感受正弦定理的结构美，帮助学生强化对正弦定理的表达式的记忆。）

（2）新知运用。

例1：已知在$\triangle ABC$中，a、b、c分别为$\angle A$、$\angle B$、$\angle C$的对边，$\angle A = 60°$，$\angle B = 75°$，$c = 6$，求$\triangle ABC$外接圆的半径R及a.

（设计意图：已知三角形的两个内角大小和其中一条边的长度，直接代入正弦定理的数学表达式就可以求出其外接圆的半径和未知的边长。这属于正弦定理的正向简单应用，难度不大）

例2：（1）已知在$\triangle ABC$中，a、b、c分别为$\angle A$、$\angle B$、$\angle C$的对边，$a = 2$，$b = \sqrt{2}$，$\angle A = 45°$，求$\angle B$与$\triangle ABC$的外接圆半径R.

（2）已知在$\triangle ABC$中，a、b、c分别为$\angle A$、$\angle B$、$\angle C$的对边，$a = 2\sqrt{3}$，$b = 6$，$\angle A = 30°$，求$\angle B$及c.

（设计意图：例2是已知三角形的两条边的长度和一个内角的大小，直接代入正弦定理的数学表达式就可以求出其外接圆的半径、未知的内角大小和边长。这属于正弦定理的正向简单应用，难度不大。）

（3）知识总结。

正弦定理的基本作用为：

① 已知三角形的任意两角及其一边可以求其他边，如$a = $_____；

② 已知三角形的任意两边与其中一边的对角可以求其他角的正弦值，如$\sin A = $_____.

一般地，把三角形的三个$\angle A$、$\angle B$、$\angle C$和它们的对边a、b、c叫作三角形的元素. 已知三角形的几个元素，求其他元素的过程叫作解三角形.

（设计意图：在两道例题的解答和讲评的基础上，总结正弦定理的应用功能。在此基础上给出"解三角形"的概念，显得比较自然）

（4）巩固练习。

① 已知$\triangle ABC$中，a、b、c分别为$\angle A$、$\angle B$、$\angle C$的对边，$\angle A = 60°$，$a = $

$\sqrt{3}$，求 $\dfrac{a+b+c}{\sin A+\sin B+\sin C}$.

② 已知 $\triangle ABC$ 中，a、b、c 分别为 $\angle A$、$\angle B$、$\angle C$ 的对边，求证：$\dfrac{a^2+b^2}{c^2}$

$= \dfrac{\sin^2 A + \sin^2 B}{\sin^2 C}$.

（设计意图："巩固练习"侧重考查正弦定理的变形的应用，突出"化归与转化"数学思想的考查，难度中等）

第三部分：课堂学习小结

（1）正弦定理：在 $\triangle ABC$ 中，R 为 $\triangle ABC$ 外接圆的半径，则

_____.

（2）正弦定理的应用范围：

① 已知两角和任一边，求其他两边及一角；

② 已知两边和其中一边对角，求另一边的对角。

（3）解三角形的定义。

（4）主要的数学思想方法有：_____。

（设计意图："课堂学习小结"是在老师的引导下完成，鼓励学生自主总结，口头表达出来。以此培养学生良好的数学学习习惯，强化学生对本节课的基础知识、基本方法与技能以及基本数学思想方法的回顾和提炼）

（三）分析与讨论

教师是教材的使用者和建设者。教材的使用需服务于教学目标的达成。如何更好地使用教材，有效促进教学目标的达成，这考验教师的教学智慧。

1. 创造性地设计问题情境，促进学生更好地学习正弦定理

教学的本质是为学生的学创造更好的情境和条件；教师的核心任务是通过创设情境促进学生更好地学习和研究。问题情境是有助于数学问题的发现、提出和分析解决的背景、基础和条件。问题情境具有以下特征：①目的性。问题情境应该围绕特定的教学目标创设，为特定教学目标服务。②联系性。问题情境首先是情境，是充满着数学知识与数学知识联系、数学知识与生活现实联系、数学知识与其他学科知识联系的情境。③问题性。问题情境应该蕴含着一定的思维障碍，蕴含着待解决的数学问题。④激励性。问题情境应该能引发学生情感的共鸣，激发他们研究和解决问题的欲望。⑤启发性。问题情境应该蕴含着思维的方向、策略与方法，应是学生发现问题、解决问题、建构知识、发展思维的支架。它应具

有较强的暗示功能和启发功能，能提升学生学习与探究的能力。教师应该从情境所涉及的领域及情境与学生数学现实的关联度两方面设计问题情境①。

知识是情境性的。数学问题及其解决的思路与方法都源于一定的情境，数学知识的形成与发展离不开特定的情境。学习是情境性的。知识的情境性决定了学习的情境性。建构主义认为，知识是学习者在一定的情境中，以已有知识和经验为基础主动建构的②。

上述教学设计充分考虑了学生的数学现实（已有知识基础、认知策略），进而创设情境，为学生架设了已有数学现实与新知学习之间的桥梁。在初中阶段学习过圆的相关知识，对圆心角、圆周角等相关知识比较熟悉，这就是学生的已有数学现实。在此现实的基础上，我们设计了圆内接三角形这个情境，具有很强的目的性，就是为了推导得出正弦定理。从联系性的角度来看，它紧密联系初中数学知识。这个情境是以问题的形式给出的，学生通过完成一系列的问题解决来展开学习。问题与问题之间具有层次性、启发性。

2. 创造性地设计教学内容，促进教学目标的有效达成

教学内容的选择、设计和使用，需服务于教学目标的达成。人教 A 版教材给出的正弦定理是" $\dfrac{a}{\sin A} = \dfrac{b}{\sin B} = \dfrac{c}{\sin C}$ "，而不是" $\dfrac{a}{\sin A} = \dfrac{b}{\sin B} = \dfrac{c}{\sin C} = 2R$ "，即没有将三角形的外接圆的半径联系起来。而上述教学设计以圆的内接三角形为背景推导得出的是" $\dfrac{a}{\sin A} = \dfrac{b}{\sin B} = \dfrac{c}{\sin C} = 2R$ "，很自然地与三角形的外接圆半径联系起来。人教 A 版教材里的例题和练习题，全都是要学生完成"解三角形"，几乎都需使用计算器才能顺利完成：有的角度不是特殊角，有的边长不是整数。而上述教学设计里的例题和巩固练习当中的角都是特殊角，没有复杂的运算技巧和过程；既有正弦定理的正向应用，也有其适当变形的考查；让学生能较快找到解题思路，运用正弦定理本身或者其变形解决问题。相对比而言，前者新知学习与学生的已有知识联系很紧密、较自然，更有助于学生理解正弦定理的本质，其例题和练习题的设计更有助于教学目标的达成：有助于学生识记正弦定理及其结构；有助于学生理解并运用正弦定理及其有关变形；强化了化归与转化数学思想的应用。

---

① 李昌官. 问题情境及其创设 [J]. 中国数学教育，2018 (11)：11 – 14.
② 同上.

3. 创造性地设计教学方式，促进学生数学核心素养的发展

史宁中提出了培养和发展数学核心素养的实施路径，就是：把握数学的本质；创设合适的教学情境、提出合适的数学问题；启发学生独立思考、鼓励学生与他人交流；使学生在掌握知识技能的同时，感悟数学本质；积累数学思维和实践的经验，形成和发展数学核心素养①。

正弦定理的教学属于原理教学。原理教学实际上是学习一些概念之间的关系；不是习得描述原理的言语信息，而是习得原理的心理意义，是一种有意义学习；不是孤立地掌握一个原理，而是要在原理之间建立联系，形成原理网络②。

上述教学设计采用的是探究式教学方式，让学生借助"导学案"进行探究，在努力独立完成填空的过程中得出了正弦定理；然后经过老师组织的学习成果展示、老师的及时讲评和当场纠错，加深了对新知的认识；接着运用正弦定理及其变形独立完成练习题；最后是老师的讲评和组织学生进行课堂小结。如此的教学方式完全"以学生为主体，教师为主导""精讲多练"，用老师的口头及时、适当地启发和用"导学案"来启发学生的思考，通过学习成果展示促进师生、生生之间的交流，让学生在掌握正弦定理本身的同时，深刻体会到正弦定理的本质——圆的内接三角形的边长、内角与圆的半径之间的关系。学生的数学思维和数学素养的发展不光是靠听老师的讲授就可以实现的，而是需要在老师的组织、引导下亲身经历数学问题解决过程才能达成。

4. 创造性地设计教学过程，促进学生数学思维能力的提高

当我们强调数学不只要学习知识，还要学习思想和方法时，我们需要展现知识发生发展的过程，让学生经历这个过程，学会知识、掌握方法、理解思想；同样地，如果要培养学生的思维能力，那么就需要让学生使用数学思维方法，经历思考的过程。概括而言，就是让学生以数学的思维方式经历知识的发生发展，既学会了知识，又受到了研究方法的训练，从而培养了学生的思维能力，提升了数学素养。知识发生发展的过程大致为：从哪里来，即数学对象的背景；如何获得的，即数学对象的产生；具有哪些性质、有何拓展与应用，即数学对象的发展③。

——————————————

① 史宁中，林玉慈，等. 关于高中数学教育中的数学核心素养 [J]. 课程·教材·教法，2017（4）：8 – 14.

② 何小亚，姚静. 中学数学教学设计 [M]. 科学出版社，2008，7：61.

③ 王嵘. 以函数为例谈数学知识与数学素养的有机融合 [J]. 数学通报，2019，5（58）：18 – 22.

"促进原理学习的最有效的办法是让学生在运用原理的过程中掌握原理，因为让学生自己运用原理是原理具体化的过程，而这个过程对于全面深刻地理解原理极为有利""要想使学生真正掌握原理，形成产生式，就要让学生进行变式练习"①。上述教学设计是采用"例子—原理—变式练习"的教学模式，整个教学过程体现了从特殊到一般的思维。

数学教学的目的就是要培养学生通过学习数学知识发展高层次数学思维。高层次数学思维体现出三个基本特征，其中之一为联系与转化特征。这是指能够根据实际问题，挖掘已有经验，广泛建立联系，迅速选择合适的方法或对已有经验进行改造，解决新问题②。建立联系是完成转化的桥梁，高层次思维的深刻性、独创性也都要求学生能够发现数学对象之间的内外联系与特殊联系，建立的联系越丰富、越精细、越深刻，层次越清晰，在分析、解决问题时思维转换越灵活。

5. 搭建交流平台，增强学生数学学习的成功感

如何激发学生的数学学习动机，较多老师对此感到困难。学习者的成就动机都可指向认知内驱力（内在动机）、自我提高内驱力和附属内驱力。认知内驱力指向学习任务本身（为了获得知识），是一种要求理解事物、掌握知识，以及系统地阐述问题并解决问题的能力。增强学生的认知内驱力，就需强化学生的自我概念。学生的自我概念是指学生对于自身作为学习者的认识以及学习过程的认知体验。学生自我概念的形成与教师的评价有着密切的关系……教师应尽量创设机会让学生实现自己的成长需求，给予多种鼓励，捕捉学生的思维亮点，在最恰当的时机进行及时评价，就能逐渐强化学生的自我概念③。

上述教学设计搭建了一系列问题解决平台和设计了多道变式练习题。在学生的限时训练完成之后，老师及时投影个别学生的解答，让学生"说"自己的数学思考过程与结果④。老师及时评价学生的数学学习表现，鼓励学生之间"说异见"，开展数学交流活动。这充满了师生互动和生生互动，创设了激发学生的成就动机的机会，搭建了师生交流、生生交流的平台，能较好地促进学生

---

① 何小亚，姚静. 中学数学教学设计 [M]. 科学出版社，2008，7：62.
② 许礼光，沈琼. 高层次数学思维的培养路径 [J]. 数学通报，2019，5（58）：33-36.
③ 钟进均. 基于需求层次理论的"说数学"案例探究 [J]. 中学数学，2015（6）：46-50.
④ 钟进均. 基于信息不对称理论的高中"说数学"案例探究 [J]. 数学通讯，2016（11）：13-17.

形成自我概念，增强学生的数学学习成功感。

6. 通过创造性地设计、使用教材，促进教师的专业化发展

教师的专业发展需教师懂得理解数学、理解学生和理解教学。理解数学是指教师不仅清楚数学知识本身是什么，能解各种数学题，也指教师清楚数学知识的产生背景、形成过程、形成方法，清楚数学知识的本质、结构及其相关知识的联系。理解学生是指教师清楚学生学习数学的基础、潜能、需求与差异，清楚学生学习特定数学知识已有的知识萌芽、生长点与潜在的困难，清楚学生的认知特点与认知规律。理解教学是指教师清楚教学的本质与功能，掌握一定的教学方法和教学艺术，清楚学生的认知规律和教学的基本原则，能够把教与学作为有机的、统一的、相互促进的整体来加以处理①。

数学教学服务的对象是学生，开展创新性教学设计是为了使学生更好地学习数学。上述教学设计的问题情境、教学内容、教学方法、教学评价等和 A 版教材存在较大差异。对正弦定理的新授课进行创新性设计，有助于教师更好地理解正弦定理的相关知识，准确地确定和把握这节课的教学重点和难点。老师应能将正弦定理深入浅出地处理，传授给学生。能否深入，取决于老师本身的数学知识水平、对正弦定理的理解；能否浅出，取决于老师的数学教学水平②，这就需要老师较好地理解教学和理解学生。老师应努力组织和促进学生进行理解性学习。这关键就是建构知识之间的联系，理解的程度是由联系的数目和强度来确定的③。这需要老师科学地创设合适的问题情境、运用适当的教学方法和评价策略。因此，创造性的设计、使用教材，有助于促进教师的专业化发展。

以上是对正弦定理新授课的教学设计展开的探究，提出了与 A 版教材不一样的教学内容设计、教学过程设计和教学评价策略等。尽管上述教学设计经过了笔者的教学实践并取得很好的教学效果，但如何更好地"基于课程标准，依据现有教材，立足学生的实际，创造性地用好教材，发展学生的数学核心素养"，是值得深入研究的课题。

① 陈志江. 基于"三个理解"的平面向量单元教学构想 [J]. 数学通报, 2019, 5 (58)：30 - 31.

② 钟进均. 对教师理解数学的重要性的探究 [J]. 中学数学杂志, 2017 (7)：31 - 34.

③ 李祎. 刍议教师理解数学的几个维度 [J]. 数学通报, 2014 (6)：6 - 10.

三、对人教 A 版《余弦定理》教学设计的反思性探究

《普通高中数学课程标准（2017 年版）》的"教学建议"强调：自觉养成用数学的眼光发现和提出问题、用数学的思维分析和解决问题、用数学的语言表达和交流问题的习惯①。《普通高中数学课程标准（实验稿）》明确指出，数学教学要体现课程改革的基本理念，在数学教学设计中充分考虑数学的学科特点，高中学生的心理特点，不同水平、不同兴趣学生的学习需要，运用多种教学方法和手段②。也指出，教师要创设适当的问题情境，鼓励学生发现数学的规律和问题解决的途径，使他们经历知识形成的过程。"教材是教学内容的重要载体，教师在教学过程中应依据课程标准，灵活地、创造性地使用教材，充分利用包括教科书在内的多样化课程资源，拓展学生发展空间""我们应该尊重教材，认清教材的思路与意图，理解教材中所蕴藏的知识、技能、情感与价值等层面上的内涵，同时也应该用批判的眼光去审视它，不迷信教材，在此基础上，要挖掘和超越教材，做到既忠实教材，又不拘泥于教材，结合本校、本班学生的实际情况，创生出最适合自己所教学生的题目，启发、诱导学生进行深入的体验和感悟，真正做到"走进教材，又走出教材"③。因此，教师需要加强对教材内容的理解和提高对教学过程的设计能力。

"余弦定理"是高中数学必修 5"解三角形"中的重要定理，在高考中属于"掌握"层次。因此，如何根据学生的需要，灵活地、创造性地使用教材，提高"余弦定理"的教学效率，值得研究。"余弦定理"的证明方法有多种，体现了不同的数学思想方法。笔者基于新课程理念、教学设计原理和认知心理学等理论对该内容的教学设计作出了深入地分析和反思。以下笔者先扼要介绍一下人教 A 版（2007 年出版）必修 5（简称教材）第 5 至 8 页《余弦定理》教材内容的编写情况；然后提出对该内容的教学设计的看法；最后谈谈对《余弦定理》教学设计后的反思④。

（一）《余弦定理》教材内容的编写简介

教材首先提出解三角形中的两个问题；然后将其中一个问题符号化，采用向量

---

① 中华人民共和国教育部制定. 普通高中数学课程标准（2017 年版）[Z]. 北京：人民教育出版社，2018，2：97.

② 叶尧城. 高中数学课程标准教师读本 [M]. 武汉：华中师范大学出版社，2003，9：277.

③ 张全合，何苗. http://www.pep.com.cn/gzsxb/jszx/jxyj/201103/t20110323_1029433.htm

④ 钟进均. 对人教 A 版《余弦定理》的教学设计探究 [J]. 中学数学研究，2012（1）：8-11.

法探究问题，得出结论；接着呈现余弦定理；最后是余弦定理的运用。

1. 提出问题

教材在一开始就提出问题："如何从已知的两边和它们的夹角计算出三角形的另一边和另两个角。该节课就是围绕解决这两个问题而展开的。"

2. 研究如何用已知的两边及其所夹的角来表示第三边

教材指出：如果已知三角形的两边的长 $BC = a$，$AC = b$，边 BC 和边 AC 所夹的角是 C，我们要设法找出一个已知的 a，b 和 C 与第三条边 c 之间的关系式，或用已知的 a，b 和 C 表示第三条边 c 的一个公式。

接着教材指出：由于涉及边长问题，我们可以考虑用向量的数量积，或用解析几何中的两点间距离公式来研究这个问题。

然后给出以下推导过程：

如图 7，设 $\vec{CB} = \vec{a}, \vec{CA} = \vec{b}, \vec{AB} = \vec{c}$，那么

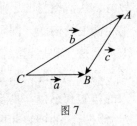

图 7

$$\vec{c} = \vec{a} - \vec{b},$$

$$|\vec{c}|^2 = \vec{c} \cdot \vec{c}$$

$$= (\vec{a} - \vec{b}) \cdot (\vec{a} - \vec{b})$$

$$= \vec{a} \cdot \vec{a} + \vec{b} \cdot \vec{b} - 2\vec{a} \cdot \vec{b}$$

$$= a^2 + b^2 - 2ab\cos C.$$

所以 $c^2 = a^2 + b^2 - 2ab\cos C$.

同理可以证明：$a^2 = b^2 + c^2 - 2bc\cos A$，

$b^2 = c^2 + a^2 - 2ca\cos B$.

教材在上述推导过程结束时给出了一个旁白："在这个证明中，你感到向量运算的威力了吗？"

3. 给出余弦定理的内容

教材所给的余弦定理的内容是："三角形中任何一边的平方等于其他两边的平方的和减去这两边与它们的夹角的余弦的积的两倍。即

$$a^2 = b^2 + c^2 - 2bc\cos A,$$

$$b^2 = c^2 + a^2 - 2ca\cos B,$$

$$c^2 = a^2 + b^2 - 2ab\cos C."$$

教材在余弦定理的内容的旁边也给出了一个旁白："用坐标方法怎样证明余弦定理？还有其他方法吗？"

进一步指出："应用余弦定理，我们就可以从已知的两边和夹角计算出三角形的第三条边。"

4. 利用余弦定理去解决已知三角形的三边确定三角形的角的问题

在给出余弦定理的内容之后，教材提出一个思考题："余弦定理指出了三角形的三条边与其中的一个角之间的关系，应用余弦定理，我们可以解决已知三角形的三边确定三角形的角的问题，怎么确定呢？"

接着指出："从余弦定理，可以得到它的推论：

$$\cos A = \frac{b^2 + c^2 - a^2}{2bc},$$

$$\cos B = \frac{c^2 + a^2 - b^2}{2ca},$$

$$\cos C = \frac{a^2 + b^2 - c^2}{2ab}.\ \text{"}$$

应用以上推论，就可以从三角形的三边计算出三角形的三个角。

从上面可知，余弦定理及其推论把用"边、角、边"和"边、边、边"判定三角形全等的定理从数量化的角度进行了刻画，使其变成了可以计算的公式。

5. 余弦定理和勾股定理的关系

教材明确指出："从余弦定理和余弦函数的性质可知，如果一个三角形两边的平方和等于第三边的平方，那么第三边所对的角是直角；如果小于第三边的平方，那么第三边所对的角是钝角；如果大于第三边的平方，那么第三边所对的角是锐角。从上可知，余弦定理可以看作是勾股定理的推广。"

在此，教材还给出了一个旁白："三角函数把几何中关于三角形的定性结果都变成定量而可计算的公式了，你该因此更喜爱三角函数了吧？"

6. 余弦定理的运用

在定理的运用上，教材提供了两个例题以及它们的详细解答。两个例题分别如下：

例3：在 $\triangle ABC$ 中，已知 $b = 60\text{cm}$，$c = 34\text{cm}$，$A = 41°$，解三角形（角度精确到 $1°$，边长精确到 1cm）.

例4：在 $\triangle ABC$ 中，已知 $a = 134.6\text{cm}$，$b = 87.8\text{cm}$，$c = 161.7\text{cm}$，解三角形（角度精确到 $1'$）

在例4旁有一个旁白："在解三角形的过程中，求某一个角有时既可以用余弦定理，也可以用正弦定理，两种方法有什么利弊呢？"

最后，教材提供了一个思考题："我们讨论的解三角形的问题可以分为几种类型？分别是怎样求解的？要求解三角形，是否必须已知三角形一边的长？”

（二）对《余弦定理》的教学设计的反思

以下，笔者将基于新课程理念、教学设计原理和认知心理学等理论对《余弦定理》的教学设计作反思性探究。

1. 关于"提出问题"方面

教材开门见山地提出：如何从已知的两边和它们的夹角计算出三角形的另一边和另两个角。其实，已知三角形的几个元素求其他元素的过程就是解三角形。如果已知三角形的任意两个角与一边或者已知三角形的任意两边与其中一边的对角，那么利用正弦定理就可完成解三角形了。笔者以为，教师应先给出一些运用正弦定理解三角形的习题让学生复习正弦定理的内容，如习题1。然后在讲评完这些习题之后，对这些习题进行变式，得出"已知三角形的两边的长和它们的夹角，求三角形的第三边和另外两个角"的具体问题，如习题2。

习题1：已知在△ABC中，$A=45°$，$B=30°$，$c=5cm$，解这个三角形.

习题2：已知在△ABC中，$A=45°$，$b=10cm$，$c=5cm$，解这个三角形.

教材在第1节《正弦定理》中就给出了"解三角形"的概念。在三角形中的三个内角和三条边共六个元素中，只要知道其中的三个就可以将其余的未知量都求出来。"已知三角形的任意两个角与一边"和"已知三角形的任意两边与其中一边的对角"只是其中的两种情形。"已知三角形的两边的长和它们的夹角"的出现就很自然了。在如此条件下"如何解三角形"与学生的已有知识易产生认知冲突。"原有认知结构始终是影响当前学习的最重要的因素"[①]。奥苏贝尔有句名言："如果我不得不把全部教育心理学还原为一条原理的话，我将会说，影响学习的唯一因素是学习者已经知道了什么""根据学生原有知识结构进行教学"。[②]所以，我们认为，通过复习正弦定理的具体运用来提出余弦定理的呈现背景比较合适，既能复习旧知，又能为新知学习做好铺垫。

2. 关于"问题解决"的方法方面

解决"用已知的两边及其所夹的角来表示第三边"这个问题的过程，实际上就是余弦定理的推导过程。以下对余弦定理的推导、余弦定理与勾股定理的关系、余弦定理的运用做进一步地探究。

（1）关于余弦定理的推导。教材采用向量法进行推导。除此之外，其实还

① 孔凡哲，曾峥. 数学学习心理学［M］. 北京：北京大学出版社，2009，3：71.
② 同上.

有多种方法可以使用。在此，提出几种方法。

① 平面向量证法。

$\because$ 如图8，有 $\vec{a} + \vec{b} = \vec{c}$,

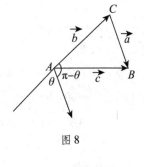

$\therefore \vec{c} \cdot \vec{c} = (\vec{a} + \vec{b}) \cdot (\vec{a} + \vec{b})$.

$\therefore \vec{c}^2 = (\vec{a} \cdot \vec{a} + 2\vec{a} \cdot \vec{b} + \vec{b} \cdot \vec{b})$.

$\therefore \vec{c}^2 = (\vec{a} \cdot \vec{a} + 2\vec{a} \cdot \vec{b} + \vec{b} \cdot \vec{b})$

$= |\vec{a}|^2 + 2|\vec{a}||\vec{b}| \cos(\pi - \theta) + |\vec{b}|^2$.

图 8

又 $\because \cos(\pi - \theta) = -\cos C$,

$\therefore \vec{c}^2 = |\vec{a}|^2 + 2|\vec{a}||\vec{b}| \cos(\pi - \theta) + |\vec{b}|^2 = |\vec{a}|^2 - 2|\vec{a}||\vec{b}| \cos\theta + |\vec{b}|^2$,

即 $\vec{c}^2 = |\vec{a}|^2 - 2|\vec{a}||\vec{b}| \cos C + |\vec{b}|^2$.

$\therefore c^2 = a^2 - 2ab\cos C + b^2$.

② 平面几何证法.

当 $\triangle ABC$ 是锐角三角形时，推导如下：

如图9，在 $\triangle ABC$ 中，作 $AD \perp BC$ ，垂足为 D .

设 $BC = a, AB = c, AC = b$ ，则有

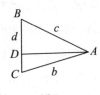

$$BD = c \cdot \cos B ,$$

$$AD = c \cdot \sin B ,$$

$$DC = BC - BD = a - c \cdot \cos B .$$

依勾股定理可得：$AC^2 = AD^2 + DC^2$ ，即

图 9

$$b^2 = (c \cdot \sin B)^2 + (a - c \cdot \cos B)^2$$

$$= (c \cdot \sin B)^2 + a^2 - 2ac \cdot \cos B + c^2 \cdot \cos^2 B$$

$$= (\sin^2 B + \cos^2 B) \cdot c^2 + a^2 - 2ac \cdot \cos B$$

$$= c^2 + a^2 - 2ac\cos B .$$

故 $b^2 = c^2 + a^2 - 2ac\cos B$.

当 $\triangle ABC$ 是钝角三角形时，推导如下：

如图10，设 $BC = a, AB = c, AC = b$ ，设 $BC = a, AB = c, AC = b$ ，则有

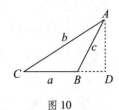

$$BD = c \cdot \cos(\pi - \angle ABC) = -c\cos \angle ABC ,$$

$$AD = c \cdot \sin(\pi - \angle ABC) = c\sin \angle ABC ,$$

图 10

$$DC = BC + BD = a - c \cdot \cos \angle ABC.$$

依勾股定理可得：$AC^2 = AD^2 + DC^2$，即 $b^2 = (c \cdot \sin \angle ABC)^2 + (a - c \cdot \cos \angle ABC)^2 = c^2 + a^2 - 2ac\cos \angle ABC$.

故 $b^2 = c^2 + a^2 - 2ac\cos B$.

③ 坐标法.

如图 11，以 C 为原点，边 CB 所在直线为 x 轴，建立平面直角坐标系，设点 B 的坐标为 $(a, 0)$，$AC = b$，点 A 的坐标为 $(b\cos C, b\sin C)$，根据两点间距离公式：

$$AB = \sqrt{(b\cos C - a)^2 + (b\sin C - 0)^2},$$

$$c^2 = b^2 \cos^2 C - 2ab\cos C + a^2 + b^2 \sin^2 C,$$

整理得：$c^2 = a^2 + b^2 - 2ab\cos C$.

同理可以证明：

$$a^2 = c^2 + b^2 - 2cb\cos A,$$

$$b^2 = a^2 + c^2 - 2ac\cos B.$$

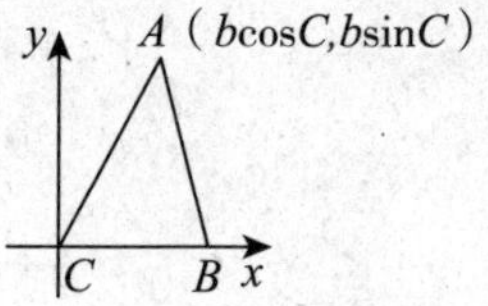

图 11

数学思想是对于数学知识（数学中的概念、法则、性质、公式、公理、定理、方法等）理性的、本质的、高度抽象和概括的认识，带有普遍的指导意义，蕴含于运用数学方法分析、处理和解决数学问题的过程之中。数学方法是研究或解决数学问题并使之达到目的的手段、方式、途径或程序。数学思想方法的教学是中学数学教学中的重要组成部分，有利于学生加深对于具体数学知识的理解和掌握[1]。平面向量证法运用到了向量运算的三角形法则和向量的基本运算。此法与教材提供的方法属于同一类型。平面几何证法用到分类讨论思想、解直角三角形的相关知识、勾股定理，与初中知识联系很紧密。坐标法体现了构建适当的平面直角坐标系解决平面几何问题的重要思路，是解析几何的常用解题方法，很好地呈现了"建系——设元——列式——代入——化简"的问题解决程序。

"认知是认知结构发展的主观因素。再完善的知识结构也只有通过学生自己的主动认知，才能转化为其头脑里的认知结构。""在教学过程中，要促进学生个体的思维活动，给学生营造一个主动发展、自主建构的思维空间，需要引导学生参与新知发生与形成的过程、体现学生获知的思考过程，使学生在积极的思维活动中，自主获得新知识。"[2]

① 人民教育出版社编著. 普通高中课程标准实验教科书数学 A 版必修 5 教师教学用书 [M].
北京：人民教育出版社，2007，1：6.

② 孔凡哲，曾峥. 数学学习心理学 [M]. 北京：北京大学出版社，2009，3：71.

　　笔者以为，单介绍教材中的推导过程远远不够，教师应引导学生探究上述的三种推导过程。三种不同证明方法其实是三种不同的情境，创设这些机会给学生探究，让学生经历知识在不同情境中的形成过程，进一步理解数学知识的内在联系。同时，学生也能复习到这些证明方法所用到的基础知识和基本的数学思想方法。如此设计能满足不同学习需要的学生，突出数学思想方法的教学，是创造性地使用教材的表现。

　　（2）关于余弦定理与勾股定理的关系。教材用文字明确指出了余弦定理和勾股定理的关系。但笔者以为，教材应用数学表达式去阐述这一关系或者教师需引导学生运用数学表达式将这一关系解释清楚。比如，若 $b^2 + c^2 < a^2$，则 $\dfrac{b^2 + c^2 - a^2}{2bc} < 0$，所以 $\cos A = \dfrac{b^2 + c^2 - a^2}{2bc} < 0$。又因 $0 < A < \pi$，故 $\dfrac{\pi}{2} < A < \pi$，即 A 为钝角。A 为锐角或直角的情况在此不做赘述。

　　教材的旁白指出了，三角函数把三角形中的定性结果都变成了定量计算公式了。什么是定性和定量？学生知道了吗？如果学生不知道这两个名词的概念，那么教师需在课堂上介绍其概念。但是这对余弦定理的学习帮助不大。经过访谈得知，不少数学教师对定性和定量的概念都不清楚。所以该旁白可以不要。

　　（3）关于余弦定理的运用。教材提供的例题和练习题都是需运用计算器进行求解的。这也许是编者刻意设计的，让学生熟悉计算器在数学中的运用。但就当前高考，只有上海市允许计算器进入考场。我们不是反对计算器在日常教学中使用，而是认为，全部都是如此类型的习题不应该。数学教材在师生中具有较高地位，是教的蓝本，学的重要工具。如此习题必然给师生有了较强的导向作用——要常使用计算器进行数学解题。这明显与高考要求不合。这就为教与学添加了困惑。笔者以为，进一步提高学生的运算求解和数据处理能力是当前数学教学值得重视的问题。就广州市而言，计算器可以进入中考考场，几乎所有初中生都能熟练运用计算器。但是这些初中生进入高中后，面对数学高考的要求，运算求解能力未能适应高中数学的学习。因此，教师的教学设计应补充内角为特殊角的余弦定理的运用方面的习题，如：

　　习题3：已知 $\triangle ABC$ 的三边之比为 $5:4:3$，求最大的内角.

　　习题4：在 $\triangle ABC$ 中，$AB = 2$，$AC = 3$，$\angle A = 60°$，求 BC 的长.

（三）结束语

经过对《余弦定理》这一内容的教学设计的反思性探究，笔者有以下两点感悟：

1. 认真研究教学设计有助于教师的专业化发展

顾泠沅先生主持的青浦实验研究表明：优秀教师对教材各部分之间内在的逻辑关系把握得好，善于运用能够揭示教学内容本质特征的典型材料，从学生的实际情况出发重新组织教材，让已经学过的知识进入新的情境中应用，以旧引新①。学会深挖、灵活安排教材内容，把教材中的数学知识从学术形态转化为教育形态，以满足学生的认知需要并不容易。懂数学的人就能看懂教材内容，但不一定会处理好教材内容和创造性地使用教材。读懂教材、理解教材、用好教材是搞好教学设计的前提。只有精心搞好教学设计，才能有理想的数学教学效果。良好的教学设计能力是一名优秀教师所具备的能力。所以，认真研究教学设计有助于教师的专业化发展。

2. 数学教师在进行教学设计时应有自己的独立思考

孟子曰："尽信书，则不如无书。"意思是：完全相信书，那还不如没有书。这是精辟透脱的读书法，要求读者善于独立思考问题。数学教材是教学的重要工具，是诸多数学家和数学教育家合作研究、编写的，具有权威性。但中国地域大，民族多，学生文化背景差异大。一套教材难以适应所有学生的需要。所以，我们在组织教学内容时要做到："尽量使新知识与学生头脑里已有的适当知识、经验建立实质性的联系，尽量使课与课之间建立精当的序列关系，这主要表现在知识的连贯与迁移，易错易混淆问题的有计划复现与纠正，以及螺旋式的巩固提高等，以符合学生的认识规律。"② "认真钻研和把握教材是高效率数学教学的前提" "钻研教材不仅仅是为了将数学知识理解得清澈见底，而且要钻研如何让学生受到数学的教育，让学生在数学的世界里自由地翱翔" "教材只是供师生使用的教学材料，钻研教材是深刻理解教材的过程，也是加工教材的过程"③。盲目或随意照搬教材或教学参考书的做法都不利于提高数学教学效率。教师必须把个人的独立思考渗透于教学设计之中。

---

① 顾泠沅. 教学改革的行动与诠释 [M]. 北京：人民教育出版社，2003，8：166.
② 同上.
③ 王光明，王富英，杨之. 深入钻研数学教材——高效教学的前提 [J]. 数学通报，2010（11）：8－10.

对数学高考备考的反思

数学高考备考是一项系统工程，十分重要。它是广大高中数学教师探究的重要课题。如何提高数学高考备考的效果，是一线教师十分关注的话题。笔者在超过十五年的高中数学教学中开展了系列探索，甚至开展了比较严格的实验研究，积累了不少经验。本节将对其中的一些工作展开反思性探究。

一、对在数学高考备考中开展高效复习实验的反思

（一）问题的提出①

随着课程改革的逐步深入，数学教学效率问题引起了人们的广泛关注。"教学效率可从两个维度来认识。在学生的时间投入方面，指能够充分利用时间，全身心、积极、主动地参与数学学习。在数学教学结果方面，指多方面的学习效果——认知成绩、理性精神、效率意识、良好认知结构和数学学习能力。"②"高效教学是指以有效知识为学习活动对象，通过有效活动方式和有效评价促进学生有效发展的教育实践活动"，"影响教学有效性的主要因素是知识、活动方式和基于学生发展的评价。知识、活动方式与评价均有高效与低效之分。"③ 高考备考是高中数学教学的重要活动，是学生数学学习过程中的重要阶段。哪些活动、策略能够促进数学高考高效备考呢？这很值得深入研究。以下介绍的是笔者在 2011 年的数学高考备考中的高效复习实验研究情况。

（二）实验设计

实验设计是教育实验能否达到实验目标的重要保证，是对实验过程每一环节进行整体安排，使实验具有科学性和周密性，是教育实验取得成功的先决条件④。

① 钟进均. 数学高考备考中的高效复习实验研究 [J]. 数学教育学报，2013（4）：80-84.
② 王光明. 重视数学教学效率提高数学教学质量 [J]. 数学教育学报，2005，14（8）：43.
③ 王新民. 高效教学中的知识、方式与评价 [J]. 内江师范学院学报，2011，26（6）：76-83.
④ 孙亚玲. 教育科研方法研究 [M]. 昆明：云南科技出版社，2002：151.

1. 受试对象

为了使实验结果尽量少受无关因素的干扰，使实验结果具有较高的可靠性，笔者采用多组实验设计，选取广州市白云中学 2011 届高三（8）班共 49 名学生作为实验组（理科加强班）；选取高三（6）班共 50 名学生作为控制组（理科重点班）。两组学生绝大多数来自广州城乡结合地区。

2. 研究方法与路线

所用研究方法主要有：①文献研究法；②观察法；③访谈法；④教育实验法。笔者在建构主义、元认知、语言学和知识分类等理论的指导下，依据研究目的，按计划通过一年数学高考备考实践，结合相关文献，验证和解释数学高考备考复习方式的高效性。

研究路线如图 1 所示：

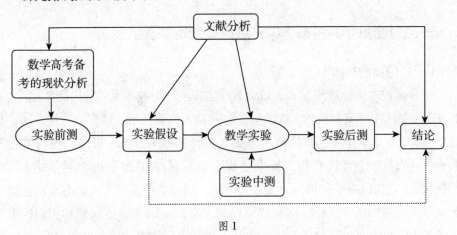

图 1

3. 变量设计

（1）自变量：①数学交流活动（主要是数学日记写作和"说数学"）；②精细化备考管理；③学生测试情况反馈表；④自信心教育活动。

（2）因变量：实验对象的数学学习兴趣和学习成绩。

（3）无关变量：学生的数学学习时间、数学解题量、教学内容、教学进度、课时量、测试方式和阅卷方式。

（4）变量控制：受试的数学学习时间和解题量不随便增加；实验组和控制组都是高三理科班；两组的教学内容、教学进度、数学周课时等都相同；测试采用统一测试卷、测试时间和流水式封闭阅卷方式；两组的数学教师职称相同，年龄差距不大。实验组高度重视"自变量"的实施与操纵，控制组严格不使用前三种"自变量"进行教学。

实验中各变量的控制如图 2 所示①。

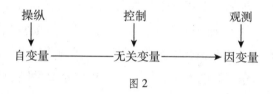

图 2

4. **实验前测、中测与后测**

为了保证实验数据有较好的信度和效度，我们将实验期间市、区统测作为前测、中测和后测。为了更好地操纵自变量、控制无关变量和观测因变量，实验的中测累计有三次。前测是两组在高二下学期广州市白云区期末统测成绩；中测是两组在广州市 2011 届高三调研测试、综合测试一和综合测试二（分别简称为"中测 1""中测 2"和"中测 3"）的成绩；后测是两组在 2011 年全国高考数学（广东卷）成绩。

5. **数据处理与统计假设**

笔者用 SPSS11.0 软件对实验数据进行处理，将前测、中测和后测数据进行方差分析，得出相关的 p 值，然后对 p 值进行讨论。统计假设为：若 $p < 0.03$（比统计学上的 0.05 要小），则表示两组之间的对应数据差异有显著意义；否则，表示两组之间的对应数据差异无显著意义。

6. **实验时间**

实验时间为 2010 年 7 月下旬至 2011 年 6 月上旬，历时一年。在 2010 年 6 月底进行实验前测；分别在 2010 年 12 月底、2011 年 3 月中旬和 4 月中旬进行三次中测；在 2011 年 6 月上旬进行后测。

（三）实验的实施

笔者在实验过程中对实验组坚持实施以下四项备考措施：

（1）坚持开展数学交流活动，主要包括数学日记写作和"说数学"。

① 笔者坚持组织数学日记写作。具体操作如下：老师书写数学日记本的首页，介绍书写数学日记的必要性，提出写作期望；科代表负责管理数学日记本，安排学生轮流写日记，每天由一个学生写一篇；每天老师都及时批阅数学日记。学生的数学日记可以写自己的数学学习感受，也可以写就某个数学问题谈自己的想法或具体解答，还可以写自己对某节数学课的评价等。

---

① 钟进均. 基于元认知视角的"说数学"探究 [J]. 数学通讯，2009（12）：8 – 10.

② 笔者常在课堂上组织"说数学"。说数学是指个体用口头表达自己对数学问题的具体认识、理解，解决数学问题的思路、思想和方法以及数学学习情感、体会等的数学学习活动。可概括为"说知识""说过程""说异见"和"说体会"，分别指口头表达具体的数学知识、个体解决某数学问题的过程、口头表达个体对数学问题解答的不同看法、个体探究某数学问题后的情感体会①。具体操作：课堂上学生回答教师（或学生）提问不仅要给出最后的解答结果，还要说出得到结果的过程；老师创设机会给学生介绍解题思路、解题时需注意的地方和解题体会；让学生大胆发表自己对数学问题的不同见解，鼓励学生上讲台边板书、边讲解自己对数学问题的不同看法等；大力倡导学生在数学课上谈数学学习体会，包括阶段性学习体会和具体数学问题解决的体会②。

（2）通过长规划，短设计，实施数学高考备考的精细化管理。长规划是指在高二下学期期末，笔者根据考纲和课程标准的要求，结合年级组的备考安排以及各次统考的时间，规划实验组的高考备考目标、进程和具体策略等。这些一般不轻易被改变，如在何时完成、用什么材料进行第一轮和第二轮备考复习、用什么策略促进学生进行考后反思等。短设计是指笔者提前一周对下一周的教学内容（训练材料）或测试卷、课时任务等进行安排。如此的目的是避免备考的随意性和盲目性，提高每周备考的针对性和有效性。短设计是长规划精细化实施的体现。

（3）每次统测之后，学生填写测试情况反馈表。具体操作如下：从 2010 年 8 月起，实验组要求学生在每次统测成绩公布之后填写测试情况反馈表，然后笔者收回这些表格，并分析、总结学生的知识点和技能的掌握情况。最后，笔者把表格发回给学生保管。填写这些表格，需要学生总结归纳测试题中每一道题的考查知识点是什么，自己在该题得了多少分，为什么失分，估计自己在下次测试再考该知识点是否能得分。

（4）实验组的日常数学教学重视自信心教育的渗透。笔者根据学生在备考过程的情绪变化情况，选择适当时间在数学课堂上进行自信心教育（非数学知识教育），每周至少有一次，每次所需时间不超过 15 分钟。自信心教育的形式主要有：一是老师朗诵励志短文或介绍高考成功人士的备考历程；二是老师谈

---

① 钟进均. 基于元认知视角的"说数学"探究 [J]. 数学通讯, 2009 (12)：8-10.
② 钟进均. 在高中数学教学中开展说数学活动的实验研究 [J]. 数学教育学报, 2008, 17 (5)：98-102.

高考形势；三是老师利用数学课堂组织学生谈统测之后的感想和体会，交流备考的自信心和学习目标。

（四）实验效果分析

"教学效率的测量与评价不可能达到自然科学意义下完全的客观化和纯粹的科学化，而只能做到尽量科学化""在追求尽量科学化的过程中，教学效率评价必须以定量和定性的分析为基础，并超出定量和定性的描述来确定教学的价值。"①笔者将从定性和定量两个角度对研究结果进行分析和总结。

1. 数学学习成绩显著提高

以下首先对前测数据进行分析，接着对三次不同的中测情况稍做介绍，最后对后测的结果进行评析。

（1）对前测数据的分析。由表1可知控制组的平均分比实验组的高出9.07分；控制组的最高分比实验组的高出了13分。值得说明的是，控制组学生在高二文理分科时是各科成绩总分名列年级前52名的优等生。

表1

	N	Mean	Std. Deviation	Std. Error	95% Confidence Interval for Mean		Minimum	Maximum
					Lower Bound	Upper Bound		
K	52	88.2308	18.06157	2.50469	83.2024	93.2591	46.00	124.00
S	50	79.1600	15.12446	2.13892	74.8617	83.4583	51.00	111.00
TOTAL	102	83.7843	17.21824	1.70486	80.4023	87.1663	46.00	124.00

注：K、S分别表示控制组、实验组。

表2

			Sum of Squares	df	Mean Square	F	Sig.
Between	(Combined)		2097.304	1	2097.304	7.532	.007
	Linear Term	Contrast	2097.304	1	2097.304	7.532	.007
		Deviation	2097.304	1	2097.304	7.532	.007
Within Groups			27845.951	100	278.460		
Total			29943.255	101			

———————
① 王光明. 数学教学效率论（理论篇）[M]. 天津：新蕾出版社，2006，5：18，164-165.

表 2 中的相伴概率 p 为 0.007，远小于显著性水平 0.05，因此，控制组和实验组之间在前测存在显著差异，前者成绩远比后者优秀。

（2）对三次中测的数据分析。统计结果表明，实验组与控制组的平均分的差距随着实验的进展逐渐缩小；三次中测成绩的方差分析的相伴概率 p 分别为 0.16，0.51，0.51，即无显著差异。可见，随着实验的不断推进，实验组成绩不断进步，紧逼控制组，由前测时的显著差异到中测的无显著差异。

（3）对后测数据的评析。由表 3 可知，实验后测从最高分、最低分和平均分三个角度看，实验组比控制组均优秀得多。表 4 中的相伴概率 0.009 远小于显著性水平 0.05，这充分说明两组的后测数据存在十分显著的差异。表 5 说明实验组的平均分从前测的比控制组低 9.07 分，到后测的平均分比控制组的高 7.32 分，这足以说明实验组在一年里取得了非常显著的进步。另外，后测成绩年级前三名的学生全部来自实验组；全年级 100 分以上的共 9 人，其中 6 人来自实验组。

表 3

	N	Mean	Std. Deviation	Std. Error	95% Confidence Interval for Mean		Minimum	Maximum
					Lower Bound	Upper Bound		
K	52	78.5385	14.83962	2.05788	74.4071	82.6698	38.00	103.00
S	49	85.8571	12.68037	1.81148	82.2149	89.4994	62.00	113.00
Total	101	82.0891	14.24788	1.41772	79.2764	84.9018	38.00	113.00

注：K、S 分别表示控制组、实验组。

表 4

			Sum of Squares	df	Mean Square	F	Sig.
Between	（Combined）		1351.275	1	1351.275	7.060	.009
	Linear Term	Contrast	1351.275	1	1351.275	7.060	.009
		Deviation	1351.275	1	1351.275	7.060	.009
Within Groups			18948.923	99	191.403		
Total			20300.198	100			

表 5

班别	前测	中测 1	中测 2	中测 3	后测
K	88.23	92.08	75.94	75.94	78.54
S	79.16	87.62	74.08	74.08	85.86
K-S	9.07	4.46	1.86	1.86	-7.32

注：K、S 分别表示控制组、实验组，K-S 表示控制组与实验组的数据之差。

综合上述，四项备考措施（自变量）对提高学生的数学学习成绩十分有效。

2. 增强了学生的数学学习兴趣和主动学习意识

实验组的较多学生在数学课堂上主动举手要求对数学问题的解答"说异见"。经访谈得知，较多学生认为：老师搭建了平台，鼓励"说数学"，及时评价我们的"说"，特别能激发数学学习动机；有的学生认为：我本来不懂整个数学题的解答，只会一个小问，但老师仍给机会让我表达我的看法，还表扬了我的进步，这让我很有成就感，逐渐喜欢上了数学课。有不少学生指出，自信心教育活动常有同学介绍自己的学习目标、学习方法与体会，还有老师的备考经验介绍等，这些内容让他们加深了对备考的认识，也常使自己得到心理上的放松与鼓励，增强了数学学习的动力。开展实验之后，实验组的学生在课余找老师提问的人次显著增加。学生认为"说数学"、写数学日记促使他们主动弄明白数学基础知识和问题解答过程，否则，他们无法做好"说数学"，也无法在数学日记里进行数学学习反思。曾有学生说："我要努力学数学，学好数学，争取多'说数学'，在同学们面前展现自我，寻找更多的成功感。"笔者经观察还发现，许多学生爱写数学日记，爱看别人所写的数学日记，非常喜欢看老师对数学日记的评语。以上数学学习表现充分说明了这些备考方式增强了学生的数学学习兴趣和主动学习意识。

3. 大大提高了数学高考备考的效率

高效率数学学习是指①：学生在学习数学的过程中，保持积极的学习态度，采取适宜的学习方法，具有良好的学习习惯，并且以较小的投入取得较好的数学学习效果。从上述实验前测、中测和后测的数据可知，实验组取得了十分优秀的成绩，进步显著。作为同一个年级的两个班级，两组学生使用同样的教学素材，在校作息时间完全相同，备考硬件环境完全相同，仅是备考方式存在差

---

① 王光明，刁颖. 高效数学学习的心理特征研究 [J]. 数学教育学报，2009，18（5）：51.

异。可是在多次大型测试中，实验组的成绩进步越来越明显。认知成绩的巨大进步象征着良好的教学效果，即取得了数学学习的高效。总之，这四个自变量能大大提高数学高考备考的效率。

（五）反思与建议

1. 教师要重视高考备考中的数学活动的组织与实施

学生的数学活动就是学生在教师指导下开展的以实物、模型、数学的语言、数学的思想、方法和策略为操作工具，以完成某种数学任务为目标，通过看、听、说、做、思等形式涉及认知、情感、意志、行动全面参与的学习数学和应用数学的行为活动、思维活动以及情感活动相互组织的活动集合体，是学生知、情、意、行全面参与的学习数学化的过程①。"说数学"和书写数学日记都需要学生运用数学的语言、数学的思想方法和文字语言去表达自己的数学学习过程、情感等。它们通过老师的及时评价和学生之间的交流激发学生的数学学习动机。将自己的数学思维活动用口头语言或文字语言表达出来，这是学生暴露数学思维、将默会知识明显化、锻炼自身语言转换能力和提高元认知水平的活动。所以，"说数学"、书写数学日记能促进学生之间的数学学习交流，属于真正的数学学习活动。

要提高数学高考备考的效率，就需培养学生良好的数学活动经验。良好的数学活动经验不仅需要学生自身努力探索、自主总结，也需要与同伴展开数学学习交流，还需要老师的直接指导。"说数学"和书写数学日记重视学生的数学学习过程，特别是学生在数学学习过程中的知识总结（说知识）、思维历程（说过程）、情感体验、经验与教训（说体会）和学生对数学问题的不同见解（说异见）等，丰富了学生的数学活动经验。

涂荣豹教授指出，提高学习活动的效率，将学生从题海中解放出来的有效做法之一是培养学生的元认知能力，改机械的行为操作为自觉的思考，变无意识为有意识，学会对自己的学习活动进行反省和有效自我调整，实现对自己活动的主动监控，才能从根本上改变数学学习的"高投入，低产出"的现状②。"学生在对数学学习活动进行计划、检验、调节和评价的过程中，数学学习自我

---

① 仲秀英. 数学活动的内涵与特征及其对教学的启示 [J]. 数学教育学报，2009，18（4）：23-24.

② 涂荣豹. 数学教学认识论 [M]. 南京：南京师范大学出版社，2003.

监控能力也在不断提高。"① "说数学" 和书写数学日记能促进学生对数学学习进行反省和有效自我调整，也就是以口头和书面两种方式去暴露、锻炼自己的数学思维，促进学生的数学学习反思，提高元认知能力。

　　总之，教师要重视高考备考中数学活动的组织与实施。数学高考备考不仅是解题教学（训练），也是数学活动的教学。

　　2. 教师要重视对学生的数学交流能力的培养

　　数学能力包括数学语言表达能力、数学应用意识能力及反思和调节能力等②。我们 "要重视学生的数学交流能力的培养；学习过程的评价，应关注学生是否积极主动地参与数学学习活动、是否愿意和能够与同伴交流数学学习的体会、与他人合作探究数学问题。数学交流是完善数学认知的重要手段，有助于增强学生学习数学的热情和信心，有助于提高和发展学生的数学素养"③。老师应在数学课堂创设数学交流的机会，要舍得给学生课堂时间，让他们展示自己对数学问题的理解。在传统备考中，很多老师看到学生的不同解法往往是自己将这些解法直接介绍给学生，最多是点名表扬一下这些给出不同解法的学生，而很少舍得花时间让这些学生去介绍他们的辛勤结晶；认为课时紧张，教学内容多，老师自己多讲一些才有效率。其实，学生的点滴成果都来之不易。当他们得出自己的研究成果时，内心兴奋，十分渴望得到别人（尤其是老师）的认可。当前，数学高考备考较多重视对学生的书面解题训练；学生常在题海里奋斗；由于复习课、习题课较多，片面追求复习的知识容量，所以缺少师生、生生之间的交流，忽视了学生在备考过程中的数学学习情感和数学能力的多维培养，导致课堂气氛沉闷，效果低下。"学生学习的主要动机集中反映在成就动机上。"④在长时间的数学高考备考中，如何激发和保持学生积极的数学学习动机，提高高考备考效率，值得深入研究。转变教学方式，创设渠道组织数学交流活动，培养学生的数学交流能力不失为一种有效方法。

① 梁好翠，黄岳俊. 数学自我监控及学习动机对数学成绩影响机理的研究 [J]. 数学教育学报，2011，20（1）：60.
② 郑毓信. 数学教育领域中的三个新 "教条" [J]. 数学教育学报，2011，20（1）：5-9.
③ 数学课程标准研制组. 普通高中数学课程标准（实验稿）解读 [M]. 南京：江苏教育出版社，2004：328.
④ 皮连生. 学与教的心理学 [M]. 上海：华东师范大学，1997：287.

3. 培养学生良好的数学反思习惯需贯穿高考备考的全过程

王光明教授指出，"良好的数学学习习惯是形成高效数学学习的充分条件。"①他还指出，高效数学学习的元认知方面的特征之一是：阶段学习后，能反思、总结数学的基本知识点；对所学的数学例题、习题、错题进行总结、分类，及时理清解题思路和方法；对待自己不明白的问题，弄清楚之后会反思自己不能解决问题的原因。"填写测试反馈表"需学生总结、归纳出每一道题的考查知识点，考查了什么数学思想方法，总结自己在测试时做错了某题的原因，需对自己在后续测试中是否还会在某题丢分，作出判断。这就是为了培养学生良好的反思习惯，让其逐渐懂得从数学知识、思想方法等角度分析试题的考查特点。在平时备考中，学生书写完一道数学题的解答过程，还不算真正完成了该题目的解答，还需反思、归纳这道题的知识和数学思想方法考查点；在题目讲评结束后，还需反思自己在哪里丢分多，为何丢分了。实践表明，学生在每次测试之后都填写测试情况反馈表，然后在老师的指导下，多回头比较前后多份反馈表的情况差异，就容易发现自己学习的不足和明确后阶段的努力方向。这样，有助于培养学生良好的数学学习反思习惯，促进学生学习的高效。

（六）结束语

笔者开展的数学高考备考高效复习教育实验研究，探究并验证了上述数学高考高效备考方式，取得了一些成果，但样本量较小，尚需进一步扩大样本量作更深入的研究。"说数学"和书写数学日记分别是"数学地谈论"和"数学地写作"② 的具体实践；填写数学测试情况反馈表属于学生数学学习的"反思性实践"。这些都值得关注。

数学课堂就像一块试验田。不同的教师在这块"试验田"上去"耕作"，其"耕作"的目标、过程、结果以及体会等会有所不同。很多老师在艰苦地"耕作"，能取得不错的结果，但是对这些结果不知道怎么去评价，或者评价得不够全面、不够规范。笔者以为，掌握一些规范的、科学的、合适的评价工具、方法，对一线教师而言，很有必要，仅仅用平均分、合格率、优秀率等维度去测量是远远不够的。

---

① 王光明. 数学教学效率论（理论篇）[M]. 天津: 新蕾出版社, 2006, 5: 18, 164–165.
② 郑毓信. 数学教育领域中的三个新"教条"[J]. 数学教育学报, 2011, 20（1）: 5–9.

二、基于系统论视角反思数学高考复习策略

《普通高中数学课程标准（2017 年版）》明确指出："数学教师要有良好的数学教育理论素养，能把握数学教育的价值取向，有效落实数学教育的育人目标""结合教育教学实践，阅读和理解教育与数学教育经典著作，有关前沿进展的要求""基于理论与实践，不断探索数学教学的规律，特别是学生学习高中数学的规律，……理解和把握评价的作用，思考如何通过评价鼓励学生学习的自觉性、如何通过评价调整自己的教学"①。

数学高考复习是数学教学的重要组成部分，是高中数学教师关注的重要方面。数学高考复习策略向来是数学教育教学研究的热点话题。从文献查阅来看，从系统论视角研究的较少。而系统论自从 20 世纪 30 年代诞生以来就对学科教育的研究产生了十分重要的影响。以下是笔者在 2010 年前后从系统论视角反思探究数学高考复习策略的成果，与同行们分享，以期抛砖引玉。

（一）理论基础

20 世纪 30 年代，美籍奥地利生物学家路德维希·冯·贝塔朗菲（Ludwig Von Bertalanffy）提出了机体系统论概念。不久，一般系统论成为一门崭新的学科而诞生。系统是由相互作用和相互依赖的若干组成部分合成的具有特定功能的有机整体，而且这个系统本身又是它所从属的一个更大系统的组成部分。系统具有三个基本特征，即整体性、相关性和动态性。整体性是系统的首要特征，系统是一种整体性的存在，整体不是组成它的要素和部分的机械组合，而是它们有机结合的整体；整体的功能不是组成整体各个部分功能的简单相加，而是取决于构成系统的各个要素的组织方式，即结构。合理的结构会增强系统整体的功能，使整体的功能大于各部分功能之和；不合理的结构会削弱和破坏整体的功能，使整体功能小于各部分功能之和。所以，系统论认为，系统的整体在研究中始终处于优先的地位，研究必须以系统的整体性为出发点，目的是实现系统整体的结构与功能的优化。

（二）数学高考复习策略的反思性探究

数学高考复习过程可看成由学生（教学对象）、教学目标、教学内容、教

---

① 中华人民共和国教育部．普通高中数学课程标准（2017 年版）［Z］．北京：人民教育出版社，2018，2：98．

学环境、教学方法和教师等几个要素相互作用的过程。它们构成一个大系统，具有整体性、相关性和动态性。下面将从这几个要素（子系统）出发，以系统论为基础谈谈数学高考复习策略。

1. 从学生角度

学生具有主观能动性和不同素质。影响学生数学高考复习的因素可分为智力因素和非智力因素两大方面。智力因素主要包括观察力、记忆力、想象力、思维力和注意力等。非智力因素是指除智力因素以外的一切个性心理因素，包括动机、兴趣、情感、意志和性格等，对学习活动能产生巨大的动力、定向、引导、维持、调节、控制和强化作用。

从智力因素看，高三学生通过高一、高二的学习，已有一定的智力基础（如数学知识、数学思维和数学思想方法等的基础），但学生之间的智力基础存在差异，离数学高考大纲的要求有较大距离。就非智力因素而言，多数高三学生有较强的升学动机（期望），他们的学习兴趣和意志力相对高一、高二有较大提高，但他们的动机、兴趣和意志等在整个高考复习过程中易因学习竞争压力大、知识枯燥乏味、生活单调及测试频繁等而显得不稳定，甚至产生倒退现象。在整个数学高考复习过程中，学生的智力因素和非智力因素常常相互作用。一个学生在智力因素取得成功后，其非智力因素也会向良性发展。因此，教师需正确、科学地看待学生的智力因素和非智力因素现状，并要抓住契机，采用灵活多样的教育措施，使得学生的智力因素和非智力因素处于有利于数学高考复习的状态。只有这样，教师才能在选择教学内容、营造教学环境、选择教学方法等方面做出正确抉择，从而使得数学高考复习这个系统的结构和功能达到优化，最终取得良好的数学高考复习效果。

2. 从教学目标角度

以下通过《普通高中数学课程标准（实验稿）》（简称"课程标准"）和2009年高考考试说明（广东卷）（简称"考试说明"）在教学目标方面的对比，探讨数学高考备考策略。

"课程标准"的目标要求包括：知识与技能，过程与方法，情感、态度与价值观，所设计的行为动词水平大致分类见表6。

表6

目标领域	水平	行为动词
知识与技能	知道/了解/模仿	了解，体会，知道，识别，感知，认识，初步了解，初步体会，初步学会，初步理解，求
	理解/独立/操作	描述，说明，表达，表述，表示，刻画，解释，推测，想象，理解，归纳，总结，抽象，提取，比较，对比，判定，判断，会求，能，运用，初步应用，初步讨论
	掌握/应用/迁移	掌握，导出，分析，推导，证明，研究，讨论，选择，决策，解决问题
过程与方法	经历/模仿	经历，观察，感知，体验，操作，查阅，借助，模仿，收集，回顾，复习，参与，尝试
	发现/探索	设计，梳理，整理，分析，发现，交流，研究，探索，探究，探求，解决，寻求
情感、态度与价值观	反应/认同	感受，认识，了解，初步体会，体会
	领悟/内化	获得，提高，增强，形成，养成，树立，发挥，发展

　　"考试说明"明确指出"各部分知识的整体要求及其定位参照'课程标准'相应模块的有关说明"，可见，高考命题对知识的要求以"课程标准"的知识要求为蓝本。"考试说明"的考核目标与要求具体见图3。

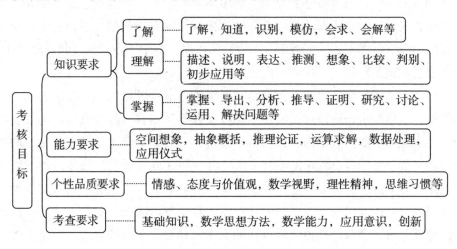

图3

　　易知，"考试说明"的知识要求从属于"课程标准"的知识要求。过程与方法对应于能力要求和考查要求；情感、态度与价值观对应于个性品质要求。

显然，"课程标准"与"考试说明"十分吻合。难怪有不少专家指出：高考备考要求应向"课程标准"看齐。因此，教师和学生都应认真研读"课程标准"，明确每一章节的知识要求，不盲目拔高，也不随意降低。

譬如，"考试说明"对"圆锥曲线与方程"的知识要求如下：

（1）圆锥曲线。①了解圆锥曲线的实际背景，了解圆锥曲线在刻画现实世界和解决实际问题中的作用；②掌握椭圆、抛物线的定义、几何图形、标准方程及简单性质；③了解双曲线的定义、几何图形和标准方程，知道它的简单几何性质；④了解圆锥曲线的简单应用；⑤理解数形结合的思想。

（2）曲线与方程。了解方程的曲线与曲线的方程的对应关系。经对比，"课程标准"与"考试说明"在该章节的知识要求的"行为动词"没有差异。前者对"圆锥曲线与方程"的知识要求还多了一点：能用坐标法解决一些与圆锥曲线有关的简单几何问题（直线与圆锥曲线的位置关系）和实际问题。如此对比，我们更清晰该章节复习的知识要求，不无裨益。

总之，为了提高数学高考复习效果，我们应认真研读"课程标准"和"考试说明"的考核目标与要求，避免复习的盲目性、片面性，最终导致复习的低效。

3. 从教学内容角度

我们把数学高考复习的内容分为数学知识内容和非数学知识内容两个部分。数学知识内容是指高考数学复习大纲和考试说明所要求的知识；非数学知识内容是指为了促进学生更好地掌握数学知识内容，由教师根据复习的实际需要所增加的非数学学术知识，如数学学习方法与策略、数学学习动机自我激励方法、数学学科应试策略等。

在整个高考数学复习中，教师必须严格依据高考考试大纲和考试说明中的数学知识内容要求去选择自己的课堂复习（教学）内容，随意拔高或降低复习内容要求都不可取。教学内容选取得不得当，必会影响整个高考数学复习的效率。高三数学复习没有固定的教材，往往由教师（或备课组）选定一本常用的复习用书作为教材，在复习过程中，教师（或备课组）再根据学情增加练习卷辅助复习。如此操作都是为了顺利达成高考数学复习的知识目标。值得一提的是，尽管考试大纲和考试说明对具体的数学知识提出了明确要求，但是，教师应该根据学情做出适当的选择，毕竟有些内容是学生难以掌握的（如抽象函数，数学归纳法，数列与函数的综合等），而有些内容是学生较易掌握的（如三角函数，平面向量，基本初等函数，等差数列和等比数列等），且在高考中属于易得分的题型。在整个复习过程中，教师需把"双基"放在首位，把在考试大纲、考试说明和课标中都要求理解和掌握的知识作为复习的重点。如果想把教学内容这个子系统再分成以各章节作为更小的子系统，则需要教师准确地把握好各章节（子系统）在整个高考复习内容中的地位与作用。譬如，"复数"知识在"课程标准"中已大大降低了知识要求，只需理解复数的概念和会进行复数形式的四则运算，因此，复习该部分时就不必花太多时间，更不必在难度上拔高。

我们需准确地精选教学内容，使得内容与考试要求（目标）高度一致。如此的教学内容才能提高备考的针对性和实效性。那些不符合考纲要求的知识复习，如在广东数学高考备考中还花时间去重视极限问题，往往会对整个高考备考起负面作用，从而浪费了紧张的备考复习时间。

4. 从教学环境角度

教学环境有狭义和广义之分。狭义的教学环境是指师生双方教学所处的客观的物理环境。广义的教学环境还包括心理环境，它是通过人与人相互作用而形成的。教学的物理环境主要包括校容、校貌、教室、户外教学区、活动区域、座位、课桌椅、光线、照明、窗户、通风、颜色、声音、温度、湿度等。它们是教学活动赖以进行的物质条件。教学环境除了物理环境之外，还包括学生群体、师生关系以及学生问题行为的影响与控制等心理因素。这些因素与教学活动中人际交往密不可分。在这里，我们把教学环境看成是广义的教学环境。

在高三的教学管理中，班主任大多能对班级的物理环境做出规划、布置，如张贴志愿树、励志标语，营造优雅的教室环境，但心理环境需每一个科任教师起积极引领作用与全体学生共同努力建设。各个学生的学习动机往往不同，有的是要上重点本科、有的是上本科、有的是上专 A 等。成绩基础好的学生往往学习意志力较好，能自始至终维持良好的学习动力；成绩基础相对较差的学生很难维持较好的学习动力，学习意志力起伏不定，甚至畏难而放弃学习。在数学复习中，伴随测试的增加，也可能出现个别学生因成绩高低、排名的先后等而互相竞争，影响学生之间的团结。对于不同成绩、不同思想状况的学生群体，需数学教师想方设法、抓住契机引导他们统一到数学高考复习中来。在平时的复习教学中，教师应结合具体的复习内容，搭建平台让学生展示自我知识掌握情况，想方设法培养学生良好的自我效能感，尽量使得每一个学生通过复习，在原有知识基础上有所提高，使得学生认同教师所组织的教学。"良好的师生关系有利于教学质量的提高。"良好的师生关系需教师主动构建，这与教师刻意培养学生数学学习的自我效能感有紧密关系。良好师生关系的建立离不开学生对教师的整体认同，也离不开教师对学生的尊重。当学生因为某次测试成绩不佳而沮丧时，教师应主动开导学生。学生的数学高考备考压力巨大，因长期在校复习，难与家长、亲人沟通，他们在学业、心理和思想上的困惑往往渴望得到老师的帮助。积极向上、团结进取的学习氛围，和睦的师生关系必然有利于高考复习。

一般情况下，科任老师与学生的交流大多在课堂上，而课堂作为教学时间，师生交流显然十分有限，何况师生交流不仅是学科知识的交流，而且还有思想情感等的交流。只有师生尽多地交流，教学的心理环境才能有利于促进教学效率的提高。为了构建良好的数学高考复习的心理环境，笔者在自己的教学实践中实施了班级数学日记。从高三暑假补课开始，笔者就在任教的班级设立了班级数学日记本。老师在首页书写寄语，然后由科代表负责管理日记本。每天至少有一个学生书写数学日记，也可以是多个学生书写，在次日早上科代表负责将日记本交给数学老师。数学老师第一时间阅读并写下交流语言，然后带到课室交回给科代表，继续下一篇日记的书写。学生书写日记可按学号顺序，也可随机书写。随着日记本在学生中传递，日记的内容得到交流。日记的内容有纯数学问题的交流，也有数学学习情感的交流，还有思想、生活等方面的体会。实践证明，班级数学日记是师生交流、生生交流的好阵地，是学生提问、老师答疑的好地方，不仅有利于学生向老师问数学问题，更有利于师生在数学的教与学上的情感交流。我们认为，班级数学日记的创设是师生无声（纸质）交流的一种方式。

除了纸质交流以外，个别辅导就是一种师生之间的有声交流。个别辅导的内容应有以下内容：数学知识辅导、数学学习方法辅导、数学学习心理辅导等。在高三阶段，由于数学复习内容繁多，知识难度较大，练习量逐渐增加，所以很多学生易出现学习倦怠，产生"高原"反应。如此现象经常出现，不同学生出现的时间有所不同。如果老师不注意把握契机，科学展开个别辅导，那么有的学生易出现自信心不足、无心向学，甚至放弃高考的情况。笔者认为，数学老师应把知识辅导、学习方法辅导、学习心理辅导等有机结合，相互渗透，不能顾此失彼；要把个别辅导作为数学教学的重要组成部分。有些老师常把自己认真解题当作是数学教学的重点，如此认识显然很片面，因为师生交流也是数学教学的重要组成部分。在平时复习阶段、测试前后需如何展开个别辅导将另文阐述。

总之，创设良好的教学环境（包括物理环境和心理环境）是数学高考复习的重要组成部分，是提高复习效率的基础。

5. 从教学方法角度

教学方法问题实质上是一个教学的程序设计问题。教学方法是教师引导和帮助学生学习的一种工作程序，包含了教师的教的方法，也包含了学生的学的方法。"学生的学决定教师的教"是教育心理学里公认的一条命题。"教学有法，教无定法，教要得法。""教学有法"和"教无定法"是相对而言的，不是一成不变的，无论走到哪个极端，都是不可取的。

高三数学课多数是复习课和讲评课。从当前的教学实践看，较多老师的复习课采用单一的讲授法，较少采用探究法、演示法、讨论法等。讲授法最大的优点是知识信息传递的总量大，但是最容易忽略学生的个性，剥夺学生独立思考问题的时间与空间，教师包办过多，学生经历知识（问题）探究过程就会变少，很难产生数学学习的自我效能。复习课多采用单一的讲授法，易使学生产生数学学习倦怠。苏联教育家赞可夫说："教学法一旦触及学生的情绪和意志领域，触及学生的精神需要，这种教学法就能发挥高度有效的作用。"著名数学史家 M. 克莱因指出："数学教育的最大缺陷之一正是缺乏情感的投入。"这一针见血地道出了传统数学教学方法的不足。我们主张，高三数学复习课应是讲授法、探究法和讨论法等的有机结合，将科学的教学评价渗透在数学教学过程中。讲评课也不例外，有时由学生讲评、教师把关纠正的效果更好。从教学反馈的角度看，只有搭建适当的平台给学生展示自我学习情况（如让学生利用实物投影仪展示自己的解答过程，展开"说数学"活动），教师才能清楚地了解到学生学习的心理需要和知识需要，从而有效地组织教学。

总的来说，教学方法的选择应高度重视学生学习的主体性，最大限度地激发学生数学学习的自我效能，要注意学生的复习需要，而不是教师讲得越多就越好。

6. 从教师角度

从教师组织数学高考复习来看，教学反思和教学信息处理显得十分重要。

（1）教学反思。数学教学反思是教师思考和处理数学教育教学问题的思维活动。从教学过程角度，可分为数学课堂教学前反思、教学中反思、教学后反思，从思维内容角度看，有对数学知识的反思、对学生学习的反思，对数学教学环境的反思。概括地说就是对如何进行数学教学的反思。教学反思不仅指教师对教学实践行为、教学经验的反省，而且还指向未来的教学实践活动。

对数学教学内容的反思应从以下几个方面进行：①从数学思想方法角度。从数学思想方法角度反思数学知识，即是对蕴藏在数学表层知识中极为丰富的数学思想、方法、原理、规则、模式等深层知识的挖掘。如从不等式单元挖掘，可从中挖掘出代换思想、函数思想、数形结合思想、分类思想、化归思想等数学思想方法。②从社会、历史、文化的角度。如正弦定理、余弦定理、勾股定理在测量中的应用；平均数、方差在社会、教育统计中的广泛应用等。③从方法论角度。如导数与积分体现了极限的思想，是从有限到无限的过程。④从潜在的教育功能角度。如数列求和的错位相减法、裂项求和法、倒序相加法等体现了数学美。

在高三数学复习教学中，我们常常要对学生的数学学习进行反思。①对学生数学学习心理活动的反思，经常要寻找影响学生学习的知识因素、思维因素、干扰因素、心理因素。只有找到这些因素，我们才能找到相应的教学策略。②对学生数学认知心理的反思，即是思考学生学习新知识的认知基础、学生获得数学知识的认知方式、影响知识获得的心理因素、数学学习困难的原因等。尽管高三学生处于复习阶段，但不少学生因遗忘过快或知识结构杂乱无章等而造成学习困难；有的学生会出现由于新课学习欠认真、知识基础差而导致在复习备考中重重困难，甚至对数学产生恐惧心理。

高三数学备考时间十分紧张。力求高效的数学教学，我们还要对数学教学过程进行反思。首先是对数学教学一般活动（即教学决策、课堂教学行为、教学技能技术的有效性和教学评价等）的反思；其次是对数学教学实践有关专题的反思，如对某一具体内容的教学反思，对学生数学思维能力的培养的反思，对教育技术的使用的反思等。

（2）教学信息处理。高效的高考备考效果需教师具有较好的信息处理能力。我们可通过阅读国内知名中学数学杂志、报刊和名家著作等，了解、学习别人的先进备考策略和对学科知识的备考看法，结合自己的教学实践，不断总结、反思，再实践，逐步形成自己的教学个性。还有，因为近几年自主命题的省份越来越多，各省的试题总有差异，所以我们通过比较、研究各省的高考试题能促进自身对考试大纲精神的理解。总之，"我们若不能走出去，但一定要善于看出去。"

（三）结束语

高考备考研究历来是数学教育研究的重点、热点问题。数学高考备考是一个庞大系统，学生、教学目标、教学内容、教学环境、教学方法、教师六个要素是组成这个大系统的子系统，它们具有整体性、相关性和动态性。缺少其中任一要素都不能构成高考备考系统。六个要素并不孤立，而是紧密相关，相互作用，相互依赖。要想实现数学高考备考的效果优化，六个要素的效果需同时达到最优化。

以上是笔者结合自身教学实践，站在系统论视角对数学高考备考策略的初步探讨，是对自身数学高考备考教学实践的总结与反思。尚还有许多问题需继续研究；如针对不同的生源水平；数学高考复习应进行多少轮；每一轮的具体复习策略是什么；如何在数学高考复习中更好地达成学生的情感、态度和价值观目标等。

三、基于智力参与视角反思一节高三数学讲评课

讲评课是高中数学教学的重要课型。如何实施讲评课教学，提高数学教学效率，促进学生在讲评课学习中得到发展，很值得探究。数学交流从 20 世纪 90 年代起受到了国内外数学教育界的普遍重视，且被纳入了多数国家数学课程文件。"说数学"是数学交流的重要形式之一，属于口头交流形式①。它是指个体用口头表达自己对数学问题的具体认识、理解，解决数学问题的思路、思想和方法以及数学学习情感、体会等的数学学习活动，可概括为"说知识""说过程""说异见"和"说体会"。它们分别指口头表达具体的数学知识、个体解决某数学问题的过程、口头表达个体对数学问题的结果的不同看法、个体探究某数学问题后的情感体会②。

（一）智力参与概述③

数学学习与其说是学习数学知识，倒不如说是学习数学的思维活动，因而数学学习需要高水平的智力参与。"智力参与"是主体将自己的注意力、观察力、记忆力、想象力、思维力和语言能力都参与进去。数学学习中的智力动作按其功能可以分为智力元动作、一般智力动作和数学活动中获得知识的特殊智力动作。智力元动作实际就是元认知动作，是认知活动中的最高级智力动作，它的功能具体表现为计划、评价和监控；一般智力动作是各种活动都要运用的智力操作动作，包括实验、观察、比较、分析、综合、类比、归纳、抽象、概括等；获得数学知识的特殊智力动作是用于获得数学知识意义的过程，表现为根据数学知识意义对信息有选择地编码、组合、比较，学习如何解决问题、学

---

① 钟进均. 在高中数学教学中开展说数学活动的实验研究 ［J］. 数学教育学报，2008，17（5）：8－10.

② 钟进均. 对一则高中"说数学"案例的探讨 ［J］. 教学月刊，2008（11）：41－42.

③ 涂荣豹. 数学教学认识论 ［M］. 南京：南京师范大学出版社，2003，12：221，222.

会如何选择解决问题的策略。

智力参与可以分为三种类型：操作型、反思型和创造型。操作型智力参与是较低水平的参与，其表现为机械记忆、表面理解和程式化模仿，即学生凭借简单模仿进行的重复的学习活动。反思型智力参与表现为学生不仅对知识作一般性了解和掌握，还要深究所涉及的知识、方法、思路和策略等，具有较强的科学研究的性质，关键是在反思中体现智力参与，其基本特征是探究性，不仅要完成学习任务，还要考察自己活动的经历中，探究期中的问题和答案，重构自己的理解，激活个人的智慧，并在活动所涉及的各个方面的相互作用下，产生超越已有信息以外的信息，是一种较高水平的智力参与方式。创造型智力参与是更高水平的智力参与，其表现为思路开阔、思维敏捷和善于想象，常常产生新颖独特的见解。在面临问题时，能够从与众不同的角度进行观察，对问题涉及的各个方面及其联系性进行思考，能够看出问题中隐藏着的关系而提出新的问题，能够抓住问题和新条件与结论的特有联系而提出别出心裁的解题方法，能够把一种熟知的方法应用到新领域，能够用独特的语言对解题过程进行表述。在解决问题中善于提出多种假设，对解题方法进行构思、对解题过程作出估计、对结果的合理性作出评价等。

（二）教学案例简述

这节课的课题是《直线与圆锥曲线的关系》，属于高三理科数学第一轮复习的内容。授课对象为广州市第五组生源学生，属于中下层次。

1. 教学流程简介

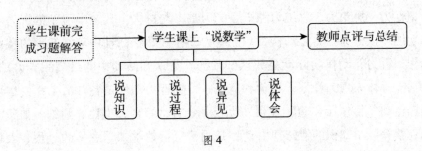

图4

"学生课前完成习题解答"是指教师按照高考《考试说明》和《考试大纲》中对圆锥曲线的考查要求，选取了典型解答题组成了练习卷，供学生在课前完成。"学生课上'说数学'"是指教师组织学生在课堂上就已解答过的练习题从"说知识""说过程""说异见"和"说体会"等角度进行"说数学"。"教师点评与总结"是指教师在学生"说数学"结束之后，从数学知识和学生的非智力因素角度对"说者"进行点评，并对题目考查的知识、思想方法和解答的注意事项等进行总结提升。毕竟，学生的说并不能完全代替老师的教。

2. 教学过程简述

从课堂的现场检查结果看，多数学生能在课前完成练习卷，并规范书写解答过程。从访谈得知，部分学生需和他人讨论之后才能完成解答。该节课共有七个学生上到讲台"说数学"，有五个学生在原座位上大胆主动地"说异见"。

第 1、2 题相对简单，为常见题型：

习题 1：已知椭圆 E 的焦点在 x 轴上，长轴长为 4，离心率为 $\dfrac{\sqrt{3}}{2}$。

（1）求椭圆 E 的标准方程；

（2）已知点 A（0，1）和直线 l：$y = x + m$，线段 AB 是椭圆 E 的一条弦且直线 l 垂直平分弦 AB，求实数 m 的值。

习题 2：已知曲线 Γ 上任意一点 P 到两个定点 $F_1(-\sqrt{3}, 0)$ 和 $F_2(\sqrt{3}, 0)$ 的距离之和为 4。

（1）求曲线 Γ 的方程；

（2）设过点（0，-2）的直线 l 与曲线 Γ 交于 C、D 两点，且 $\overrightarrow{OC} \cdot \overrightarrow{OD} = 0$（$O$ 为坐标原点），求直线 l 的方程。

上讲台说的学生能很好地将该题目的考查知识点、数学思想方法、大致解答过程、解答中要注意的地方和解答后的感想体会说出来，边说边用实物投影仪呈现了自己的解答过程；在讲台上的口头语言十分清晰、姿态大方得体；针对老师的临时提问能准确流利地回答；都能在黑板上画出草图，辅助讲解。在第 1 题，学生 O 能准确地指出：求椭圆的标准方程需准确地求出 a、b、c，用到待定系数法；对于第 2 小问，他指出最好用垂直去列式，得到关于 m 的等式。说第 2 题的学生 L 能抓住"距离之和为 4"得出曲线为椭圆，然后根据椭圆的第一定义顺利求出曲线的方程。让人高兴的是学生 L 能熟练建立直线 l 的方程 $y + 2 = kx$，并对斜率 k 进行分类讨论，熟练运用 $\overrightarrow{OC} \cdot \overrightarrow{OD} = 0$ 建立含 k 的等式，最后准确求出直线的方程。教师对学生 O 和 L 进行及时评价：一是能大方得体、顺畅地将问题的解决过程和结果口头表达出来，且有条理，说和在黑板上板书相结合得较好；二是能准确说出运用到的待定系数法和分类讨论数学思想。

第 3 题的 "说数学" 出现了不少惊喜。

习题 3：已知点 P 到两个定点 A（1，0），B（2，0）的距离之比为 $\frac{\sqrt{2}}{2}$。

（1）求点 P 的轨迹 C 的方程。

（2）是否存在过点 A（1，0）的直线 l 交轨迹 C 于 M，N 两点使 $S_{\triangle MON} = \frac{\sqrt{3}}{2}$（$O$ 为坐标原点），若存在，求出直线 l 的方程，若不存在，说明理由。

第一个上讲台说的学生 Z 能准确根据 "P 点到两个定点 A（1，0），B（2，0）的距离之比为 $\frac{\sqrt{2}}{2}$"，在设好 P（x，y）之后，利用两点间的距离公式建立关于 x，y 的等式，从而得出第 1 问的解答。对于第 2 问，Z 能画出草图去分析题目，依已知条件建立直线 l 的方程，并将直线 l 的方程和轨迹 C 的方程联立成方程组，经消去 y 后得到关于 x 的一元二次方程。Z 利用韦达定理得出 $x_1 + x_2$，$y_1 + y_2$，但无法结合 $S_{\triangle MON} = \frac{\sqrt{3}}{2}$ 得出解答，只能到此结束 "说数学" 的过程。此时，教师问："为什么 Z 无法得出最后结果？" 不少学生马上指出，此方法很难计算，但确实是解决该问题的常见思路。教师引导 Z "说体会"："这些题目对我们的计算能力要求较高，我的计算能力不过关。" 教师对学生 Z 说："确实如此，这思路很常用。你的判断很准确。" 刚说完第 2 题的学生 L 又主动提出："老师，我的解法很快，计算也不用这么麻烦。" L 上台顺利地说了该题的第 2 问的不同解法。他从 $S_{\triangle MON} = \frac{\sqrt{3}}{2}$ 猜测，该解答要用到 $S = \frac{1}{2}ab\sin C$ 这一公式，从而有 $S_{\triangle MON} = \frac{\sqrt{3}}{2} = \frac{1}{2}|OM| \cdot |ON| \sin\angle MON$，由第 1 问的结果 $x^2 + y^2 = 2$ 知 $|ON| = |OM| = \sqrt{2}$，故 $\sin\angle MON = \frac{\sqrt{3}}{2}$，从而得出 $\angle MON = 60°$ 或 $120°$，用 $\cos\theta = \frac{\overrightarrow{OM} \cdot \overrightarrow{ON}}{|OM| \cdot |ON|}$ 得出 $\overrightarrow{ON} \cdot \overrightarrow{OM} = x_1 x_2 + y_1 y_2 = \cdots = 1$，最后求出 k，得出直线的方程。教师及时对全班学生说："L 的解答很好！他的猜测经过具体验证完全正确，非常好！这思路很难得，用到了不少已经学过的知识。这种探究精神值得大家学习！" 突然学生 K 接着举手，主动提出："我有不同的方法去表示那个面积 $S_{\triangle ABC}$。" 教师马上邀请 K 上讲台说他的异见。

其做法如图 5 所示，设 $M(x_1, y_1), N(x_2, y_2), S_{\triangle MON} = S_{\triangle MOF} + S_{\triangle NOF} = \frac{1}{2}$

$\mid OF \mid \ (\mid y_1 \mid + \mid y_2 \mid) = \frac{\sqrt{3}}{2}$，易求 F 的坐标，然后直接使用 $y_1 + y_2$ 的值代

入就可得到关于 k 的方程。全班学生十分认真地看着讲台上的同学的板书和听着讲解。教师高度评价了学生 K 的大胆、及时地表达自己的"异见"的勇气，充分肯定了他的解答。

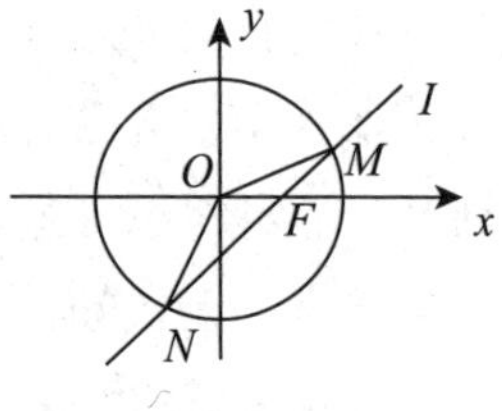

图 5

这道题共有三个学生上讲台"说异见"。三个学生在第 2 问的解法不同，主要是解题思路切入点各异。这些学生大胆主动提出异见，十分难得！三个学生的"说"都没有用到 O 到 MN 的距离表示面积 $S_{\triangle MON}$，这出乎了老师的意料。其实，这是一种常用思路。

第 4、5 题的"说"很顺利地完成。两个学生都能熟练地从题目条件出发，找准解题的切入点，投影出来的解答过程很规范。学生解题思路十分清晰，对圆锥曲线的基础知识、基本技能和基本思想方法掌握得都比较熟练。

习题 4：已知动圆过定点 $(1, 0)$，且与直线 $x = -1$ 相切。

（1）求动圆的圆心轨迹 C 的方程；

（2）是否存在直线 l，使 l 过点 $(0, 1)$，并与轨迹 C 交于 P，Q 两点，且满足 $\overrightarrow{OP} \cdot \overrightarrow{OQ} = 0$？若存在，求出直线 l 的方程；若不存在，说明理由。

习题 5：双曲线 M 的中心在原点，并以椭圆 $\dfrac{x^2}{25} + \dfrac{y^2}{13} = 1$ 的焦点为焦点，以抛物线 $y^2 = -2\sqrt{3}x$ 的准线为右准线。

（1）求双曲线 M 的方程；

（2）设直线 l：$y = kx + 3$ 与双曲线 M 相交于 A、B 两点，O 是原点。当 k 为何值时，使得 $\overrightarrow{OA} \cdot \overrightarrow{OB} = 0$？

学生在整节课的"说"超出了教师的课前教学预设，较多是生成性环节①，导致课堂未能如期完成预设的讲评任务。教师来不及做课堂总结就下课了。

（三）基于智力参与视角的教学反思

"数学学习是有意义学习，学生对数学新知识的意义的获得，是以原有的相关知识和经验为依据，运用智力的各种成分对新旧知识进行加工""完成这样

---

① 李祎. 数学教学生成论 [M]. 北京：高等教育出版社，2008，6：12，13，28.

的过程，完全是主体的自主行为，而且只有通过主体积极主动的智力参与才能实现，别人是无法替代的"①。

1. 暴露学生的数学思维是促进学生智力参与的一种有效方式

"在数学教学中，数学教师应该致力于暴露数学的思维过程，……要让学生暴露他们自己的思维过程。"② 本节课中学生的说（含讲台上的和讲台下的）都属于暴露学生自己的思维过程，教师的适时启发、归纳就属于暴露教师的思维活动。这种对思维过程的暴露，本身就是一种元认知活动，同时也暴露教师和学生自身的元认知活动，是智力元动作③。本节课的练习均为解答题，是对直线与圆锥曲线相关数学技能的综合训练。数学技能大致分为动作技能和心智技能，心智技能是数学技能的核心。心智技能的学习过程可分为认知阶段、示范模仿阶段、有意识的口述阶段、无意识的内部语言阶段④。上述学生的说属于心智技能的口述阶段，其表象趋于完善，能够用自己的语言叙述自己的解题活动的目标、步骤和依据，并对教师和同伴提出的异见给予反应。在习题 3 的讲评时，学生 Z 展示了利用常规策略无法求解出最后结果的历程，之后 L 主动讲解了自己的能避开烦琐计算的异见，接着 K 展示了自己求解 $\triangle MON$ 的面积的妙法。教师创设渠道充分暴露了学生的数学思维，需学生对这些数学问题有深层次的智力参与。总之，教师让学生去说，促进和强化了学生的智力参与。

2. "说数学"充满了智力参与

建构主义学习的主要特征是自主活动、智力参与和个人体验。数学建构主义的学习以学生的自主活动为基础，以智力参与为前提，又以个人体验为终结。个人体验有语言成分和非语言成分⑤。学生"说数学"包含了智力元动作、一般智力动作和获得数学知识的特殊智力动作。学生能顺利地书写出这些题目的解答，不一定就能将这些题目的知识点、大致的解题过程说出来与他人分享⑥。要说得科学、流畅、大方，让听者听得明白，就需要说者的智力动作（特别是思维能力和语言能力）。能"说异见"的学生首先需集中精神听清楚别人的所

① 涂荣豹. 数学教学认识论 [M]. 南京：南京师范大学出版社，2003，12：221，222.

② 同上.

③ 同上.

④ 同上.

⑤ 同上.

⑥ 钟进均. 基于元认知视角的"说数学"探究 [J]. 数学通讯，2009（12）：8－10.

说与自己的所思有何不同或有何差错，然后还要敢于表达（需观察力、注意力、语言能力）。听者并不是无所事事，而是充满智力参与。听者只有认真投入智力参与，才能及时地"说异见"，否则就会乱说！从本节课看，学生的注意力很集中，他们的智力参与侧重于反思型，即不仅对数学知识作了一般性的了解和掌握，而且还深究题目中所涉及的知识、方法、思路和策略等，在听了别人的说之后反思自己的解答，在反思中体现出智力参与。

"说数学"具有智力参与的特征，即自主性、独特性和发展性。学生在课堂上"说数学"重视个人体验的语言成分较多，体现了智力参与的自主性，即学生通过自身的主动建构，使习题中的知识的潜在意义转化为学生的心理意义。说是学生的内部信息加工的结果①，通过口头将对数学问题的自主思考过程和结果表达出来。另外，智力参与具有独特性。从上述教学过程可知，不同的学生对问题的看法（视角）也不完全相同，尽管有些解法不能最终得出解答或过程比较复杂，但是这些异见很好地反映了学生的智力参与的独特性。学生 Z、L、K 对习题 3 的不同解答就体现了这一点。其实，每一个学生解完一道题之后的体会也是不相同的。还有，学生通过说与同伴交流自己的体验，促使学生与学生之间产生"意识差"②，更进一步促进其他学生的智力参与，使得交流双方对数学问题认识、理解或者掌握得更好，即促进了智力的发展性。传统数学课堂较少重视学生的个人体验中的语言成分，而这节课就对此做了努力尝试。

3. **通过及时的激励性评价提高学生的智力参与层次**

操作型智力参与、反思型智力参与和创造型智力参与是由低到高的不同层次的三类智力参与③。在传统教学中，教师较多重视对习题解答的过程和结果的介绍，较少关注学生习题解答中的情感、态度与价值观。习题课往往成为枯燥、沉闷的"老师给（发）题——学生答题——老师讲评"线性教学流程，较多机械记忆、表面理解和程式化模仿，较少高层次水平的智力参与。新课程改革高度重视评价在数学教学中的地位和作用。本节课在学生的说和教师的评的互动之中推进。教师总在学生的说的过程之中给予恰当引导，在说之后给予及时的激励性评价，辅助学生对问题解决过程及其本质进行提炼。教师的

---

① 钟进均. 基于元认知视角的"说数学"探究 [J]. 数学通讯, 2009 (12): 8 - 10.

② 钟进均. 基于语言学视角的"说数学"探究 [J]. 数学通报, 2013 (3): 11 - 14.

③ 涂荣豹. 数学教学认识论 [M]. 南京: 南京师范大学出版社, 2003, 12: 221, 222.

及时激励性评价为说者壮胆（激励），激发学生的说的积极性（导向），将学生的智力参与水平从低层次逐步提到高层次，从而促进学生在数学课堂上的智力参与。

（四）结束语

尽管新课程改革已实施多年，但较多高三数学复习课对学生的思维力和语言能力的重视和培养仍然不足，往往多为操作型智力参与，表现为机械记忆、表面理解和程式化模仿，通过题海战术强化记忆和模仿，"满堂灌"的现象仍普遍存在，片面追求阶段性的分数；很少重视学生在数学学习中的反思型智力参与和创造型智力参与。笔者认为，提高数学教学的有效性，应致力于促进学生在课堂上有更多高层次的智力参与，提高学生的数学能力。上述案例中的课堂对促进学生在数学学习中高层次的智力参与作出了初步探讨。

四、对开展高三数学个别辅导的反思性探究

"任何较为复杂的实践活动都不可能通过简单套用某一现成的理论就可获得成功；恰恰相反，由于对象与情境的多元性与复杂性，所有的实践不可能被完全纳入任何一个固定的理论框架""我们应更加重视'实践性智慧'""借助案例进行思维""作为反思性实践者，应当高度重视案例（包括正例和反例）的分析与积累，并能通过案例的比较获得关于如何从事新的实践活动的重要启示"[1]。

以下将侧重在"说数学"的实施层面，对一个高三数学个别辅导的案例进行反思性探究。

（一）数学核心素养概述

1. 核心素养

20 世纪 80 年代后期，美国、英国、澳大利亚等发达国家或地区在以能力为本的教育改革基础上启动了标准为本的教育改革。基础的知识技能目标在各国的教育目标中逐渐发展为"掌握核心内容、培养态度倾向、运用整合推理"或"知识、能力、态度情感"三者的整合统一，就此催生了核心素养（key competency）这一概念[2]。2016 年 9 月 13 日，《中国学生发展核心素养》研究成果在北京发布。核心素养的提出，表明在学科研究、知识技能研究的基础上，向整体关注人、培

---

① 郑毓信. 课改背景下的数学教育研究 [M]. 上海：上海教育出版社，2012，8：109 - 111.
② 左璜. 基础教育课程改革的国际趋势：走向核心素养为本 [J]. 课程·教材·教法，2016，36（2）：39 - 41.

育人转变，更加强调人的综合素质、核心能力的发展。学生发展核心素养主要指学生应具备的，能够适应终身发展和社会发展需要的必备品格和关键能力；以培养"全面发展的人"为核心，分为文化基础、自主发展、社会参与三个方面，综合表现为人文底蕴、科学精神、学会学习、健康生活、责任担当、实践创新六大素养，具体细化为国家认同等 18 个基本要点①。

2. 数学素养

何小亚研究发现，国内对数学素养内涵的界定主要有两类②：第一类是由素养（或素质）概念出发，演绎出"素养（或素质）＋数学教育术语"式的定义。第二类考虑到了数学学科的特殊性，从数学素养内涵的一个或几个方面来界定数学素养，主要表现为以下 3 类数学素养观：①知识取向的数学素养观；②"知识＋能力"取向的数学素养观；③多维度取向的数学素养观。国外的数学素养观主要分为 4 种类型③：①背景需要取向的数学素养观；②数学知识取向的数学素养观；③数学过程取向的数学素养观；④多维度取向的数学素养观。在此基础上何小亚给予界定④：数学素养是指学生为了满足自身发展和社会发展所必备的数学方面的品格和能力，是数学的知识、能力和情感态度价值观的综合体。

蔡金法、徐斌艳等认为⑤，"数学素养应该是人的一种思维习惯，能够主动、自然、娴熟地用数学进行交流、建立模型解决问题；能够启动智能计算的思维，拥有积极数学情感，做一个会表述、有思想、和谐的人。也就是说数学素养至少包含数学交流、数学建模、智能计算、数学情感这四个方面"；"数学交流、数学建模、数学智能计算思维、数学情感能刻画出满足培养目标的人才所需要的素养""数学交流是学生学习数学的一种方式，同时也是应用数学的途径之一。学生在交流中学习数学语言，并运用数学语言中的特定符号、词汇、句法去交流，去认识世界""数学交流包括用数学语言与他人和自我的互动过程。'与他人互动'强调一方面会阅读并理解数学事实，能理解他人以各种表征呈现的有数学意义的文本，包括书面的、视觉化的或口头形式；另一方面以书面或口头形式评述他人数学思

---

① 冯巍巍．音乐核心素养的特征与培养［J］．课程·教材·教法，2016，36（12）：9－13.
② 何小亚．学生"数学素养"指标的理论分析［J］．数学教育学报，2015，24（1）：13.
③ 何小亚．学生"数学素养"指标的理论分析［J］．数学教育学报，2015，24（1）：16.
④ 何小亚．学生"数学素养"指标的理论分析［J］．数学教育学报，2015，24（1）：18.
⑤ 蔡金法，徐斌艳．也论数学核心素养及其构建［J］．全球教育展望，2016（11）：3－12.

维和策略。'与自我互动'意指以书面的、视觉化的或口头形式等，表达自己的思维过程、数学见解，反思、精炼、修正自我数学观点。"

3. 数学核心素养

"数学核心素养可界定为个体在数学学习实践活动中所形成的、在各种社会生活情境中积极运用数学知识和数学思维分析、解决各种问题，发挥数学应用价值，实现自身与社会持续发展的最基本、最具生长性的相关数学素养。这些素养涉及数学知识、能力、情感、态度、价值观等多个方面。"① 六个数学核心素养分别是数学交流、数学推理、运算能力、空间观念、数据处理能力、数学建模。数学交流是顶层的基础性目标，即学生通过数学学习过程，能够掌握基本的数学符号、语言，并能正确地选择和使用数学符号语言，通过口头、图表或是书面的方式表达自己的想法和观点，并在理解他人观点或是具体问题时能选择恰当的数学术语、符号、图表等工具进行表征，以及学会倾听来自不同文化背景下的数学思维方式，在理解的基础上对他人观点进行分析与评论，在主动构建论据与他人交流的同时逐步形成批判性思维②。

（二）案例描述③

笔者对在 2018 学年下学期为一个高三文科班的女学生 L 答疑的情境记忆犹新。笔者曾任教过女学生 L 的高一数学一年，对她的数学学习情况比较了解。那是高三第二学期的某一个下午的放学时间，女学生 L 拿着她的一份试题来办公室找笔者，要笔者给她讲一讲这道题（简称"习题1"）：

设 $\triangle ABC$ 的内角 A，B，C 的对边分别为 a，b，c，且满足 $\sin A + \sin B = (\cos A + \cos B) \sin C$.

（Ⅰ）求证：$\triangle ABC$ 为直角三角形；

（Ⅱ）若 $a + b + c = 1 + \sqrt{2}$，求 $\triangle ABC$ 面积的最大值.

女学生 L 抓住晚饭后的半个小时，来到年级组办公室，把题目放到笔者面前，说："老师好！能不能帮我讲一讲这道题？"笔者看到这个熟悉的、以前教过的学生来问问题，内心挺高兴的，仔细一看，原来是一道三角函数解答题。

---

① 李星云. 论小学数学核心素养的构建——基于 PISA2012 的视角 [J]. 课程·教材·教法，2016（5）：72 – 78.

② 同上.

③ 钟进均. 核心素养下"说数学"运用于个别辅导的案例研究 [J]. 中学数学杂志，2018（3）：10 – 13.

由于三角函数解答题往往是高考试卷中的第一道解答题，难度一般不大。作为任教理科创新实验班的笔者，马上就说："这题目不难啊。"笔者拿起笔快速地在草稿纸上进行分析，然后充满自信地写下了解答，具体如下（简称"解法 1"）：

解：（Ⅰ）$\because \sin A + \sin B = (\cos A + \cos B)\sin C$

由正、余弦定理，得：

$$\therefore a + b = \left(\frac{b^2 + c^2 - a^2}{2bc} + \frac{c^2 + a^2 - b^2}{2ca}\right) \cdot c = \frac{b^2 + c^2 - a^2}{2b} + \frac{c^2 + a^2 - b^2}{2a},$$

$$\therefore \frac{b^2 - c^2 + a^2}{b} = \frac{c^2 - a^2 - b^2}{a}.$$

$$\therefore ab^2 - ac^2 + a^3 = bc^2 - ba^2 - b^3.$$

$$\therefore ac^2 + bc^2 = ab^2 + a^2 b + a^3 + b^3$$
$$= a(a^2 + b^2) + b(a^2 + b^2)$$
$$= (a + b)(a^2 + b^2).$$

$$\therefore (a + b) \cdot (a^2 + b^2) = (a + b) \cdot c^2$$

$\because a + b > 0,$

$$\therefore a^2 + b^2 = c^2.$$

$\therefore \triangle ABC$ 为直角三角形，$\angle C = 90°.$

（Ⅱ）$\because a + b + c = 1 + \sqrt{2},\ a^2 + b^2 = c^2,$

$$\therefore 1 + \sqrt{2} = a + b + \sqrt{a^2 + b^2} \geq 2\sqrt{ab} + \sqrt{2ab} = (2 + \sqrt{2})\sqrt{ab},$$

当且仅当 $a = b$ 时，上式等号成立，

$$\therefore \sqrt{ab} \leq \frac{\sqrt{2}}{2}.\ \text{故}\ S_{\triangle ABC} = \frac{1}{2}ab \leq \frac{1}{2} \times \left(\frac{\sqrt{2}}{2}\right)^2 = \frac{1}{4},\ \text{即}\ \triangle ABC\ \text{面积的最大值为}\ \frac{1}{4}.$$

笔者解答完之后，主动对女学生 L 说："见到 $\sin A + \sin B = (\cos A + \cos B)\sin C$，就要想到用正弦定理或者余弦定理，由于等式两边都有 $\sin A$，$\sin B$，$\sin C$，故先用正弦定理，然后用余弦定理将 $\cos A$，$\cos B$ 展开，那就将这式子全部转化为边长来表示了。"突然，女学生 L 问："老师，没有其他方法了吗？"笔者说："应该没有了！"她说："老师，能不能将角进行转化呢？"笔者马上充满自信地说："这个等式的两边都是正弦，肯定是用正弦定理的了。你觉得将角转化能做得出来吗？"此时，女学生 L 在草稿纸上独立进行解答，笔者继续做自己的事情。大约 5 分钟后，她将解答拿给笔者看，说："老师，我做出来了，请帮我看看行不行？"她的解答如下（简称"解法 2"）：

解：∵ $\sin A + \sin B = (\cos A + \cos B)\sin C$ ，

∴ $\sin A + \sin(A + C) = (\cos A + \cos B)\sin C = \cos A \sin C + \cos B \sin C$.

∴ $\sin A + \sin A \cos C + \cos A \sin C = \cos A \sin C + \cos B \sin C$.

∴ $\sin A + \sin A \cos C = \cos B \sin C$.

∴ $\sin(B + C) + \sin A \cos C = \cos B \sin C$ ，

即 $\sin B \cos C + \cos B \sin C + \sin A \cos C = \cos B \sin C$.

∴ $\sin B \cos C + \sin A \cos C = 0$ ，即 $(\sin B + \sin A)\cos C = 0$.

∵ $A, B \in (0, \pi)$ ，

∴ $\sin B + \sin A \neq 0$.

∴ $\cos C = 0$.

∴ $C = 90°$.

看到她的解答，笔者很吃惊，想不到将角进行转化真的能做出来。此时，笔者看完解法2后马上说："真的可以哦！你很厉害啊！我刚才的想法是错误的！"凭自己多年的工作经验，笔者觉得这是一个"说数学"的好机会，让这个两年前笔者曾教过的学生"说数学"。笔者对女学生 L 说："你的解答很好！你能告诉我这道题考查的是什么知识吗？"（"说知识"）女学生 L 看着解答说："如果用你的做法来做第（1）小题，那就考查余弦定理、正弦定理，第（2）小题考查基本不等式，求三角形的面积的最值。""对，很好！你现在看来，这道题的解答步骤是怎么样的？"笔者继续问。女学生 L 看着解答，不是很顺畅地说："我认为，第一步是，看到题目的条件之后，要选择到底要用正弦定理，还是用余弦定理；第二步是，将题目条件的 $\sin A + \sin B = (\cos A + \cos B)\sin C$ 化简；第三步是，想办法得到有一个内角是90°或者边长符合勾股定理。第（2）问呢？是求面积的最大值，肯定先要将面积表示出来，那就用 $S = \frac{1}{2}ab\sin C = \frac{1}{2}ac\sin B = \frac{1}{2}bc\sin A$ 了。"接着笔者说："说得很好的！不过我觉得思路上可以再优化一些。我们审题时，要将题目条件和问题联系起来。就第（1）小题来说，我们应先看问题：证明△ABC 为直角三角形。要证明一个三角形是直角三角形，有两种方法：一是证明其中一个内角是直角；二是证明其边长符合勾股定理逆定理。这时候，再看题目条件适合我们选择哪一种方法。"女学生 L 满意地点点头。笔者接着再问："你自己在之前做这道题时，遇到了什么困难啊？"（"说体会"）女学生 L 害羞地说："我平时做三角解答题，在选择用正弦定理还是余弦定理上不熟练，有时也会计算出错。对于这道题的第（2）小问，我完全不知道该如何入手，无法将 $S = \frac{1}{2}$

$ab\sin C$ 和 $a+b+c=1+\sqrt{2}$ 联系起来，卡住了。"笔者追问女学生 L："你现在对这道习题的解题思路和具体解答清楚了吗？还有什么不懂的吗？"女学生 L 回答："没有了。老师，我觉得我刚刚做的将角转化的解法好像有一个规律。我想说一说，你看对不对？"笔者马上赞许地回答："好啊。你说吧。"她很高兴地说："$\sin A+\sin B=(\cos A+\cos B)\sin C$ 有三个角，我觉得就是要将其中一个角消掉，我刚才是用 $A+C$ 来代替 B，后来也用到 $B+C$ 来代替 A。如果不是这样，真的可能做不出来。"笔者十分高兴地说："太好了！你说得很对。在数学解题中，消元是十分常见的解题思路。以后要继续加油学习数学哦！""好的，谢谢老师！"女学生 L 回答。

（三）对案例的反思性探究

"说数学"作为一种口头数学交流形式，在数学个别辅导中也可实施，对促进和提高学生的数学素养具有独特作用[1]。

1. "说数学"能促进学生的数学素养水平的提高

"促进学生科学核心素养的整合发展，是当前科学教育实践和科学教育研究的共同期待"，"真正的科学（包括数学）学习过程是复杂的，学生核心素养的发展是多个因素交互作用的结果，往往是在某一主题下融合多个关键能力的培养，某一关键能力的培养需要在多个主题下以不同的侧重点反复进行。"[2]

按照学生获得的先后顺序和难易程度，数学素养的表现水平可以由低到高分成 3 个层次：数学知识与技能、数学过程与方法、数学情感态度价值观。以数学素养提高为目的的数学教育，要求学生理解基本的数学概念和原理，具备一定的运算、抽象、推理能力，能运用数学解决问题，会用数学语言来表达和交流，形成良好的数学情感态度价值观[3]。素质与素养密切相关。素质是指人的先天遗传特质和后天形成的能力，含有先天遗传特质的成分，而素养主要是靠后天的学习实践活动形成的，也就是说，素质中有些东西是不可教的，也是不可学的，而素养是可以培养的[4]。

在上述案例中，女学生 L 在做习题 1 时存在困难，来找笔者答疑。笔者在

① 钟进均. 高中"说数学"案例研究［M］. 广州：广东经济出版社，2017，12：250.
② 郭玉英，姚建欣. 基于核心素养学习进阶的科学教学设计［J］. 课程·教材·教法，2016（11）：64 – 70.
③ 何小亚. 学生"数学素养"指标的理论分析［J］. 数学教育学报，2015，24（1）：18，19.
④ 同上，2015，24（1）：17.

与她交流的过程中，抓住了"说数学"的契机，要她独立完成解法 2，促使她强化了三角恒等变换的知识复习，加深其对化归与转化思想的认识。通过笔者的多次提问（启发诱导），女学生 L 都给予了及时回答（"说"）。她的回答既有知识层面的，也有技能层面的，还有感想体会（情感态度与价值观）层面的。如此的说改变了传统的答疑老师提供解答的形式，是在师生互动交流之中完成了答疑，唤醒了学生对知识的记忆，实现了知识的巩固、转化、迁移以及应用，能促使学生对习题所考查的知识与技能有更深刻的认识，促进学生回顾解题的过程与运用到的方法，还激发了学生的数学学习兴趣，增强了学生学好数学的自信心。把说和写相结合，如此处理一道题的答疑，考验教师的教学智慧，不是枯燥的知识传授，而是通过教师的启发诱导，使得学生回顾解题过程与方法，形成良好的情感态度价值观，促进了女学生 L 的数学素养的提高。

因此，"说数学"不仅关注数学知识，还关注数学学习过程与方法以及情感态度与价值观，有助于提高学生的数学素养水平。

2. "说数学"有助于学生的数学核心素养的达成

学生的数学推理、运算能力、空间观念、数据处理能力、数学建模等情况光靠书面解答能全面反映出来吗？不能！学生对数学本质的理解、对数学概念结构的把握、对数学学习的态度和信念、对数学精神与思想和方法的领悟、对数学思维的掌握与运用等并非仅仅通过纸笔测验可评价的。光看上述女学生 L 的解法 2，我们能看得出她的数学推理、运算能力水平，但无法了解她的数学学习态度、信念等。"说数学"属于出声思维方式，是与他人互动和与自我互动相结合的学习方式。笔者通过女学生 L 的"说数学"，在互动中能较好地了解到她的学习情感态度与信念。"说数学"是传统的纸笔测验评价的有效补充，通过口头方式表达自己的想法和观点，并在理解他人观点或是具体问题时能选择恰当的数学术语、符号、图表等工具进行表征，以及学会倾听来自他人（老师）的数学思维方式，在理解的基础上对他人观点进行分析与评论（"说异见"），在主动构建论据与他人交流的同时逐步形成批判性思维，能有助于学生的数学核心素养的达成。

3. "说数学"有助于提高学生的核心素养

核心素养主要是指一个人成功应对实际生活中某种活动或行为所需要的胜任力或竞争力，它是由完成该种活动或行为所需要的知识、技能、态度等多种素质要素构成的综合性素质或整体性素质①。当今社会要求人具有较好的综合

---

① 林崇德. 对未来基础教育的几点思考 [J]. 课程·教材·教法，2016，36（3）：3.

素质，其中交流能力特别重要。教师的数学教学不仅是数学学科知识的传授，而且还需发挥积极的育人功能，为培养全面发展的现代人做出应有贡献。数学学习过程有时会因数学知识的抽象性、严谨性等特点让学生感到枯燥乏味。其实，只要学生对自己的学习情况"敢于交流、懂得交流、善于交流"，那他们就会学得开心，学得有劲。学生应该在数学学习中锻炼和提高综合素质，不仅是懂得解题。书面解题是数学学习的一种方式，但不是全部。"说数学"也是数学学习方式之一。素养是可以后天培养的①。因此，数学教师应通过数学教学承担起培养和提高学生核心素养的责任。

在上述案例中，女学生 L 在听了笔者的现场解答之后，并在笔者的引导下"说数学"，反应很敏捷，口头表达顺畅且有条理，准确性高，思维活跃。这充分表明女学生 L 对解法 1 的学习的基础上，有了较深刻的认识，能在很短的时间里想到解法 2，这是很不容易的。能在老师面前流利地"说知识""说过程""说体会"，说明女学生 L 在数学学习中敢于交流、懂得交流、善于交流，具有积极的数学学习情感。数学个别辅导（答疑）较多的是学生问，老师答，老师给出的往往是书面解答，很少口头解释，极少关注学生所提问题的解决过程、体会等，至多就是老师谈谈自己是如何想到解题思路的，提提解题的注意事项。可是，个别辅导应该是师生个体之间交流互动的最佳时机。教师应该把握契机，提高学生的数学交流能力，培养学生的核心素养。这样，才能最大限度地发挥数学教学的育人功能。

（四）结束语

基于学生核心素养培养的新一轮课程改革正在拉开帷幕。如何通过数学教学，基于数学学科特点，提高学生的核心素养，很值得深入研究。以上基于核心素养视角，采用案例研究法对"说数学"活动展开了反思性探究。数学核心素养到底应如何界定、划分，有哪些培养策略？目前学术界还在讨论。以上探讨仅是笔者在学习、整理的部分文献资料的基础上，结合高三数学复习实践所作的一些探索和反思。从核心素养视角反思、探究数学教学实践，应是每一个数学教育工作者的义务与责任。面对核心素养培养的教育改革大背景，立足自身的教学实践，应做出怎样的努力，如何更好地迎接、实践和探究新一轮课程改革，值得全体数学教育工作者认真思考。总之，说是伴随学生终身的一种交流方式；"说数学"能很好锻炼和提高学生的核心素养。

---

① 何小亚 . 学生"数学素养"指标的理论分析 ［J］. 数学教育学报，2015，24（1）：17.

在高中开展数学写作活动的反思性探究

1981 年英国"学校数学调查委员会"向政府提交的《Cockcroft 报告》提出了数学交流（Mathematical Communication）①。《普通高中数学课程标准（实验稿）》明确指出，要重视学生的数学交流能力的培养②。数学交流受到了国内外数学教育界的普遍重视，且被纳入了国家数学课程文件。在当前数学新课程改革中，如何在高中有效开展数学交流活动呢？为此，笔者自 2005 年 9 月起在高中开展了数学日记写作实践研究。

一、对在高中开展数学日记写作活动的反思

"数学地说"和"数学地写"越来越受到数学教育研究界的重视。以下介绍笔者在数学日记写作实践上的一些感悟。

（一）核心概念的界定

1. 数学交流活动

交流在《新华词典》③ 中的解释为：互相沟通。数学交流是指在数学教与学过程中学生之间、教师与学生之间的互相沟通、交流和学生自身的反思总结。数学交流包括数学知识的交流、数学学习体验的交流和数学问题解决心得体会的交流。活动在《新华词典》④ 中的解释为：为达到某种目的而采取的行动。数学交流活动指在数学教与学过程中学生之间、教师与学生之间以提高数学交流能力为目的的活动，包括口头交流和书面交流两种形式。

---

① 科克罗夫特. 数学算数——英国学校数学教育调查委员会报告 [M]. 范良火，译. 北京：人民教育出版社，1994：19.

② 严士健，张奠宙，等. 普通高中数学课程标准（实验稿）解读 [M]. 南京：江苏教育出版社，2004：451－453.

③ 商务印书馆辞书研究中心. 新华词典 [C]. 北京：商务印书馆，2001：487.

④ 商务印书馆辞书研究中心. 新华词典 [C]. 北京：商务印书馆，2001：439.

2. 数学日记

所谓数学日记，是让学生以日记的形式记录下自己对数学教学内容的理解、评价及意见等的文字材料，其内容包括自己在数学活动中的真实心态和想法，属于书面交流之一。

（二）研究目的、内容、意义与方法

研究目的是了解当前高中学生的数学学习过程，增强高中学生的数学学习兴趣，提高高中学生的数学学习成绩，增进师生交流和生生交流。研究内容是在高中开展数学日记写作活动。研究意义有实践新课程评价理念，将数学学习评价贯穿于学生数学学习的全过程，初步提出高中学生数学写作的有效形式，提高高中学生的数学写作意识，增强学生的数学学习兴趣，转变学生的数学学习观和教师的教学观，提高高中数学教学质量。研究方法主要有行动研究法、案例研究法、经验总结法和理论探讨法。

（三）数学日记写作的实践①

1. 数学日记的具体操作

笔者在实验班级（两个班）分别设置了一本数学日记本。该日记本是一本软皮抄，首页是数学老师的寄语。要求学生按照学号顺序每天由一位同学书写，未轮到的也可提前书写数学日记。数学日记的写作内容广泛，可以写学生对自己的数学知识、经验带有感情色彩的回味、反刍，或写对以往知识、经验进行理解、领悟和内化，进而再发现、再加工、再创造；也可写学生自己的思想情感，对数学老师的真情倾诉；也可写反思数学学习中的某些方面，发现某些问题，进而澄清有关问题，反思自己的学习过程，评价自己的学习特点，分析自己学习中的不足并提出改进意见；也可写数学学习体验，对数学教学的建议，对数学价值的认识与展现。总之，只要能对实现数学教学的三维目标起作用，哪怕只有那么一点点联系，均可纳入数学日记写作内容的范畴②。为了使老师能得到真实信息，学生写完日记后可不署名。日记本由数学科代表每天早上交给数学老师，老师及时对数学日记书写评语，然后再交回给科代表，由下一个学生书写。

2. 数学日记的分类

数学日记可分为：总结反思性日记、交流性日记、分享性日记等。

---

① 钟进均. 中学生数学写作研究［M］. 长春：吉林人民出版社，2018，12：56-58.
② 陈会彦. 数学日记领我走进孩子的世界［J］. 人民教育，2004（20）：22-25.

　　总结反思性日记是指以作者总结、反思自己的数学学习情况为主要内容的数学日记。通过独立地对所学知识进行联想、归纳、概括，学生能更好地理解和掌握数学知识与思想方法。例如，"本学期刚开学不久，就迎来了第一次的统测，多亏假期时有复习过课本，以至于这次的数学成绩不算太差，但也好不到哪去。这学期学的是必修三，我认为目前最头疼的还是算法这一部分，因为这是我初次接触的知识点，得花点时间才行。目前，我们的课程是概率部分。刚开始时，我以为以前也学过，也就没有投入太多精力，但经过一节课的学习后，才发现以前学的还是很初步的，现在的知识点还是不可小看的。不然，会输了一仗的。不久前老师让我举个关于概率的例子，但我举不出来。我以后除了多做习题外，还要多学习表达能力才行。相信这样做的话，对提高自己数学成绩很有帮助。"学生通过反思，认识自我，从而为继续充满信心地学习数学打好基础。

　　交流性日记是指作者以和其他学生或老师探讨、交流与数学学习相关的内容为主题的数学日记。交流性日记能加强师生之间、生生之间的交流，促进师生关系的和谐发展。例如，"我本人对数学颇感兴趣，因为我只有这一科是较有自信心学好的！钟老师，我与您一样，也是一个有志气、有理想的人。我希望能给我的家族带来荣誉，做一个出色的人。时常，我总会说、总会想，我可把一条路想得很明朗，但我却难以控制得到如何去走好这条路，总是在起点处便输了。我没有坚强的毅力。老师，我想请教您，如何才可锻炼自己的毅力？"

　　笔者的回复（评价）："多年的求学经历告诉我，一个人的适应力实在很重要，因为许多关键时期就在适应期。你可回想一下，在高一时，适应高中生活快的同学是否成绩比较好。成绩差一些的同学多是难以适应高中的学习和生活的。人，不能无骨气，不能无志气，同时也需十分清楚自己的奋斗目标，并且要为实现目标而付出艰苦的努力才行。要锻炼自己的毅力，就要不断地增强自己的目标意识。"

　　分享性日记是指作者以自己的数学学习感受、体会为主要内容且以和他人分享数学学习感受、体会为目的的数学日记。例如，"数学让我感到十分烦恼，却又给我带来不断的惊喜。对于数学，我一直都不太喜欢，因为计算、证明的题目真的很麻烦。有时可能想一整天，我都不能解答出来，让我做题的耐心全无了。但每当我成功地解出一道自己经过不少时间才解出的题目时，却给我带来其他学科不能比的喜悦。有了这种成功的喜悦，我更有耐心和信心去解出更多的题目。对于老师要我们同学之间多点交流数学问题这一方法，我觉得真的很有用，真的会让自己有进步，有时一些题目自己怎样解也解不出来，但经过了大家讨论或同学给我一点解题的思路，我就能很快地解答出自己苦思了很长时间都解不开的题目。对于数学，我真的觉得又喜欢又讨厌！"

3. 对数学日记的评价

我们对数学日记多采用评语式评价。

（1）评价的目的和意义。评价日记是为了全面了解学生的数学学习状况，激励学生学习的热情，提高学生的数学表达能力和数学文化素养，帮助学生认识自我、建立信心、形成良好的数学个性，促进学生的发展；了解学生的数学学习个性和改进数学教学。写评语的目的是让学生明白老师关心他（她），老师时刻关注着他（她）的努力，并鼓励他（她）在学习数学过程中的每一次尝试，为他（她）的每一次进步而高兴。

（2）评价内容主要有：数学知识与技能的理解与掌握情况；数学的情感、态度与价值观；数学思维与发展的水平；数学探索创新能力与水平；数学精神、数学思想与方法的领悟、理解与应用以及数学写作能力与水平等。

（3）注意事项。对日记的评价，既要关注学生对数学的理解与认识，又要关注他们在数学学习过程中的情感与态度的形成与发展；既要关注数学学习的结果，更要关注他们在学习过程中的发展变化。将过程评价和结果评价相结合，充分关注学生的个体差异，保护学生的自尊心和自信心，发挥评价的激励作用。撰写评语不仅是用笔写，更是用心写。撰写评语前，要反复斟酌，尽量做到贴切中肯，词肯意切，注重学生的个性差异，关注学生数学学习的闪光点，浸透老师的拳拳爱心、殷切深情。这些真挚情感往往能打动学生，让学生读起来从心灵深处受到激励。

（4）评语的类型①：

① 肯定型评语。例如，"你能找出数学学习中的问题，十分难得呀！这种醒悟并不是一时能产生的，而需一种思考，这就是反思。找准'病'了，那就差'处方'了。"

② 征询型评语。学生日记往往是用自己的眼光去看待这个五彩缤纷的数学世界、数学教学和数学学习体验，往往表达出独特的认识和见解。评价者不能根据自己的主观意志去任意修改，以至文章中美好的童贞、童趣在修改中消失。特别是学生在书写中反映出的教学中的问题，要用征询学生意见的言语、语气

---

① 张奠宙，马岷兴等. 数学学科德育——新视角·新案例［M］. 北京：高等教育出版社，2007，5：194－195.

去评价。例如，"你的作文中讲到了你很喜欢初三时的数学老师，那你能在这里详细地介绍一下他的数学教学方法吗？我很渴望知道！""你的想法很好！你是怎么想到的呢？当你得到该题的解答时，你有何感受呢？"

③ 指导型评语。指导性评语包括两个方面：一是对日记写作的指导评语；二是对日记中所反映出来的数学学习中的困惑等予以点拨、指导的评语。例如，"你的写作内容可是反映你近来的数学课堂学习感受""年轻时不努力，老了多是后悔，那时就寄托希望于下一代"。

④ 欣赏型评语。学生的作品中会出现许多使教师意想不到的惊喜。这种惊喜或是惊妙之语，或是独特的发现与发明，或是富有想象力的科学幻想等。这时教师写评语时一定不能吝啬赞赏的语言，应从欣赏的角度去评价。例如，"你写的这一篇日记很好，十分深刻地总结了自己近一个月的数学学习情况，就具体章节知识的学习情况也进行了分析。我读高中时可比不上你今天的水平。加油吧，相信你会有更大的进步！"

⑤ 交流型评语。阅读日记就是在走进学生的内心世界。教师可利用此机会写上交流型评语。例如，"我建议你要有多一分踏实，也就是多一分认真与投入于学业。要搞好学业，必须有踏实的心态。我早就对你说，你很聪明，一点也不笨，就差一份踏实，对吗？"

⑥ 点评型评语。这类评语是指既有肯定的部分又有提出不足之处、与作者进行交流的部分，还有对作者提出的期盼和建议等。它是日记评语中用得最多的一种评语。例如，"首先，我十分欣赏你的这一篇日记，写得十分好。我看得出你在不断地追求进步。你能认真反思自己的不足和学习过程真的很难得。其次，我认为，你一定要学科平衡发展，否则高考会很吃亏。最后，你能与他人展开学业竞争很好。只有和他人竞争，自己才能有更强的学习动力。"

⑦ 研究型评语。这类评语学术研究的味道很浓，启发性很大，特别是对笔者更有价值。例如，"你提的问题很好，如果将题目中的 $AB = AC$ 删除，那么此题应该怎样解答呢？如果题目的条件不变，把结论改为'证明 $\triangle ABC$ 为等边三角形'，那该怎么证明呢？"

4. 数学日记写作活动的实践效果

（1）有利于因材施教。数学日记不仅为数学教育中关于学生的心理、思维、非智力因素等方面的研究提供了第一手资料，而且还为教师从学生的思维视角出发来设计教学方案提供了有价值的信息。数学日记的妙用，不仅让学生真切感受到数学就在身边，培养了他们运用数学的意识，而且有利于信息反馈，教师可从中了解学生对知识的掌握程度，以及他们在学习态度、方法上存在的问题，便于因材施教。

（2）增进了师生交流。不少学生在数学日记中谈到了自己的家庭情况和学习心理环境的变化，也有谈到数学知识的应用方面的问题，还有学生向老师寻求数学习题解答和了解老师数学学习经历等。数学日记的内容多种多样，丰富多彩。老师及时、诚恳、有针对性的回复言语深受学生喜欢。从实践看，绝大多数学生很在乎老师对上一篇日记的评语，在写日记时，多是先认真看看前面的内容以及老师的评语。我们经常看到不少学生在课后围着数学日记本，抢着看老师的评语。数学日记成了师生交流的重要载体。

（3）促进了学生的数学素养的生成。日记对培养学生的数学素养的作用发生在学生写作的过程中，反映了作者的数学思维过程及数学学习情感、体会。暂不考虑学生思考得正确与否、存在哪些不足，从整篇作品来看，学生积极主动地思考数学问题，反思数学学习习惯、方法、过程和交流数学学习心得体会，并且乐意投入去写，这些说明学生利用书写日记进行了数学的思考，无疑对学生的数学学习非常有益。同时，日记让老师更加清楚地了解学生的无声思维过程和学生在数学学习过程中的酸、甜、苦、辣，通过回复评价，教师可渗透情感、态度和价值观教育，使得教学更加有效。

（4）促进了教学相长①。在新课程改革的今天，强调教师的教与学生的学需适当平衡。这其中教师与学生的真诚地沟通非常有必要。日记正好为师生提供了一块极好的交流热土。只有真正地了解学生，才能真正把学生当作一种课程资源，将数学教育课程改革深入本质层面，为学生在数学方面的可持续发展打下坚实基础。情感、态度和价值观目标已成为新课程教学目标的重要方面，教师应更多地倾听发自学生内心的声音，依据学生的真实感受，去调整自己的教育教学方法和策略。如此，教师的教促进学生的学，而学生的学也促进了教师的教。

（5）数学学习成绩显著提高。经过近半年的数学日记写作活动的实验研究，结果表明：实验组的成绩相对有了较大地提高。实验组和对照组前测成绩 z 检验的结果 $p=0.147>0.05$，两组的前测成绩的相伴概率为 0.150（大于 0.05），这充分证明了两组的前测成绩无显著差异。但随着数学日记活动的逐步深入，两组的数学月统测成绩出现了显著性差异。在统一试题、统一考试时间和统一流水

---

① 陈会彦. 数学日记领我走进孩子的世界 [J]. 人民教育，2004（20）：22-25.

式封闭阅卷的前提下，随着活动时间的延长，两组的数学成绩差异逐渐显著。统测的成绩差异十分显著（$p = 0.003$ 远小于 0.03，$z = 2.974$），平均分差异达到了 9.5540，而实验前测成绩 $p = 0.147 > 0.03$，平均分差异为 4.754。实验组学生成绩显著提高了（从最高分、平均分和最低分都可看出）。

5. 总结与展望

数学交流的研究已引起数学教育界的广泛重视。数学日记是数学交流的重要媒介之一。我们的数学日记写作活动的实践，提高了学生的数学学习兴趣，开拓了师生沟通的渠道，增进了师生交流，使得学生的数学成绩逐步提高。但是，还有一些环节值得继续研究，比如，每天只有一个学生书写日记，在一个学期里一个学生在这个日记本上至多写 3 次，这样的操作能满足学生个体的需要吗？还有，老师对某学生的日记给予了及时评价，该学生如有继续写下去的交流冲动，那该学生是否还有机会写呢？如果安排每个学生设立一个日记本，每周写一次数学日记，那效果又会怎样呢？我们将为此继续努力探究。

二、对一个高中数学日记案例的反思性探究

自 2007 年以来，笔者在自己的数学教学实践中都坚持实施数学写作活动。在学期初就设立一个数学日记本。该本子的具体使用操作如下：教师书写数学日记的第一页提示语（介绍书写数学日记的必要性，提出对学生的数学学习的期望），专设一个科代表负责收发数学日记本；由科代表安排学生轮流写数学日记：一般情况下，每天由一个学生写一篇日记，然后由科代表收上本子交给老师当天批阅，之后再由老师把本子给科代表，让其布置下一个学生去写日记。学生在日记本上可写数学学习的感受，可写就某个数学问题谈自己的想法，也可写对数学老师的课堂教学情况进行评价等。

以下是学生 W 写的一篇数学日记，具体内容如下（这是学生 W 所写的原始语言）。

前些天，在做一道练习题的时候，最终的结果让我获益匪浅。

题目是这样的：若动点 (x, y) 在圆 $(x-2)^2 + y^2 = 4$ 上，求 $3x^2 + 4y^2$ 的最大值。

以下是我的解题思路。

解：由 $(x-2)^2 + y^2 = 4$ 得：$y^2 = 4x - x^2$，

所以 $3x^2 + 4y^2 = 3x^2 + 4(4x - x^2) = -x^2 + 16x = -(x-8)^2 + 64$.

∴ 当 $x=8$ 时，$3x^2+4y^2$ 的最大值为 64.

可是，当我对了答案之后，发现正确答案是 48，而不是 64。这让我百思不得其解。因为按照常理，化简到 $-(x-8)^2+64$ 时，可以知道是个二次函数，且此函数有最大值。难道是答案错了？

于是，我再回头看题时，发现了一个隐含条件，就是题目所说：(x,y) 在 $(x-2)^2+y^2=4$ 上，圆心为 $(2,0)$，$r=2$，x 的取值范围应为 $[0,4]$（可以在坐标轴上大致画出图像），而我取的值为 8，不在 x 的取值范围内，因此导致了最终答案的错误。

从这道题中，我深刻明白到，当答案算出来之后，还要讨论是否有意义，也联想到一些题型的易错点，如两直线平行或斜率，这里容易忽略斜率不存在的情况。以及方程表示圆的条件，即要判断 D^2+E^2-4F 是否大于零。

笔者所给的评语是："一个会学数学的人是会反思的。首先，W 同学的原解答是一种极常见的错误，忽略了 x 的取值范围；其次，他将整道题的反思过程写得很清晰，已深刻知道自己的原解答错在哪里，真不错！10 班的同学极有前途！"

对此数学日记，笔者做出了以下反思：

1. 数学日记拓展了师生交流的平台

从知识的表征角度看，"数学知识可分为陈述性知识、程序性知识和过程性知识三类。陈述性知识是关于事实的知识，是人所知道的有关事物状况的知识。程序性知识是关于人怎样做事的知识，即由完成一件事所规定的程序、步骤及策略等组成的知识""过程性知识是伴随数学活动过程的体验性知识。体验分四个阶段：①对知识产生的体验；②对知识发展的体验；③对知识结果的体验；④对知识应用的体验。过程性知识是一种内隐的、动态的知识。首先过程性知识没有明确地呈现在教学材料中，而是隐性地依附于学习材料，在学习的过程中潜在性地融会贯通。其次过程性知识始终伴随着知识的发生和发展过程，学习者只能在学习的过程中去体验，体现出过程性知识的动态性。"①

通过对传统数学作业的实践与反思，笔者认为，我们需要拓展师生交流的平台。传统的数学教学中，老师很重视数学课后作业的布置和批改。老师通过批改作业，能了解到学生对数学知识（含新知识和旧知识）的掌握情况。部分老师还喜欢在作业本上偶尔写一写自己对学生的作业情况的评语。数学作业本

———————

① 喻平．数学教育心理学［M］．南宁：广西教育出版社，2004，8：103 - 108.

成了师生之间很有限的交流媒介。传统的数学作业较多反映的是学生的明确知识情况，较少反映学生的默会知识情况。我们通过批改作业本能知道学生对某个数学问题的解答是否正确，但无法得知这些对与错背后的艰苦付出，无法知道学生在解答这些问题之中的过程性知识。许多老师除了在数学课堂上与学生交流之外（课堂上的交流多是面向全体），很少与学生从明确知识和默会知识两个方面进行交流；同时面对几十个学生，很难做到教师与学生个体之间的交流。如果不是学生 W 书写上述日记，那么我们怎么知道他的"百思不得其解"和"深刻明白"以及两者之间的思考历程呢？教师在阅读数学日记之后给予了及时的回复（表达老师的意见）。可见，让学生书写数学日记，能拓展师生交流的平台，有助于教师更好地备好学生、因材施教。

2. 数学日记是学生进行反思性数学学习的重要阵地

涂荣豹先生指出①，反思性数学学习就是学习者对自身数学学习活动的过程，以及活动过程中所涉及的有关材料、信息、思维、结果等学习特征的反向思考。反思性数学学习的基本特征是它的探究性，就是在考察自己活动的经历中探究其中的问题和答案，重构自己的理解，激活个人的潜能，并在活动所涉及的各个方面的相互作用下，产生超越已有信息外的信息。案例中的学生 L 在日记中先详细介绍了自己的初始解答；然后介绍了自己是如何发现错误的；再介绍了自己是如何继续探究，最终找到错误的原因并得出了正确的解答；最后他还介绍了自己经历这道题的解答历程之后的感想。这就是 L 对自身数学学习活动的过程、思维、结果等的一次反向思考。整个反思过程充满了探究性，对学生 L 而言，无疑是深刻且有益的。数学教学需培养学生的反思意识，形成反思习惯。如何才能做好这一点呢？学生在老师的引导下书写数学日记，通过数学日记进行数学学习反思，应是一种值得尝试的方式。

3. 数学日记是教师践行过程性评价的重要渠道

华罗庚先生说："学生只看到了黑板上的答案，而不知道老师为寻求这个答案所经历的艰苦过程，就以为老师特别聪明。老师为了解难题可能在昨天夜里冥思苦想甚至彻夜不眠……我们不但要学习老师的成功之处，更要学习老师如何从失败中走出来，而这种走出失败的过程在书本上是学不到的。"② 过程性评价不是对微观意义上的学习过程的评价，也不是只注重过程而不注重结果的评价，

① 涂荣豹 . 试论反思性数学学习［J］. 数学教育学报，2000，9（4）：17-21.
② 刘云 . 数学大师华罗庚的治学瑰宝［J］. 中学生数学，2004（3）下：15.

而是对课程实施意义上的学习动机、过程和效果的三位一体的评价，或者说是人的生命意义上的学习评价①。"课程标准"指出，"应将评价贯穿数学学习的全过程，既要发挥评价的甄别与选拔功能，更要突出评价的激励与发展功能"。

如何了解到学生更多的数学学习过程，如何对学生的数学学习过程进行评价，这绝对不是单靠成绩就能完成的，应将定性评价和定量评价相结合。数学日记的内容可以是学生对某一个数学问题的多种解答；可以是学生对老师的解答的辩驳和质疑；可以是学生对自身数学学习的反思；可以是学生对某一个数学问题的解答的评价；可以是学生对一个数学问题的错解的剖析等。这些都是学生数学学习过程的重要组成部分，是学生从书本上难以学到的东西。从实践看，教师对数学日记的评语较多属于及时的、激励性的定性评价，从多角度挖掘学生在数学学习过程中表现出的闪光点。所以，数学日记是教师践行过程性评价的重要渠道。

4. 数学日记是学生之间数学交流的主要媒介之一

从具体操作看，轮到书写数学日记的学生可以看到之前的数学日记的内容，也可看到老师所写的评语。笔者观察发现，很多学生很喜欢看老师的评语，经常有学生在课室里围观、讨论这些评语，甚至，老师的评语成了班级讨论的重要题材。这样，学生所写的日记、老师所写的评语在全班学生中都能得到传阅、交流。上述案例描述的错误不仅对 L 影响深刻，相信其他学生阅读之后也颇有同感。L 对数学问题解题的反思、执着精神随着日记本被传阅会感染其他同学。笔者在实践中曾出现过：连续十个学生围绕一个数学问题先后在数学日记本上写下了自己的看法，老师也在每一个学生的日记之后发表了自己的意见。这就像博客中的跟帖一样，数学日记本成了学生之间、师生之间交流的主要媒介。

数学日记属于数学写作的一种形式，在国外重视的较早，成果较多，但在国内数学教学实践中尚未得到较多重视。如何创新数学日记的形式、操作程序；如何指导学生写好数学日记；如何将数学日记评价纳入学生的期末数学学习评价之中等，都值得进一步研究。

三、基于知识分类视角对高中数学日记写作案例的反思

以下，首先呈现一篇高中学生书写的数学日记，然后基于知识分类视角，

---

① 黄甫全. 课程与教学论［M］. 北京：高等教育出版社，2002.

对其展开探究。为了强化探究的真实性、典型性和学术性，我们展现的是一篇数学日记的原貌①。

（一）数学日记的展示

4月12日 马××

数学日记，这是我一直以来都非常抵触的东西。因为我总觉得，数学这门学科，想要学好，就是得靠刷题，靠题海战术。况且我们是理科生，为什么要写这种文绉绉的东西呢？我有点不解。

但看到前面37位同学的日记，我真的感受很深。大家都写得这么认真，总结了很多学习方法，做题技巧，有不解，有疑惑，但更多的是启示与顿悟。我体会到，写日记这种方式，真的可以帮我们梳理清学习思路，在数学这条路上走得更自得、更长远。

我发现，写日记的好处真的是大大的！

那么，就先从一道题说起。

题目：$\cos 20°\cos 40°\cos 80° = $ _____？

这是钟老师某次上课分享给我们的题，乍一看似乎非常简单，没有含参，没有复杂的形式，简洁明了。答案似乎呼之欲出。但仔细想想，却无公式可用，令我的思绪闯入了死胡同。

我静下心来观察：

首先，题目是三个角的余弦值相乘，这三个角有什么特点呢？$20\times2=40$，$40\times2=80$，我发现三个角被2倍的关系联系在一起。回忆所学知识，有关2倍的三角函数公式有吗？有的！"$\sin 2x=2\sin x\cos x$"。可这个公式能用吗？不能吧，公式里有的 $\sin x$，题目中却没有，基础条件不满足。

但再仔细想想，条件是可以自己创造的！没有 $\sin x$，但解题又恰巧需要 $\sin x$，那怎么办？给它补一个 $\sin x$ 不就行了吗？有借有还，上面乘了，下面就得除一个 $\sin x$。于是乎，题目就变成 $\dfrac{\sin 20°\cos 20°\cos 40°\cos 80°}{\sin 20°}=$ _____？

这下好办了，我们开始动手解题！

$$原式=\dfrac{\dfrac{1}{2}(2\sin 20°\cos 20°)\cos 40°\cos 80°}{\sin 20°}=\dfrac{\dfrac{1}{2}\sin 40°\cos 40°\cos 80°}{\sin 20°}$$

① 钟进均. 基于知识分类视角的高中数学日记案例探究 [J]. 数学通讯, 2019 (9): 1-4.

$$= \frac{\dfrac{1}{2} \cdot \dfrac{1}{2} \left(2\sin 40°\cos 40° \right) \cos 80°}{\sin 20°} = \frac{\dfrac{1}{2} \cdot \dfrac{1}{2}\sin 80°\cos 80°}{\sin 20°}$$

$$= \frac{\dfrac{1}{2} \cdot \dfrac{1}{2} \cdot \dfrac{1}{2}\sin 160°}{\sin 20°} \text{①}$$

接下来的化简过程，一目了然，一气呵成。

再观察①，①中的160°角与20°角互补，显然可联想到用诱导公式化简。$\sin 160° = \sin \left(\pi - 20° \right) = \sin 20°$，这是一个令人满意的结果。

最后，①就变成了：原式 $= \dfrac{\dfrac{1}{2} \times \dfrac{1}{2} \times \dfrac{1}{2}\sin 20°}{\sin 20°} = \dfrac{1}{8}$。

这是一次多么酣畅淋漓的解题过程！解题解得多，突破口也找得妙，但如果不加思考，不回顾与整理，那就不能把自己良好的思考方式传承下去，把效益最大化。

我总结，收获有三：

（1）不盲目解题。拿到一个题目，先审题，寻找此题与众不同之处——那往往就是突破口。

（2）学会创造条件。在不改变原式结果的前提下，为运用已学的公式，自己创造条件，化未知为已知。

（3）善于联想，触类旁通。解题时，一定要把思维活跃起来，把知识连成一张蜘蛛网那样，保持一颗敏感的心，一看到这个知识，就想想和它相关联的那个知识……

日记的最后，我想说，数学是一门博大精深而魅力无穷的学科！！！想要学好它，努力重要，思维很重要，学会总结更重要！

共勉！

老师评语：

这篇日记属于十分优秀的日记之一，为什么呢？

（1）作者用十分平实的语言表达了自己对数学日记的不同看法，前后差异巨大。

（2）作者选取了一道十分典型、解题思维要求较灵活的题去论证自己的观点：数学学习要重视思维培养。这道题是我在高中时曾接触过，令我印象特深的一题。作者并不是直接给出解答过程，而是用自己的文字将解题历程（含思维过程）表达出来，让人喜欢。如此暴露自己的数学解题过程十分有益。

（3）作者在文后总结出"三大收获"，水平较高，准确、到位，具有极好的交流价值。

看到作者的数学成绩在提高，由这篇日记我又深深地感受到她对数学有了更深入的认识，相信她会不断努力，继续探究数学的精深与魅力。

（二）基于知识分类视角对数学日记写作的反思性探究

人们头脑中的知识按外在化程度可分为两类①：明确知识与默会知识。明确知识（也叫明显知识），它是显现的，主要是关于客观世界的事实与原理的表达，解释现实世界是什么、为什么的问题，它可存于书本之中，可进行编码储存和传递，能在实践中加以运用和批判性反思，具有逻辑性、共享性和批判性等特征；默会知识（也叫缄默知识）是人们头脑中潜在的，主要是关于人们对客观现实世界的知识与原理的理解、获得过程的表述，以及对知识与技能的领悟过程的描绘。

从默会知识分析可知，书写数学日记对数学学习、教学评价等都有重要的意义②。

1. 数学日记是数学交流的有效形式之一

书写数学日记是学生自我构建数学知识的过程，是学生根据自己的经验背景，以自己原有的知识经验为基础，对外部信息进行主动选择、加工和处理的过程。数学学习信息是被学生大脑反映或加工的物质，这种反映和加工会引起学生的意识体验。数学学习过程是数学知识、数学学习体会等的信息储存、传递、检索、加工、转换等过程。通过数学日记可实现明确知识和默会知识的交流，是数学交流的有效形式之一。

2. 书写数学日记能锻炼学生的数学语言运用能力

苏联数学教育家斯托利亚尔说过："数学教学也就是数学语言的教学。"③"思维有它自己的结构。从思维到语言的过渡并不是一件容易的事""思维到词语的过渡需运用思想中的意义来引导""表述思想的路径首先是从思维到意义，然后才化为语言，变成语句。"数学学习中的一些思维过程，可能较多地借助内

───────────────────

① M. Polanyi. The Study of Man ［M］. London：Rout ledge & Kegan Paul，1957.

② 钟进均. 中学生数学写作研究 ［M］. 长春：吉林人民出版社，2018，12：66 – 71.

③ ［苏］A. A. 斯托利亚尔. 数学教育学 ［M］. 丁尔升等译. 北京：人民教育出版社，1984：224.

部语言活动来实施。学生一步一步地推理，在脑海中尝试进行时，就不会是完整、连贯、细枝末节、面面俱到的。这种思维形式要最终转化为书面的、前因后果有条不紊地证明语言，就可能出现语言上的难点和问题①。学生准确灵活地掌握了数学语言，就等于掌握了进行数学思维、数学表达和交流的工具。如果数学语言不过关，就难以阅读和交流；难以准确表达自己的思想；难以听懂、看懂别人用数学语言表达的观点②。书写数学日记包含了明确知识和默会知识相互转化的过程，让老师更清楚学生的数学语言障碍，也让学生得到更多锻炼数学语言运用能力的机会。

3. 书写数学日记能培养学生的数学学科监控能力

所谓数学学科自我监控能力，是指学生为了保证数学学习的高效和成功，而在整个数学学习过程中，将数学学习活动作为意识对象，对其进行积极主动的计划、检验、调节和管理，从而实现学习目标的能力③。书写数学日记需要作者在具体从事写作之前，预先设想写作的计划、步骤和策略，具有思维的预见性。在写作的过程中，注意内容的逻辑性、程序性和层次性，既要注意书写工整、美观，又要重视内容。尽管是书面表达自己所熟悉的内容，也需要作者有一定的自我监控能力，一定的默会知识水平。数学日记写作使得作者的默会知识明显化，反省的、监控的思维特点越来越明显，也让数学思维的自我调节能力明显化。

4. 数学日记开拓了教师对学生数学学习的过程性评价的渠道

"课程标准"指出："学习过程的评价，应关注学生是否积极主动地参与数学学习活动；应当重视考查学生能否并有条理地表达数学内容；应关注学生能否不断反思自己的数学学习过程，并改进学习方法。教师要关注学生能否在解决问题的过程中，既能够独立思考，又能够与他人很好地交流与合作；能否将解决问题的方案与结果，用书面或口头等方式比较准确地表达并进行交流。在评价中，教师要注意肯定学生在数学学习中的发展和进步、特点和优点。实施促进学生发展的多元化评价，包括评价主体多元化、方式多元化、内容多元化和目标多元化等。"④

---

① 李士锜. PME：数学教育心理［M］. 上海：华东师范大学出版社，2005：182 - 184.
② 邵光华，刘敏海. 数学语言及其教学研究［J］. 课程·教材·教法，2005（2）：36.
③ 章建跃. 中学生数学学科自我监控能力［M］. 上海：华东师范大学出版社，2003：5.
④ 严士健，张奠宙等. 普通高中数学课程标准（实验稿）解读［M］. 南京：江苏教育出版社，2004：451 - 453.

总的来说，教师对学生的数学学习的评价既要重视明确知识的评价，也要重视对学生的默会知识方面的评价。数学日记评价不仅能重视具体的数学知识，还能重视学生对数学问题的不同见解、解决数学问题的过程和体会，重视作者的书面表达能力等，因此它是教师对学生数学学习进行过程性评价的有效渠道之一。

5. 书写数学日记能激发学生的数学学习欲望

"自我效能水平的高低影响个体对任务的选择、付出的努力以及在困难条件下对活动的坚持性。""成功经验提高效能期望，反复的失败降低效能期望。"① 老师对数学日记的评价重视对学生数学学习的明确知识和默会知识的评价，克服了传统教学多重视明确知识而少关注默会知识的不足，多角度提高学生数学学习的自我效能感。有的学生经过十分艰辛的解题历程，得到的结果却是错误的。他勇于反思、总结，将自己的解题体会书面表达出来，和同学们分享。如此的学生理当得到老师的表扬，因为其不畏艰苦、对数学学习执着面对、敢于分享的精神值得倡导。学生如此的解题过程，从明确知识角度看，收获不多，但就默会知识来讲，明显超过了明确知识，因为其真正参与了数学解题全过程，反思和总结了自身的思考历程，包括经验和教训。若能及时得到老师的激励，该学生的数学学习热情一定会有所提高。

（三）结束语

数学日记是学生之间、教师与学生之间进行知识与技能，过程与方法，情感、态度与价值观等交流的重要渠道。默会知识在人们掌握知识以及面对实际问题的各阶段起着向导作用，使得我们重新建构学习的概念，要求我们重新分析教学的任务②。从某种意义上讲，只有借助默会知识的力量，人类所有的明确知识才能发生和发展，知识的创新才有源泉。默会知识要求教学内容不仅要包括书本知识（主要是明确知识），而且也要包括学生的个体经验和情感体验。上述数学日记既有明确知识也有默会知识，让我们清晰地了解到了学生数学问题解决过程中复杂的思维历程和丰富的情感。如何更好地通过数学日记写作，促进学生将默会知识明显化及更好地实施情感、态度与价值观教育，还有待继续研究。

四、对中学生数学写作的评价的总结与反思

评价在课程实施中起着激励、导向和质量监控等作用。关于新课程的评价

---

① 喻平. 数学教育心理学 [M]. 南宁：广西教育出版社，2004，8：139-140.

② 曾小平，吕传汉，汪秉彝. 从默会知识例析数学教学 [J]. 中学数学研究，2008 (7)：3-6.

理念，在《基础教育改革实施纲要》中有明确的表述："改变课程评价过分强调甄别与选拔的功能，发挥评价促进学生发展、教师提高和改进教学实践的功能""建立促进学生全面发展的评价体系。评价不仅要关注学生的学业成绩，而且要发现和发展学生多方面的潜能，了解学生发展中的需求，帮助学生认识自我，建立自信；发挥评价的教育功能，促进学生在原有水平上的发展。"笔者以此为依据，在对十多年的数学写作实践的深刻反思、探究的基础上提出了中学生数学写作评价方案，经过近五年的实践、改进和完善，得出了以下成果。值得一提的是，以下这些结论并不是笔者在开展数学写作活动之前拟定的，而是在十几年的实践过程中，不断反思，逐步改进和完善后提炼出来的①。

（一）评价的目标

评价是中学生数学写作的一个十分重要的环节。为何如此说呢？老师对数学写作成果的评价能引领学生数学写作内容的方向、范围和质量；能激励学生写作的积极性；能引发数学写作共同体的交流动力、深度、范围以及影响到数学写作的整体质量。我们认为，数学写作的评价目标是：通过数学写作评价，学生增强对数学写作的功能的认识，逐步树立正确的数学观和数学学习观，逐步形成较好的批判性思维，增强反思性学习能力、合作交流意识和书面表达能力，提高学生数学学习的元认知水平。

（二）评价的内容

中学生数学写作评价主要关注数学写作成果里的数学知识、数学问题解决技能与方法，以及数学学习的情感、态度与价值观，还有学生书写文字语言的准确性和态度等。

数学写作，顾名思义是与数学相关的写作活动。对数学写作的评价必须关注成果里的数学知识是否有错误（科学性）；关注成果里涉及的问题解决的技能与方法是否准确、优化（过程性）；关注书写者（学生）的文字语言呈现的情感、态度与价值观是否健康、积极向上（情感性）；也关注数学写作成果的结构是否合理、内容是否有价值、举例是否典型、论证是否有理有据等。

（三）评价的方法

我们采用的数学写作评价方法主要是书面评价、口头评价和展示性评价相结合。在这三种评价方法当中，以书面评价为主，也就是评价者在数学写作成果上书写评价意见；其次是口头评价，即教师、学生（或者家长）对数学写作

---

① 钟进均. 中学生数学写作研究［M］. 长春：吉林人民出版社，2018，12：112–118.

成果进行口头评价；最后是展示性评价，即教师把优秀的数学写作成果利用实物投影仪投影出来，或者复印张贴在教室里，或者制作成宣传海报，在校园里展览。

这三种评价方法都十分重要，功能各异。书面评价意见持久性强，可以一直保留在数学写作本上，让书写者和阅读者容易查阅。口头评价很便捷、信息量大、容易进行，并且面向书写者的口头评价和面向全班学生所作的口头评价，其效果有些差异，后者的激励性通常更强些。展示性评价也是持久性强，如果把数学写作成果复印张贴在班级教室里或者制作成宣传海报在校园里展示，那对书写者本人的激励十分巨大；如果教师把数学写作成果在课堂上用实物投影仪投影出来展示，再加上口头的现场评价，那对书写者的激励也很大。

需要强调的是，由于当前的高考都没有考查到"数学写作"，所以如果教师不重视对数学写作的评价，那就容易出现学生对数学写作不重视，甚至慢慢地产生排斥心态，不利于数学写作的组织实施，甚至会出现学生认为数学写作没用、不利于提高数学成绩。因此，数学写作评价的方法运用十分讲究策略，需要多种评价方法有机结合，提高评价的效能。

（四）评价的原则

数学写作的评价原则主要有科学性、客观性、学科性、启发性、发展性、激励性、过程性、反思性、交流性。"科学性、客观性、学科性"侧重对数学写作内容的评价，"启发性、发展性、激励性"侧重在数学写作评价的功能，"过程性、反思性、交流性"侧重对数学写作的功能的评价。

科学性原则，是指对数学写作的评价要遵循评价的科学性，如数学知识是严谨的、可推理验证的，对于数学写作中的数学知识、推理过程等，评价者一定要认真阅读、审查，发现有错误，就要及时指出、订正。有时学生在数学写作本上将自己的困惑摆出来，寻求老师或者同学的帮忙指正，也有出现书写者自己想到的一题多解等。这些具体的数学知识不会因书写者的不同而改变其科学性。评价者要秉持公正、公平，不要因为自己和某个书写者感情好，就掩盖其书写的错误。评价的科学性、严谨性也是数学学习的价值观体现，让学生逐步形成科学地看世界的意识。

客观性原则，是指评价者要尽量站在客观的角度评价数学写作成果，不能存在性别歧视，不能基于个人感情基础，不能认为"这个学生的数学考试成绩不好，其数学写作成果的水平就不高"；不要因为这个书写者是数学科代表，老师写的评语就特别好、特别多、特别用心。教师应认真、努力引导数学学习共同体内的成员客观对待数学写作成果。秉持对事物评价的客观性，也是评价者的辩证唯物主义世界观的体现。所以，数学写作评价应尽量做到对事不对人，力求公平、公正。

学科性原则，是指数学写作内容应该具有一定的数学学科特点（或者称为数学味）。

启发性原则，是指评价者在评价时要适当提出具有启发性的意见，让书写者、阅读者受到一定的启发。例如，老师在书写评语时，可以提出"如果改变题目中的条件……那应如何解答？"你能举出一个反例吗？你能提供运用该定理来解答的习题吗？等等。启发性原则是数学教学的重要原则之一，当然也应该是数学写作的原则之一。

发展性原则，是指评价者要用发展的眼光来看待学生的数学写作。学生的数学写作能力必然存在差异，有的写得很好，有的写得不是很理想。模仿，对于学习数学写作很重要。例如，在班级数学日记中，写第一篇的学生未必能写得很好，写第二篇的学生在阅读完第一篇成果和有关评价之后，会了解写作的要求以及评价标准，模仿第一篇去写，那就容易写得好一些。有的学生现在书写得可能不是很好，但评价者应首先发掘作品的优点；其次在指出不足的同时，提出可以努力的方向，提出自己对书写者的书写信心。这样，评价才能较好地对书写者的成长具有发展性的作用，让书写者慢慢地学会数学写作，在数学学习上取得更好的发展。

激励性原则，是指评价要以激励书写者的发展为出发点，而不是打击、挫伤书写者的数学写作积极性，要充分考虑书写者的心理需求。尽量通过数学写作评价，来激发书写者、阅读者的数学学习积极性，甚至使所有数学学习共同体成员受到激励，更加积极地参与数学探究。

过程性原则，是指评价者要关注数学写作成果是否描述了一个问题解决的过程，或者某一个想法的来龙去脉，或者产生某一个观点的原因。也就是说，评价要重视过程，不仅仅是结果。譬如，一个学生写到了自己对一个数学问题的思考，就要写出来自己解决整个问题的全过程，包括如何审题、如何一步一步得出解答过程、得出完整的解题过程之后有什么感想体会等，不能只是给出这道题的解题过程就算了。

反思性原则，是指对数学写作作品的评价应尽量能促进书写者或者其他阅读者的反思。

交流性原则，是指对数学写作作品的评价应有利于书写者和阅读者之间的交流互动。针对数学写作的交流互动能强化数学学习共同体的成员对作品的了解和认识，激发思维碰撞，深化数学学习。

（五）中学生数学写作的评价实施

评价是教学中不可或缺的组成部分，教学离不开评价①。评价具有导向、诊断、激励等多重发展性功能。教师在教学中要不断通过评价去了解学生的学习情况，同时判断与反思自己的教学效果，为教与学的改进提供依据。2012 年我国教育部颁布的《中学教师专业标准（试行）》明确将评价作为教师应具备的六大专业能力之一。教师在职前教育和职后培养中主要是学习如何教，对于如何评接触不多，经验和技能都很缺乏。评价素养是当前学科教师专业发展中的短板。提升教师评价素养应成为教师专业发展的重点。优秀的教师既要精通教学又要钻研评价，掌握基本评价技能与方法，能编制和利用工具有效评价学生发展②。

中学生数学写作的评价可以有以下几种实施方式：教师对数学写作进行评价、学生对数学写作进行评价、家长对数学写作进行评价。

1. 教师对数学写作的评价

教师对数学写作的评价，可以实行定性评价与定量评价相结合。

（1）定性评价。教师具有较丰富的数学专业知识，熟悉较多的教育学、心理学等基础知识，对教育领域有较多认识，对书写者的思想、学习和生活都有较多了解，所以教师是数学写作的评价主体。对数学写作作品的评价成为数学教师的日常工作之一。教师可以在数学写作本上认真写下自己对数学写作的评语，还可以把数学写作作品拿到数学课堂上面向全班学生进行口头评价、展示性评价，还可将优秀的数学写作作品复印出来，给书写者本人带回家去与家长们分享、接受家长的评价等。因此，教师是数学写作评价工作的组织者、引导者、启发者和协调者。

笔者在数学写作的评价中，用得最多的是书面评价方式。比如，对于班级数学日记，可让数学科代表每天督促提醒同学书写数学日记，写好之后，由科代表将数学日记本送到笔者的办公桌上，然后由笔者阅读、批改数学日记，书写评语之后再还回去给科代表。科代表将本子再传给需要阅读的同学，最后把本子交给下一个书写的同学，依次循环下去。在遇到特别优秀的数学日记作品

---

① 赵德成．促进教学的测验与评价［M］．上海：华东师范大学出版社，2016，7：28.
② 吴明君．教师的评价素养仅仅体现在出测试题上吗［J］．人民教育，2017（7）：57－60.

时，除了书写评语之外，笔者还会把作品拿到数学课堂上，用实物投影仪直接投影出来，面向全班学生对数学写作作品进行认真点评。

在批改数学写作作品时，笔者会逐句批改，遇到好的句子、错别字，都会用红笔圈出来。不仅是在作品的末尾写下一段评语，而且还经常在学生书写的一些句子的旁边书写评语。这样，会让学生觉得老师很认真地批改了数学写作，很在乎、很重视数学写作。长期坚持下去，学生也会重视数学写作。这也体现了评价的导向功能、激励功能。

书写的定性的评语的类型主要有以下几种①：

① 肯定型评语。学生的数学写作内容上比较优秀，有的思想上比较进步，有的数学观上比较正确，有的文笔比较优美、结构比较完整等，以此为长处，采用肯定型评语。

② 征询型评语。学生的数学写作往往是用自己的眼光去看待这个五彩缤纷的数学世界、数学教学和数学学习体验，往往表达出独特的认识和见解。评价者不能根据自己的主观意志去任意修改，以至文章中美好的童贞、童趣在修改中消失。特别是学生在书写中反映出的教学中的问题，要用征询学生意见的言语、语气去评价。

③ 指导性评语。指导性评语包括两个方面：一是对写作的指导评语；二是对数学写作作品中所反映出来的数学学习中的困惑等予以点拨、指导的评语。

④ 欣赏型评语。学生的作品中会出现许多使教师意想不到的惊奇。这种惊奇或是惊妙之语，或是独特的发现与发明，或是富有想象力的科学幻想等。这时教师写评语时一定不能吝啬赞赏的语言，应从欣赏的角度去评价。

⑤ 交流型评语。随着学生年龄的增长和课业的增多，减少了与教师的直面语言交流的时间。这时他们在数学写作中会用写作的方式倾诉心声。阅读学生的数学写作作品就是在走进学生的内心世界。

⑥ 点评式评语。这类评语是指既有肯定的部分又有提出不足之处、与作者进行交流的部分，还有对作者提出的期盼和建议等。因此，它是肯定性评语、指导性评语与交流性评语的整合，使作者既看到了自己的优点，又明确了自己的不足，对作者来说收获最大。因此，它是数学写作评语中用得最多的一种评语。

---

① 张奠宙，马岷兴等．数学学科德育——新视角·新案例［M］．北京：高等教育出版社，2007，5：194－195.

⑦ 研究性评语。这类评语学术研究的味道很浓，启发性很大，特别是对笔者更有价值。例如，"你提的问题很好，如果将题目中的 $AB = AC$ 删除，那么此题应该怎样解答呢？如果题目的条件不变，把结论改为'证明 $\triangle ABC$ 为等边三角形'，那该怎么证明呢？"

（2）定量评价。定量评价是采用数学的方法，收集和处理数据资料，对评价对象作出定量结果的价值判断。对数学写作采用定量评价不是简单地给作品打个具体的分数，而是对数学写作进行大致的水平划分。以下给出三级评价方案。

水平一（C 等级）	水平二（B 等级）	水平三（A 等级）
主题不明确，文字篇幅在 300 字以下，书面语言不够通顺，表述不够清晰，条理性不强，观点不明确，版面潦草，结构不完整，没数学味，不便于交流	主题明确但价值不高，文字篇幅在 300 字以上，书面语言通顺，表述清晰，条理性较好，观点鲜明，版面美观，结构较完整，便于交流，但没数学味，没体现数学推理过程	主题明确且有价值，条理性很好，观点很明确，书面语言很通顺，表述清晰，版面美观，结构完整，文字篇幅在 500 字以上，有详细的数学推理过程，能很好地展示数学探究能力，便于交流

表中侧重关注数学写作作品的主题、篇幅、书面语言表述、结构、版面、数学味等几个方面。

2. 学生之间对数学写作的评价

较多数学写作评价是过程性评价。所以学生也可成为数学写作的评价者。学生参与评价数学写作，有助于增强学生（评价者）对数学写作的认识，了解怎样的数学写作才是优秀的，也有助于学生强化数学交流意识。评价者展开数学写作的评价，实际上就是与书写者进行交流。例如，教师鼓励学生（非书写者）在老师书写的评语之后，写上自己对该作品的看法，也就是一起对数学写作作品进行评价；还可以由老师用实物投影仪将作品投影出来后，老师组织个别学生对被投影出来的作品进行口头评价，发表自己的看法。这样，被投影出来的数学写作作品就成了数学教学的资源，师生共同参与，围绕着该作品进行讨论，展开数学教学活动。也就是说，每一个数学学习共同体的成员都可以是数学写作者，也可以是数学写作的评价者。

笔者的数学写作探究实践表明，多数学生喜欢参与数学写作评价，愿意就其他同学的数学写作作品提出口头意见或者书面意见，甚至对老师书写的评语继续提出自己的意见。在 2009 年，笔者任教的班级曾经出现过学生们在班级数学日记本上围绕一道数学解答题讨论了一周，书面讨论非常热烈，笔者在其中做裁判、协调者、总结者。这样，学生在数学写作评价中学习，共探究、齐进步。

3. 家长对数学写作的评价

家长参与评价数学写作，是数学教学的一个创新举措。家长并不是长期对数学写作进行评价，毕竟家长对数学写作（甚至数学教学）并不是很熟悉，只是偶尔参与数学写作评价。可是，经我们的访谈得知，不少学生很在乎家长对数学写作作品的评价意见，主要是对数学写作的态度上的评价。因此，我尝试过把一些十分优秀的数学写作作品复印出来，然后由学生带回家，让家长在作品上写下评价意见，然后再让学生带回学校交给我。我也尝试过把特别优秀的作品拍照，然后通过QQ、电子邮件或者微信，把照片发送给家长，让家长在家亲自对作品进行激励性评价。我还尝试过让家长在老师的评语后面再写评价意见（强化激励功能）。尽管家长不是数学教学的专业人士，但是学生很在乎家长的评价意见。多方面的肯定性评价意见，对书写者的数学写作的积极性起着巨大激励作用。实践表明，有的学生从书写一篇好的数学写作成果中得到的成功感，甚至超过了他在一次测验中取得特别优秀的成绩所得到的成功感。

（六）对中学生数学写作的评价再反思

正确地认识与实施评价，对有效地进行数学课程改革、促进学生的发展是十分重要的。评价应建立多元化目标，关注学生个性与潜能的发展。"课程标准"的"实施建议"强调指出：数学学习评价，既要重视学生知识、技能的掌握和能力的提高，也要重视其情感、态度和价值观的变化；既要重视学生学习水平的甄别，又要重视其学习过程中主观能动性的发挥；既要重视定量的认识，又要重视定性的分析。对学生的评价既要发挥评价的甄别、选拔功能，更要突出评价的激励与发展功能，数学教学的评价应有利于营造良好的育人环境，有利于学生和教师的共同成长。新课程改革倡导发展性评价。发展性评价理念首先突出了发展性，数学学习评价是为了促进一个学生作为整体的人的全面的、能动的发展，而不仅仅是为了甄别学生的数学学习水平。其次，体现了多元化。评价的目标、内容、方式方法等方面呈现出多元化的趋势，价值多元、尊重学生个体之间的差异在评价的认识与实践中正在凸显出来。再次，注重了过程性，评价将贯穿于数学教与学的整个过程，将学生在数学学习活动过程中的全部情况都纳入评价的范围，而不只是评价学生数学学习的结果①。

显然，上述评价的设计与实施符合新课程改革的理念。

在基础教育领域，每个人都不否认情意领域评价的重要性。但是真正在教学实践中重视对情意领域进行评价的老师还不多。情意是非智力因素，一个人的态度、兴趣和价值观都属于情意变量；情意是认知领域和动作技能领域以外与情感联系比较紧密的那些变量，如兴趣、动机、态度。笼统地说，情意领域主要涉及一个人的情感、态度、兴趣和价值观等。情意领域的目标在 2001 年以来的基础教育课程改革中受到了高度重视，这不仅是对以往注重知识与技能倾向的纠正，也是贯彻育人为本和全面发展教育理念的一种体现。教师应予重视的情感领域目标主要如下：①学习情感：学生在学习中获得积极、愉悦的情感体验，愿意继续学习，并逐渐成长为一个乐于学习的人；②对学科的态度：学生对所学学科形成积极的态度，对学科保持好奇心，愿意讨论相关话题或者探究相关问题；③对自我的态度：学生在学习中能体验成功，从而逐渐形成积极的自我改变、自尊和自我效能感，发展自信心和意志力；④对他人的态度：学生能与他人友好相处，理解、尊重和宽容他人，具有良好的沟通合作能力；⑤价值观：学生要逐渐发展一些全社会共同认可的重要价值观，如爱国、诚信、正直、友善、公平等。因此，情感、态度和价值观在新课程背景下已被赋予了十分丰富的内涵。其中，情感不仅指学习热情和学习兴趣，还包括爱、快乐、审美情趣等丰富的内心体验；态度不仅指学习态度，还包括乐观的生活态度、求实的科学态度、宽容的人生态度等；价值观则强调个人价值与社会价值的统一，强调全社会广泛认可的核心价值观。这三个方面共同勾勒出人在情意领域发展的完整画面②。

学生的数学学习情感、对学科的态度、对自我的态度、对他人的态度、数学观和数学学习观等，都不能在传统的数学解题（测试）中体现出来。情感往往不是体现在结果，而是表露在过程。数学写作作品可以分为总结反思型、交流型、分享型、探究型等。每一篇作品都能让人看出书写者的情感，通过作品的评价，也可以看出数学学习共同体成员对数学学习、对他人、对数学这门学科等的态度。因此，数学写作为学生呈现的数学学习情感、态度与价值观提供

---

① 严士健，张奠宙等. 普通高中数学课程标准（实验稿）解读 [M]. 南京：江苏教育出版社，2004，3：451–453.

② 赵德成. 情感、态度、价值观培养的操作性如何实现 [J]. 人民教育，2017（2）：76–77.

了很好的平台，弥补了传统的数学学习不够重视学生的数学学习情感、态度与价值观的不足，也为教师开展对学生的数学学习情意领域的评价提供了良好机会。

基于以上的反思，我们认为：评价是实施数学写作活动的重要环节；构建多元的评价方式、评价主体就是为了更好地重视学生的数学学习过程、学习情感、交流意识等。

对数学课堂教学的反思性探究

《普通高中数学课程标准（2017 年版）》指出："要提升数学教育研究的能力。数学教育研究要落实到课堂，落实到学生。……不断提升理论水平和教学能力。"① 课堂是教师开展教育科研的源头活水。教师最好的实践学习方法是：案例研究。对课堂教学案例展开反思性探究，有助于教师教育科研能力的提高。

一、这个学生就不值得表扬了吗②

《普通高中数学课程标准（实验稿）》明确提出了新课程实施的具体评价建议，应将评价贯穿数学学习的全过程，既要发挥评价的甄别与选拔功能，更要突出评价的激励与发展功能③。"日常教学活动评价，要以教学目标的达成为依据。评价要关注学生数学知识技能的掌握，还要关注学生的学习态度、方法和习惯，更要关注学生数学学科核心素养水平的达成。教师要基于对学生的评价，反思教学过程，总结经验、发现问题，提出改进思路。因此，数学教学活动的评价目标，既包括对学生学习的评价，也包括对教师教学的评价。"④ 在高中数学新课程改革中，如何实施过程性评价，值得广大数学教育工作者深入探讨。

在一次课题为《正弦定理》的高一数学校级公开课（新授课）上，听课老师有 12 人。执教教师 T 在新课内容讲授结束后，布置了几道课堂练习题，其中

---

① 中华人民共和国教育部制定. 普通高中数学课程标准（2017 年版）［Z］. 北京：人民教育出版社，2018，2：99.

② 钟进均. 这个学生就不值得表扬了吗——高中数学过程性评价的案例探究［J］. 中学数学教学，2008（5）：3-4.

③ 严士健，张奠宙等. 普通高中数学课程标准（实验稿）解读［M］. 南京：江苏教育出版社，2004：451-453.

④ 中华人民共和国教育部制定. 普通高中数学课程标准（2017 年版）［Z］. 北京：人民教育出版社，2018，2：84.

的一题如下：在 $\triangle ABC$ 中，已知 $\angle A = 60°$，$a = \sqrt{3}$，$b = 1$，求 $\angle B$，$\angle C$ 和边 c 的大小。T 请女生 S 上黑板板书自己的解答，其余学生在草稿纸上独自完成。大约 5 分钟后，T 开始讲解 S 的解答。因 S 的解答完全正确，故 T 的讲解比较粗糙。所有学生都很认真参与课堂，专心听课。看到 S 的顺利解答和全体学生的安静、认真，T 以为所有学生都很容易得到了正确的解答，掌握得很好。突然，一个女生 J 大声地说："由 $\sin B = \dfrac{1}{2}$ 还可得到 $B = 150°$，不仅是 $30°$。"其余学生此时不说话。对于这一意外，T 马上引导学生一起探讨并得出结果：$B = 150°$ 不可取。T 接着让学生独立完成下一道练习，没有给予 J 同学任何评价。

　　笔者全程听完了这节课，感觉到与上述案例相类似的情形在一线数学课堂教学中并不罕见。下面的分析立足于建构主义、自我效能感和新课程评价理论等，提出笔者的几点思考。

　　1. **基于建构主义理论**

　　"学习不是由教师把知识简单地传递给学生，而是由学生自己建构知识的过程。学习不是被动接收信息刺激，而是主动地建构意义，是学生根据自己的经验背景，对外部信息进行主动的选择、加工和处理，从而获得自己的意义。学习意义的获得，是每个学习者以自己原有的知识经验为基础，对新信息重新认识和编码，建构自己的理解。"[①]　"学生所学到的往往并非是教师所教的，我们更不能以主观的分析或解释去代替学生真实的思维活动。""教师应当努力调动学生的学习积极性，很好地发挥教学活动组织者的作用，发挥重要的'导向'作用。"郑毓信等指出，从建构主义的立场出发，教师深入了解学生真实的思维活动，善于引导学生观念上的不平衡等有着特别重要的意义[②]。

　　女生 J 大胆说出了自己对问题的不同观点，就是呈现了她根据自己的经验背景对外部信息（练习题）主动选择、加工和处理的结果，呈现了她的真实思维活动，表明了她与大多数学生对练习题的认识存在特殊性。J 的解答尽管是错误的（因 $\angle B$ 是 $\triangle ABC$ 的一个内角，$\angle A = 60°$，若 $\angle B = 150°$，则 $\angle A + \angle B > 180°$），但这些对于数学课堂教学无疑有很大帮助，至少让教师知道学生在该课题的学习中会存在如此的问题。

---

① 张奠宙，宋乃庆. 数学教育概论. 北京：高等教育出版社，2004：181.

② 郑毓信，梁贯成. 认知科学，建构主义与数学教育［M］. 上海：上海教育出版社，1997：171－182.

2. 基于自我效能感理论

自我效能感是指人们对自己是否能够成功地进行某一成就行为的主观判断。这一概念由班杜拉（A. Bandura）于20世纪80年代提出。他认为期望除了结果期望之外，还有一种效能期望。结果期望指人对自己某种行为会导致某一结果的推测。如果一个人预测某一特定行为会导致特定的结果，那么这一行为就可能被激活和被选择。效能期望则指人对自己能否进行某种活动的实施能力的推测或判断。它意味着人是否确信自己能够进行某种行为，当人确信自己有能力进行某一活动，他就会产生高度的"自我效能感"，并会进行该活动。自我效能感与学习之间存在密切关系。自我效能水平的高低影响个体对任务的选择、付出的努力以及在困难条件下对活动的坚持性。个人自身行为的成败经验是影响自我效能感形成的重要因素。一般而言，成功经验提高效能期望，反复的失败降低效能期望①。

J大胆表达自己对问题的不同看法，特别是在后面还坐着十几位老师在听课的场合下，的确需要非一般的勇气。得到老师的肯定是她大胆表达的结果期望。T老师仅就其结果是否正确做出判断，没有给予J一丝肯定。由此，J容易认为自己在数学学习上的质疑或见解多是错误的，难以确信自己有能力在数学学习上提出质疑。也就是说，J没有从大胆表达中获得肯定，也许会降低她的数学学习的效能期望。

3. 基于新课程评价理论

《普通高中数学课程标准（实验稿）》明确提出了新课程实施的具体评价建议。"数学学习评价，既要重视学生知识、技能的掌握和能力的提高，又要重视其情感、态度和价值观的变化；既要重视学生学习水平的甄别，又要重视其数学学习过程中主观能动性的发挥。""相对于结果，过程更能反映每个学生的发展变化，体现出学生成长的历程。因此，数学学习的评价既要重视结果，也要重视过程。""学习过程的评价，应关注学生是否积极主动地参与数学学习活动。""在评价中，教师要注意肯定学生在数学学习中的发展、进步、特点和优点。""总之，应将评价贯穿数学学习的全过程，既要发挥评价的甄别与选拔功能，更要突出评价的激励与发展功能。"②

---

① 喻平. 数学教育心理学 [M]. 南宁：广西教育出版社，2004，8：139－140.
② 严士健，张奠宙等. 普通高中数学课程标准（实验稿）解读 [M]. 南京：江苏教育出版社，2004：451－453.

　　在上述案例中，纯粹从数学知识的角度看，J大胆表达的结果是错误的。但从数学学习过程看，J的回答充分体现了她的数学学习的主观能动性，体现了她对数学学习的积极态度，体现了她具有不迷信权威、敢于质疑的理性精神。笔者认为，J的主观能动性、积极态度和理性精神比正确的回答更加重要，值得教师表扬，值得所有学生学习；具体的数学知识很容易被学生遗忘，但老师的激励也许会让学生终生难忘。许多数学家是因在中学阶段有老师的鼓励而对数学产生浓厚兴趣，毕生研究数学。数学知识当然很美，但是对数学不感兴趣的人又怎能体会数学的美呢？

　　数学教学实践表明，能大胆提出自己的不同见解的学生不多。其原因之一为：不少数学老师以数学知识的严谨性来追求学生对数学知识的准确性；对学生的评价较多地关注知识的准确性，而忽视了评价的发展性（激励性）和启发性。其实，在三角函数的教学中，由 $sinB=\frac{1}{2}$ 求 B 的大小，学生往往只熟练求出30°，而忘记了其他象限的情况。所以，J的思维十分难得。"多一把衡量的尺子，就多出几批人才"不无道理。如果教师T能在课堂上，就J回答的结果抓住契机，及时肯定J的大胆表达的勇气和数学学习的积极性，那J就获得了数学学习的成功感，就有更加强烈的效果期望，其数学学习的兴趣必会提高，甚至让J一生爱上数学。

　　总之，上述案例中的J学生值得表扬！

二、数学教学应创设尽多机会让学生品尝到学习的成功感

　　教师对自己教学的反思被称为专业发展最重要途径，反思成为大部分教师培训项目中不可或缺的部分。德国教育家第斯多惠（Friedrich Adolf Wilhelm Diesterweg，1790—1866）说："教学的艺术不在于传授本领，而在于激励、唤醒、鼓舞。"[①] 学习活动的设计与学习方式的选择是影响课堂教学高效性的核心因素[②]。顾明远教授指出："从中国的教育来讲，首先要改变教育观念，培养的模式要转变，要让学生动手动脑，在活动里亲身体验学习的愉快、学习的成就""我们还没能够充分认识学生的能力，还没有真正把学生放在学习主体的地位，充分发挥学生的主动性、积极性，也很少注意到学生的差异……我特别强调，

① 第斯多惠. 德国教师培训指南［M］. 北京：人民教育出版社，2001.
② 苏永平. 化学高效课堂的构建与实践［J］. 课程·教材·教法，2016，36（4）：33.

没有兴趣就没有学习。有兴趣才能把学习积极性调动起来，这是最好的方法。一个人做任何事情都有一个动机在驱动，有内部动机，也有外部动机。"[1]

如何激发学生的数学学习兴趣，一直是数学老师讨论的重要话题，也是笔者十几年来想方设法从多个角度展开探究的着力点。要提高学生的数学学习兴趣，就要创设机会让学生品尝到数学学习带来的成功感。以下介绍一个笔者多年前经历的一个案例，然后就此展开反思。

（一）案例描述[2]

笔者曾在广州市白云中学（普通高中）任教。以下案例发生在所任教的高二年级理科班的数学课上。男生 A 来自广州市郊区的一个普通家庭，他喜欢数学，思维活跃，成绩比较优秀但不稳定，解题有些粗心，书写马虎。某一天上午，笔者在高二（2）班上连堂数学课。第一节下课后，大多数学生都到课室外休息去了。笔者靠在讲台的边沿上休息。突然，A 拿着手里的练习册，面带羞色地走到笔者面前说："老师，我这道题的解法和你刚才介绍的不一样，我的也很好啊！"望着男生 A，笔者微笑着问："真的吗？"A 听到这句疑问，边走回自己的座位边说："我觉得可以的。"此时，他用一种十分自豪的眼光看着我。看到他充满自信的眼神，想到他的数学基础也不错，加上平时他也常有很多不同的见解，笔者就随意地说："好，等一下你上讲台来介绍给大家看看。"A 马上说："那就不要了。"此时，笔者意识到他羞于在全班同学面前抛头露面（该生的性格有些文静），便走到他的座位前说："请先让我来欣赏一下你的做法。"原来他指的是以下这道题，笔者在课堂上介绍的是解法一，A 的是解法二。

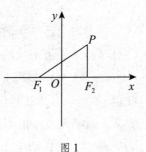

如图 1 所示，F_1，F_2 为双曲线 $\dfrac{x^2}{a^2} - \dfrac{y^2}{b^2} = 1 (a > 0,$ $b > 0)$ 的焦点，过 F_2 作垂直于 x 轴的直线交双曲线于点 P，且 $\angle PF_1F_2 = 30°$，求双曲线的渐近线方程。

解法一：设点 P 的坐标为 (x, y)，

$\because \angle PF_1F_2 = 30°$，$PF_2 \perp F_1F_2$，

$\therefore 2|y| = \sqrt{(2c)^2 + y^2}$，

$\therefore 3y^2 = 4c^2$.

图 1

① 腾珺，毛霁燕. 未来的教育：我们如何迈向新的时代 [J]. 比较教育研究，2016 (1)：1 - 6.
② 钟进均. 努力创设机会，让学生尝数学学习的成功感 [J]. 中学数学研究，2008 (9)：12 - 13.

∵ P 在第一象限，

∴ $y = \dfrac{2\sqrt{3}c}{3}$,

∴ $|PF_1| - |PF_2| = 2 \times \dfrac{2\sqrt{3}c}{3} - \dfrac{2\sqrt{3}c}{3} = \dfrac{2\sqrt{3}c}{3} = 2a$.

∴ $c = \sqrt{3}a$.

∵ $c^2 = a^2 + b^2$,

∴ $b^2 = 2a^2$.

∵ 双曲线的焦点在 x 轴上，

∴ 所求的渐近线方程为 $y = \pm\sqrt{2}x$.

解法二：设 $|PF_1| = m$，$|PF_2| = n$，其中 m，$n > 0$，则 $P(c, n)$．

∵ 在 $\text{Rt}\triangle PF_1F_2$ 中，$\angle PF_1F_2 = 30°$,

∴ $n = \dfrac{1}{2}m$.

∵ $m - n = 2a$,

∴ $2n - n = n = 2a$……（1）

∵ $P(c, n)$ 在双曲线上，

∴ $\dfrac{c^2}{a^2} - \dfrac{n^2}{b^2} = 1$,

∴ $n = \dfrac{b^2}{a}$……（2）

由（1）（2）得 $2a = \dfrac{b^2}{a}$,

∴ 双曲线的渐近线方程为 $y = \pm\sqrt{2}x$.

看了 A 的解答后，笔者内心既高兴又惊讶。尽管 A 的书写不够严谨，但他的解法十分好，简单易明。笔者内心在想，应好好地表扬 A 一番，这种钻研精神值得全体学生学习。笔者微笑着说："很不错，比我的解法还好！"此时，上课铃响了，学生们都回到了自己的座位。笔者面对全班同学说："刚才我分享了一位同学的数学研究成果，这位同学就是 A，他的练习册第 48 页第 10 题的解法很好，和我介绍的不一样。下面我们以热烈的掌声请 A 上黑板介绍他的解法。"随着热烈的掌声，A 拿着他的练习册羞答答地走到黑板前先把图形画好，接着一口气将他的解答板书出来，他还讲解了一下解答过程。全班学生十分认真地看着 A 的解答，投与羡慕的眼光，同时报以掌声对 A 表示了感谢。后来笔者就两种不同的解法做了详细的对比和点评，表扬 A 对数学的钻研精神。

更令笔者惊讶的是，A 在一周后的数学日记中写道："老师，我怎么也想不到那天你会叫我上黑板介绍我的解法。上讲台讲解数学问题，对我来说，是人生的第一次。当时，我很害怕，在同学们的掌声支持下，我才勇敢地走上去。我爱解数学题，但我不一定能讲解出来。当我顺利地讲解完后，同学们给予了掌声，我很兴奋，有一种前所未有的成功感，谢谢老师给了我这一次品尝成功的机会，我一定会更加努力地学习数学的！"显而易见，让学生上讲台说数学对学生的激励是无法估量的。

（二）反思

上述案例给笔者留下了十分深刻的印象，经过深刻反思得出以下了几点启示：

（1）数学教师要重视学生数学交流能力的培养。数学交流自 20 世纪 90 年代中期起引起了我国数学教育工作者的关注[1]。《九年义务教育全日制初级中学数学教学大纲（试用修订版)》和《普通高中数学课程标准（实验稿)》明确指出，要重视学生的数学交流能力的培养。教师应在数学课堂上给学生创设数学交流的机会。A 上讲台讲解他的解法就是一次生生交流和师生交流，这既锻炼了 A 的"说数学"能力，也加深了 A 对数学问题的理解。

（2）教师要高度重视对学生的激励性评价。"课程标准"明确指出，应将评价贯穿数学学习的全过程，既要发挥评价的甄别与选拔功能，更要突出评价的激励与发展功能。我对 A 上讲台讲解他的解法进行了及时的激励性评价。无论 A 讲解得如何，也无论他的姿态、板书如何，只要他有勇气走上讲台讲数学，就应得到老师的表扬，因为他在同学们面前展现了自我，战胜了自己。

（3）教师要舍得给学生课堂时间。学生"说数学"相对有些耗时，但"说数学"的经历对学生来说十分深刻，甚至会改变学生的数学学习观，另外，学生在课堂上"说数学"，能让老师和其他学生了解"说者"对问题是如何理解的。在新课程改革的浪潮中，如何合理、有效地安排课堂教学时间需要教师更深入地思考。

总之，教师应想方设法创设尽多机会让学生品尝数学学习的成功感。否则，数学学科不会让更多的学生喜欢，给人的感觉都是很冰冷的。

---

① 牛广化. 对数学交流的认识与思考 ［J］. 临沂师范学院学报，2004（6)：119－120.

三、基于高中"说数学"实践反思创新思维的培养

《普通高中数学课程标准（实验稿）》（2011 年版）明确指出，要重视学生的数学交流能力的培养①。其 2017 年版（下称"课程标准"）指出，体现数学学科核心素养的四个方面如下：情境与问题、知识与技能、思维与表达、交流与反思；在"数学学科核心素养的水平划分"当中还明确指出了交流的具体目标要求②。数学交流的提出在国际数学教育领域已有近三十年的历史，对它的研究从最初概念内涵的厘定、教育意义价值的挖掘，到后来形式类型的分类、培养模式的归纳，以及到现在用符号学、信息论等理论重新解读，初步建立了一套理论体系③。

"数学教育是培养学生思维能力的重要途径，具有抽象性、简约性、形式化、逻辑性和优美性的特征，其意义在于生成思想、涵养文化、孕育创造；数学教育为创新思维的培养奠定了良好的基础，创新思维的培养又促进了数学和数学教育的发展。"④ 数学交流活动有助于培养学生的创新思维，通过交流信息产生创新的思想火花。"说数学"是数学交流活动中的口头交流形式，对培养学生的创新思维具有重要作用。

（一）概念界定

数学交流活动是指在数学教与学过程中，学生之间、教师与学生之间以提高数学交流能力为目的的活动，包括口头交流和书面交流两种形式⑤。"说数学"属于口头交流活动⑥，是指个体用口头表达自己对数学问题的具体认识、理解，解决数学问题的思路、思想和方法以及数学学习情感、体会等的数学学习活动。它包括"说知识""说过程""说异见"和"说体会"，分别指口头表

---

① 叶尧城. 高中数学课程标准教师读本 [M]. 武汉：华中师范大学出版社，2003，9：239，242.

② 中华人民共和国教育部制定. 普通高中数学课程标准（2017 年版）[M]. 北京：人民教育出版社，2018，1：100－105.

③ 蔡文俊. 数学文化视野下的数学交流研究——基于数学家交流的分析 [J]. 数学教育学报，2010，19（6）：17.

④ 孙延洲. 基于创新思维培养的中学数学教育研究 [D]. 华中师范大学，2012，5.

⑤ 钟进均. 在高中数学教学中开展数学交流活动的实验研究 [D]. 云南师范大学，2008：3.

⑥ 钟进均. 在高中数学教学中开展说数学活动的实验研究 [J]. 数学教育学报，2008，17（5）：99.

达具体的数学知识、个体解决某数学问题的过程、个体对数学问题的结果的不同看法、个体探究某数学问题后的情感体会。

（二）高中"说数学"案例描述①

以下是笔者的一个高三个别辅导案例。当时辅导的对象是男生 Y，是高三理科创新实验班学生。经过第一轮复习，笔者发现男生 Y 在圆锥曲线解答题上的得分不够理想。因此，笔者偶尔给他单独布置一些圆锥曲线解答题练习（通常习题和解答一起提供给学生），让他自主完成后，拿来给笔者当着他的面批改（简称面批）。在面批时，笔者通常不是看他的解答过程，然后打分就算了，而是先让该学生"说出来"：我是如何审题的；这道题考查了哪些主要知识（"说知识"）；如何解答的（"说过程"）；在解答过程中遇到了哪些困难或者困惑；解答完后有什么值得总结和反思的（"说体会"）。下面这道题的辅导过程让我印象深刻。这是 2015 年湖南省文科高考试卷第 20 题：

已知抛物线 C_1：$x^2 = 4y$ 的焦点 F 也是椭圆 C_2：$\dfrac{y^2}{a^2} + \dfrac{x^2}{b^2} = 1$（$a > b > 0$）的

一个焦点，C_1 与 C_2 的公共弦的长为 $2\sqrt{6}$。过点 F 的直线 l 与 C_1 相交于 A，B 两点，与 C_2 相交于 C，D 两点，且 $\overrightarrow{AC}$ 与 $\overrightarrow{BD}$ 同向。

（1）求 C_2 的方程；

（2）若 $|AC| = |BD|$，求直线 l 的斜率。

笔者提供给他的参考解答如下：

（1）由 C_1：$x^2 = 4y$ 知其焦点 F 的坐标为 $(0,1)$，因为 F 也是椭圆 C_2 的一个焦点，所以 $a^2 - b^2 = 1$①；又 C_1 与 C_2 的公共弦长为 $2\sqrt{6}$，C_1 与 C_2 都关于 y 轴对称，且 C_1 的方程为 $x^2 = 4y$，由此易知 C_1 与 C_2 的公共点的坐标为 $\left(\pm\sqrt{6}, \dfrac{3}{2}\right)$，所以 $\dfrac{9}{4a^2} + \dfrac{6}{b^2} = 1$②，联立①

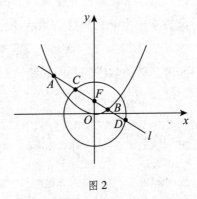

图 2

②得 $a^2 = 9$，$b^2 = 8$，故 C_2 的方程为 $\dfrac{y^2}{9} + \dfrac{x^2}{8} = 1$。

（2）如图 2，设 $A(x_1, y_1)$，$B(x_2, y_2)$，$C(x_3, y_3)$，$D(x_4, y_4)$，因 $\overrightarrow{AC}$ 与 $\overrightarrow{BD}$ 同向，且 $|AC| = |BD|$，所以 $\overrightarrow{AC} = \overrightarrow{BD}$，从而 $x_3 - x_1 = x_4 - x_2$，即 x_3

---

① 钟进均. 高中"说数学"案例研究［M］. 广州：广东经济出版社，2017，12：144 - 148.

$-x_4 = x_1 - x_2$，于是 $(x_3 + x_4)^2 - 4x_3 x_4 = (x_1 + x_2)^2 - 4x_1 x_2$③，设直线 l 的斜率为

k，则 l 的方程为 $y = kx + 1$，由 $\begin{cases} y = kx + 1 \\ x^2 = 4y \end{cases}$，得 $x^2 - 4kx - 4 = 0$，由 x_1，x_2 是方程

的两根，得 $x_1 + x_2 = 4k$，$x_1 x_2 = -4$④. 由 $\begin{cases} y = kx + 1 \\ \dfrac{x^2}{8} + \dfrac{y^2}{9} = 1 \end{cases}$ 得 $(9 + 8k^2)\, x^2 + 16kx - 64$

$= 0$，而 x_3，x_4 是这个方程的两根，$x_3 + x_4 = -\dfrac{16k}{9 + 8k^2}$，$x_3 x_4 = -\dfrac{64}{9 + 8k^2}$⑤，将

④、⑤代入③，得

$$16\,(k^2 + 1) = \frac{16^2 k^2}{(9 + 8k^2)^2} + \frac{4 \times 64}{9 + 8k^2}, \text{ 即 } 16\,(k^2 + 1) = \frac{16^2 \times 9\,(k^2 + 1)}{(9 + 8k^2)^2},$$

所以 $(9 + 8k^2)^2 = 16 \times 9$，解得 $k = \pm\dfrac{\sqrt{6}}{4}$，即直线 l 的斜率为 $\pm\dfrac{\sqrt{6}}{4}$.

男生 Y 拿着题目和参考解答来到我面前，说："老师，这道题不难，但很有意思，把椭圆和抛物线放在同一道题里考查，比较少见，让人一看到题目就觉得图形复杂，内心容易烦躁。我把题目完全解出来了，第一问的解答和老师给的是相同的。"笔者问："那你怎么想到的呢？"他说："要求 C_2 的方程，就要求出椭圆方程里的 a，b，这用待定系数法嘛。C_1 与 C_2 的焦点相同，而 C_1 的焦点很容易求的，是（0，1），所以有 $a^2 - b^2 = 1$。题目里'C_1 与 C_2 的公共弦的长为 $2\sqrt{6}$'中的'公共弦'很有用。因为 C_1 是抛物线，其图像关于 y 轴对称，所以这公共弦长就是 C_1 与 C_2 的两个交点之间的距离。我设这两个交点是 M，N，则有 $|x_M - x_N| = 2\sqrt{6}$。所以有 $x_M = \sqrt{6}$，$x_N = -\sqrt{6}$。把 $x_M = \sqrt{6}$ 代入抛物线 C_1：$x^2 = 4y$ 的方程，可得到 $y_M = \dfrac{3}{2}$。同理可得到 $N\,(-\sqrt{6}, \dfrac{3}{2})$。我把 N

$(-\sqrt{6}, \dfrac{3}{2})$ 代入椭圆 C_2：$\dfrac{y^2}{a^2} + \dfrac{x^2}{b^2} = 1$ 的方程可得到 $\dfrac{9}{4a^2} + \dfrac{6}{b^2} = 1$。接着要想求出

a，b，那就建立方程组 $\begin{cases} \dfrac{9}{4a^2} + \dfrac{6}{b^2} = 1 \\ a^2 - b^2 = 1 \end{cases}$ 了，很容易求出解答：$a^2 = 9$，$b^2 = 8$。最

后，写出要求的椭圆方程就没问题啦。"看到男生 Y 说得很顺利，信心十足，笔者就问："你在最后那里是求 a^2，b^2，还是求 a，b？"男生 Y 马上说："肯定是直接求 a^2，b^2。没必要知道 a，b，只需要知道 a^2，b^2 就可以了。"笔者接着说："说得不错，挺顺畅的，思路也很清晰。接着说一下第（2）问的情况吧。"

此时，男生 Y 盯着笔者看，好像不大愿意说似的。笔者就问："怎么啦？不会做？"他腼腆地说："老师，我的解法和你给的参考答案不相同，但结果是一样的。不知道对不对？""好啊！那把你的做法说来听听嘛。"笔者说。男生 Y 说："老师，你提供的参考解答比较常规，大多数圆锥曲线解答题都是那样做的。我这次呢，用了你曾经介绍过的参数法。你告诉过我们：有些圆锥曲线解答题用参数方程来做比较快。所以我就尝试了一下，发现挺好玩的。我说给你听听。"

他把解答过程放在笔者面前，边用笔指给笔者看，边说："由抛物线的方程 $x^2 = 4y$ 可求得其焦点坐标为 $F(0, 1)$，设直线 l 的参数方程为 $\begin{cases} x = t\cos\alpha \\ y = 1 + t\sin\alpha \end{cases}$（$t$ 为参数）。因为 $|AC| = |BD|$，所以 $|AC| + |BC| = |BD| + |BC|$，即 $|AB| = |CD|$。把 $\begin{cases} x = t\cos\alpha \\ y = 1 + t\sin\alpha \end{cases}$ 代入 $x^2 = 4y$，可得 $(t\cos\alpha)^2 = 4(1 + t\sin\alpha)$，即 $t^2\cos^2\alpha - 4t\sin\alpha - 4 = 0$。所以 $t_1 + t_2 = \dfrac{4\sin\alpha}{\cos^2\alpha}$，$t_1 t_2 = \dfrac{-4}{\cos^2\alpha}$。

所以 $|AB| = |t_1 - t_2| = \sqrt{(t_1 + t_2)^2 - 4t_1 t_2}$，即 $|AB|^2 = |t_1 - t_2|^2 = (t_1 + t_2)^2 - 4t_1 t_2$

$= \left(\dfrac{4\sin\alpha}{\cos^2\alpha}\right)^2 + \dfrac{16}{\cos^2\alpha} = \dfrac{16\sin^2\alpha + 16\cos^2\alpha}{\cos^4\alpha} = \dfrac{16}{\cos^4\alpha}$。把 $\begin{cases} x = t\cos\alpha \\ y = 1 + t\sin\alpha \end{cases}$ 代入 $\dfrac{y^2}{9} + \dfrac{x^2}{8} = 1$，得：$8(1 + t\sin\alpha)^2 + 9(t\cos\alpha)^2 = 72$，即 $(8 + \cos^2\alpha)t^2 + 16t\sin\alpha - 64 = 0$，

所以 $t_3 + t_4 = \dfrac{-16\sin\alpha}{8 + \cos^2\alpha}$，$t_3 t_4 = \dfrac{-64}{8 + \cos^2\alpha}$。所以 $|CD|^2 = (t_3 - t_4)^2 = (t_3 + t_4)^2 - 4t_3 t_4$

$= \left(\dfrac{-16\sin\alpha}{8 + \cos^2\alpha}\right)^2 - 4 \cdot \dfrac{-64}{8 + \cos^2\alpha} = \dfrac{256\sin^2\alpha}{(8 + \cos^2\alpha)^2} + \dfrac{256}{8 + \cos^2\alpha} = \dfrac{256 \times 9}{(8 + \cos^2\alpha)^2}$。所以 $\dfrac{16}{\cos^4\alpha} = \dfrac{256 \times 9}{(8 + \cos^2\alpha)^2}$，即 $\dfrac{48}{8 + \cos^2\alpha} = \dfrac{4}{\cos^2\alpha}$。所以 $32\sin^2\alpha = 12\cos^2\alpha$。从而 $k^2 = \dfrac{\sin^2\alpha}{\cos^2\alpha} = \dfrac{3}{8}$，因此，直线 l 的斜率是 $\pm\dfrac{\sqrt{6}}{4}$。"看到男生 Y 如此解答，笔者内心十分高兴，接着问："你怎么知道 $|AB|^2 = |t_1 - t_2|^2$，$|CD|^2 = (t_3 - t_4)^2$？"男生 Y 思考了一下，然后说："F 是定点，坐标为 $(0, 1)$。因为 $\overrightarrow{AB} =$

$\overrightarrow{FB} - \overrightarrow{FA}, \overrightarrow{CD} = \overrightarrow{FD} - \overrightarrow{FC}$，所以 $|\overrightarrow{AB}| = |\overrightarrow{FB} - \overrightarrow{FA}| = |t_1 - t_2|$，$|\overrightarrow{CD}| = |\overrightarrow{FD}$ $- \overrightarrow{FC}| = |t_3 - t_4|$. 那就可以得到 $|AB|^2 = |t_1 - t_2|^2$，$|CD|^2 = (t_3 - t_4)^2$ 了啊。"笔者再问："为什么是 $|t_1 - t_2|$，$|t_3 - t_4|$，而不是 $|t_1 + t_2|$，$|t_3 + t_4|$？"他马上说："t_1 和 t_2，t_3 和 t_4 的方向是相反的啊。"看到男生 Y 对使用参数方程的方法挺熟练的，仿佛没缺陷，笔者再问："为什么 $k = \dfrac{\sin\alpha}{\cos\alpha}$？以前学过的不是 $k = \dfrac{\cos\alpha}{\sin\alpha}$ 吗？错了吧？"学生 Y 愣了一下，说："啊？好像是哦，但我算出来的结果和您给的一样啊。"笔者故意不回应，让他自己再思考。大约两分钟后，他很高兴地说："老师，我懂了！我会推导，你看！由 $x = t\cos\alpha$ 得 $t = \dfrac{x}{\cos\alpha}$，代入 $y = 1 + t\sin\alpha$ 得 $y = \dfrac{x}{\cos\alpha} \cdot \sin\alpha + 1 = \dfrac{\sin\alpha}{\cos\alpha}x + 1$。这样就有 $k = \dfrac{\sin\alpha}{\cos\alpha}$ 了。"笔者高兴地说："很好！你的想法完全正确！进步很大哦！你会用我给你的参考解答里的方法做第（2）问吗？"他说："会啊。只是我还没做过。"看他充满自信，为了摸查他的掌握情况，笔者就要求他坐下来，在旁边独立用我上面提供的方法解答一次。大概十分钟后，他就正确地解答出来了。此时，笔者满意地对他说："很好！确实都掌握了。那现在我请你说一下两种解法的差异，现在你更喜欢哪一种解法？为什么？（'说体会'）"他说："这两种解法都很好！参考解答比较常见，用韦达定理来做，计算量不大，要求 k 就直接构建关于 k 的方程，然后求解 k 就可以了。这种思路比较清晰。我的解法呢，设直线的参数方程，分别与椭圆和抛物线联立，用到参数 t 的几何意义，计算比较麻烦，容易出错，可能很多人不会 $k = \dfrac{\sin\alpha}{\cos\alpha}$。我看，还是参考解答好一些。"笔者觉得他分析得很好，比较中肯，马上微笑地表扬他："你的分析很好，我完全赞同。你能用参数法来做第（2）问，难度很大的，并且完全做对了，真不简单。这说明你最近对圆锥曲线的复习效果很不错。继续加油！"听完之后，学生 Y 对我说："谢谢老师！"，然后就高兴地回教室去了。

（三）对案例的反思与讨论①

"在我们的数学课堂中，重在教会学生科学地思维，而不是教给学生死记硬背的东西""学生在学校学到的一些数学知识，离开学校后一段时间不用，这

---

① 钟进均. 基于"说数学"实践的创新思维培养案例研究［J］. 数学通讯, 2019（7）: 11－15.

些知识会渐渐忘记，但总有一些东西会留在他们的头脑中，留下的这些东西就是数学的思维、数学思想、数学方法等，留下的这些东西可以帮助他们去解决一系列的新问题。……在提倡培养创新能力的时代，数学教师任重而道远，我们在课堂内一定要摒弃题海战术、机械训练那一套，多引导学生进行科学的思维，学会数学地思考。这不仅对学习数学有用，对其他科目的学习也有正迁移作用；这不仅对现在的学习有用，而且对未来走出校园后的工作和学习同样具有积极的指导作用。从某种意义上来说，数学课堂内对学生思维能力的训练可以为他们今后的幸福人生奠基"①。

1. 教师要更新教学观念，树立创新思想

要想培养学生的创新思维，首先就要教师解放思想，更新观念。在数学教学中，较多老师苦口婆心地讲，学生沉闷地听，反复机械地训练，不仅耗费了师生大量的时间和精力，而且严重扼杀了学生的主动性、积极性和创造性。现代科学研究表明，创新性人皆有之，只不过是有人得以发挥，有人仍有待于开发而已。对于学生来说，创新主要是指创新性地学习，即在学习活动中独立思考并产生新设想、新方法、新成果的学习。美国认知心理学家皮亚杰（Jean Piaget，1896—1980）认为，教育的目的是造就批判性思维的头脑，敢于验证问题的头脑，而不是人云亦云的头脑。学习的目的，不仅仅是限于掌握前人积累起来的知识，更重要的是发展人的认知能力，善于用旧的经验来解决新问题（包括前人没有提出过的和已经提出但仍未解决的问题），要解决这些新问题，就必须培养创新思维的能力。创新性具有双重含义：①结果具有社会价值，是前所未有的；②结果没有社会价值，但对个体而言则有新意。从教育的意义上说，对已知的事物的再发现也是创新。对学生来说，尽管他们发现的是人们已熟知的事实，并没有什么社会价值，但对他们自己来说却是新的发现或发明。这对他们自己的思维发展具有积极作用②。所以教师要改变那种把教学仅仅当作传授书本知识的狭隘认识，而应把教学当作真正进行学习交流和自主探索的过程，要创立有利于开发学生创新潜能的、灵活而富有弹性的教学方式；把培养学生的创新意识和问题解决能力作为数学教学的重点；在数学教学思想、观念上要努力变革，树立全新的数学教学观念，以保证学生创新意识的培养。上述案例的个别辅导不是单一的老师讲，学生听，而是先学生讲，老师听，接着老师问，

---

① 王常斌. 数学课堂重在教会学生科学地思维［J］. 数学教学，2016（7）：11 –12.
② 何小亚. 数学学与教的心理学［M］. 广州：华南理工大学出版社，2011，8：29.

学生答，最后，师生交流。整个辅导过程都是在老师的引导下进行，没有老师的替代解答，更没有老师的包办总结，一切都是以学生为主。这是一种新的个别辅导方式。

2. 教师要努力创设宽松、和谐、民主的数学教学环境

长期以来，我国的课堂教学大都是以课堂为中心，书本为中心，教师为中心的单一模式，课堂教学的主要特征是传授、灌输知识，进而出现教师全盘讲、学生被动听的局面，这种情况在数学教学中也不罕见。数学教学必须突破传统的人际关系，营造愉悦的教学氛围，让学生自主地进行数学学习，师生之间平等地讨论数学问题，教师及时给予真诚的激励，这不仅能提高课堂教学效率，而且能消除学生的戒备心理，学生往往乐此不疲，并且思维活跃，富有创造性。这些都是数学学习中特别需要的，也是培养学生创新意识的关键所在。

（1）民主和谐的师生关系是培养学生创新意识的前提。数学教学活动是师生的双边活动。为了培养学生的创新思维，我们需建立一种新型的师生关系。一方面教师要放下严格的师道尊严，放弃中心地位，实现平等参与、民主管理；另一方面要使学生在平等、民主的和谐氛围中主动学习，积极参与研讨，敢于质疑，敢于表达。"如果师生关系和谐，学生精神饱满，注意力集中，开动脑筋，反应敏捷，发言踊跃，那么就会促进学生创新性思维的发展。"[①] 学生 Y 来到笔者办公室，找笔者进行面批，不是他听，笔者讲解，而是笔者让他认真说给笔者听："说知识""说过程"。笔者乐意、耐心地当听众，并且适当地和他就他的解法进行交流，偶尔装笨，故意发问，让他感到比较亲切，缩短了师生之间的距离，促进了师生关系的民主和谐。如此做法与传统做法很不相同。

（2）激励性评价是培养学生创新意识的重要手段。对于评价方式多元化来说，数学教学中的激励性评价不仅是有助于学生学习情感、态度和价值观的形成和发展，而且是激励学生学习热情，帮助学生认识自我、建立自我的有效评价方式。老师及时的表示肯定的手势、眼神、口头语言等都能让学生树立学习信心，激发其努力探究的积极性，促进其思维的广阔性、深刻性、发散性和批判性等，从而培养学生的创新意识，促进学生的创新思维。因此，我们要善于捕捉学生创新思维的火花，及时激励学生的创新想法和做法。对于学生 Y 的说，笔者认真聆听，及时给予真诚的激励，让他说得更加有信心，越鼓励他，他就

---

① 何小亚. 数学学与教的心理学［M］. 广州：华南理工大学出版社，2011，8：32.

越想将自己的成果展示出来，包括他的数学思维。笔者的及时激励对于他的说十分必要。

（3）改进教学方法是培养学生创新思维的必然要求。传统数学教育中"填鸭式"的教学方法显然不利于培养学生的创新思维和能力，只有通过发现式、启发式、讨论式等有效的数学教学方法，才能调动学生的主动性、自觉性，激发学生积极的思维。只有引导学生积极参与，独立思考，寻找问题的可能性答案，才能培养学生敢于批判、勇于创新的精神，培养学生发现问题、分析问题、解决问题的勇气和能力。

譬如，放手让学生自主开展数学学习活动。在数学教学中，教师要防止对学生太多的干涉和过早的判断。在某种程度上，学生的创新正是在不断尝试和纠正中逐步发展的。如果因为怕学生犯错，而在数学教学中小心翼翼地把实践步骤划分过细，那么可能会剥夺学生探索的乐趣和尝试失败后内疚与挫折的情感体验，结果只会使学生疏于动手，怯于尝试，创新意识也无从培养。所以，在数学教学中，教师应给学生创设一些易犯错的机会，让学生在探索过程中自主地发挥智慧和潜能。就在上述案例中，笔者让学生 Y 在笔者面前"说数学"，事先笔者根本没给他任何指导，他自己想怎么说就怎么说，笔者只想知道他的具体解答如何。尽管参考解答的方法相对简单得多，他的圆锥曲线知识基础薄弱，但笔者事先没有规定他如何解答、用什么方法去解答这道题，也就是说，给他空间，让他自主选择方法去解答。最终做得如何？对笔者来说，不是最重要的，关键是他能认真思考。哪怕是他做错了，或者他完全找不到解题思路，那也不重要。毕竟他努力过，思考过，那他的思维就会提高。也正如此，笔者才知道他懂得创新地用参数法来解答第（2）问。

又如，在作业布置上力求创新。作业练习是掌握知识、形成技能、发展智力的重要手段，也是培养学生创新意识的基本途径。设计练习要注意形式多样。创新思维具有流畅性、灵活性和新颖性等三大特征①。流畅性是指能产生大量的观念，即是说在回答问题时，能从不同的角度来做多种表达。灵活性是指思维能很快地转换，应变能力强，对新的情境审视、估计和预测能力很高。新颖性主要是指思路的新颖程度，也就是指摆脱传统观念的影响，用一般人考虑不到的角度去思考问题。学生 Y 在圆锥曲线单元掌握得不够好，笔者就单独给他布置一些练习（作业），让他自主完成，做好之后再拿来给笔者面批。这是一

---

① 何小亚. 数学学与教的心理学 ［M］. 广州：华南理工大学出版社，2011，8：30.

种有针对性的作业，并不是面向全班同学。面批时，笔者不是直接批改他的解答，然后给他讲评，而是要他"说知识""说过程""说体会"。笔者要他如此说，很明显增加了负担，其实也相当于多了一种练习任务——将自己的解答说给别人听，让别人听得懂。这就很像论文答辩了，很不容易的！因此，笔者认为，这是一种作业布置上的创新，对学生的思维能力培养作用巨大：在说中锻炼了流畅性，在笔者的质疑中锻炼了灵活性，在激励性评价中肯定了他的解答（思维）的新颖性。

需特别指出的是，要培养学生的创新思维，还需鼓励学生克服思维定式的影响。所谓思维定式，是指思维的定向准备状态，或者说是人们习惯于按照已有的方式或固定的思路去思考问题。"教师要想使学生学会创造性地解决问题，就必须在平时的教学中将问题解决的思路探索过程充分暴露在学生面前，使学生学会问题解决的思路探索方法。"①"说数学"就是暴露思路探索过程的重要方式之一。

（四）结束语

创新思维能力的培养是数学教学的重要课题，也是一个难题。在当下，创新能力成了世界各国发展的关键。创新能力强的民族才能屹立于世界民族之林。因此，努力培养学生的创新思维，提高学生的创新能力成了全体教育工作者的重任。上面案例的呈现和分析，仅是笔者立足自身数学教学实际的一些反思性探讨，在努力追求以小见大，欲提供给各位读者一个思考创新思维培养的窗口、一点数学教育的启示。

总之，只有教师有创造力，才可能激发学生的创造欲；只有在充满生命活力与和谐气氛的数学教学环境中，师生共同参与、相互作用，才能摩擦出智慧的火花，收获创造的果实。

四、反思"说数学"在高中试卷讲评课上的应用

如何提高试卷讲评课的教学效果，是一线数学教育工作者讨论的热门话题之一。以下拟对"说数学"如何在试卷讲评课上实施展开探讨。

（一）案例描述

这是一次高二理科数学试卷讲评课的案例。讲评的对象是一所市级重点中

---

① 何小亚. 数学学与教的心理学 ［M］. 广州：华南理工大学出版社，2011，8：37.

学的创新实验班学生。任课教师 T 长期研究和实施"说数学"教学方式。在这次讲评课的试卷上有这样一道题：

如图 3 所示，已知 $\triangle EAB$ 所在的平面与矩形 $ABCD$ 所在的平面互相垂直，$EA=EB=3$，$AD=2$，$\angle AEB=60°$，则多面体 $E-ABCD$ 的外接球的表面积为（　）

A. $\dfrac{16\pi}{3}$　　　　B. 8π　　　　C. 16π　　　　D. 64π

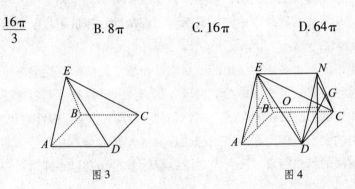

图 3　　　　　　　　　　图 4

教师 T 先按照自己课前准备的解答进行讲评，大致过程如下：将四棱锥作辅助线形成三棱柱 $AEB-DNC$（如图 4），设球心为 O，底面重心为 G，则 $\triangle OGD$ 为直角三角形，$OG=1$，$DG=\sqrt{3}$，所以球的半径 $OD=R=2$，所以多面体 $E-ABCD$ 的外接球的表面积为 $4\pi R^2=16\pi$。故选 C。接着教师 T 反复强调解题思路：遇到这类问题，往往是将"锥"补全为"柱"。然后根据题目条件探究球心的位置。正当教师 T 想继续讲下一句话时，平时考试成绩很优秀的学生 W 举手说："老师，我不'补'也可以求出来啊。"见到如此情境，教师 T 愣了一下，然后说："还有更好的做法？好啊，请同学 W 上讲台来介绍一下自己的解法。"学生 W 走上讲台，拿起粉笔作出了图形（如图 5），然后他一边口头介绍自己的解题过程，一边添加辅助线："因为三角形 EAB 是等边三角形，$ABCD$ 是矩形，所以取矩形 $ABCD$ 的中心 F，取线段 AB 的中点 M，分别以 AB，MF，ME 所在直线为 x，y，z 轴，建立空间直角坐标系。根据题目已知条件，我们可以很容易求出 A，B，C，D，E 点的坐标。要求这个棱锥 $E-ABCD$ 的外接球的表面积，关键是要找到球心和半径。现过点 F 作直线 FG 平行于 z 轴，那

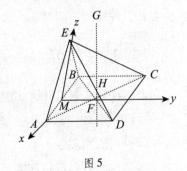

图 5

么球心一定在直线 FG 上。假设球心为 H（0，1，z），通过 $|HE|=|HA|$ 就可以求出 z 的值，也就可求出外接球的半径 $R=|HA|=2$。接着代入公式就可

求出这个棱锥 $E-ABCD$ 的外接球的表面积了。"学生 W 作了图形，添加好辅助线，介绍了解题思路，没有写下具体详细的解题过程就回到了自己的座位。教师 T 马上给予评价："面对如此问题，W 想到用坐标法来求解，很不简单。他用空间向量坐标法很好地找到了球心，真不错!"教师 T 以为学生 W 的讲解比较清晰，容易理解，正准备继续讲评其他试题。此时班上几个男生在议论纷纷。教师 T 看着他们，问："你们有什么意见吗?"学生 M 指着学生 Z 说："Z 有一种很快捷的方法，很好的!"顿时，学生 Z 感到不好意思。教师 T 邀请学生 Z 上讲台介绍他的解法。学生 Z 走上讲台，指着图 5 说："我在刚才 W 同学所作的直线 HG 的基础上再作一条辅助线。因为三角形 EAB 是等边三角形，所以我可作它的重心，记作 I，然后过点 I 作直线 IH，交直线 GF 于点 H（如图6)，H 就是所求的外接球的球心了。"看到如此解答，教师 T 十分高兴，马上评价："这太好了! 很容易就能确定球心的具体位置了，难度不大。真厉害! Z 同学在 W 同学的解法的基础上往前推进了一步!"此时，教室里响起了热烈的掌声。

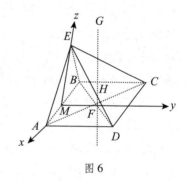

图 6

　　突然，平时数学成绩很优秀的学生 T 举手，问："老师，如三角形 EAB 所在平面和平面 $ABCD$ 不垂直，如此做还可以吗?"很多学生马上回答："还是可以的啊。"教师 T 面向全班问："为什么啊?"坐在靠近讲台的女生 M 起来回答说："老师，因为点 I 是等边三角形 EAB 的重心，也是它的外心，所以 I 到 A，B，E 三个点的距离都相等。因为直线 IH 垂直于平面 EAB，所以易证得直线 IH 上的任意一点到 A，B，E 三点的距离都相等，所以 $|HA| = |HE| = |HB|$。同理可得，$|HA| = |HC| = |HD| = |HB|$。也就得出点 H 是所要求的外接球的球心了。上面的推导不会受到平面 EBA 是否与平面 $ABCD$ 垂直影响。"教师 T 再问："其他同学有补充吗?"此时，很多学生还在盯着黑板上的图形在思考，没有人提出其他意见。教师 T 说："M 同学的解释完全正确，很好地回答了刚才 T 同学的提问。这是一道很好的试题，考查了球的表面积计算公式和空间想象能力。前面几个同学的表现都很好，能主动分享自己的解答，提出质疑，能积极主动思考，很不错! 希望同学们以后要继续发扬如此学风：积极思考，敢于提问，勇于表达，善于辩驳。这样，我们的课堂学习才更好玩，更有趣，更有效。"至此，这道题的讲评结束了，共用了大约 20 分钟。

（二）案例反思

当代教学的价值取向已从以掌握知识为主向以学生发展为本转变，并追求超越单纯的认知发展，努力促进学生多方面素质发展甚至全面发展。在以发展为本的教学取向看来，书本知识掌握虽是教学的一个方面的目标，但它远不是学生学习的全部目标或根本目标。以学生发展为取向的教学过程，其中心和焦点在于学生能动地学习活动的组织、激发、调动和促进。

1. 教师要切实更新数学教学观念

"要实现数学课程改革的目标，教师是关键。教师应首先转变观念，充分认识数学课程改革的理念和目标，以及自己在课程改革中的角色和作用。……教师不仅是知识的传授者，而且也是学生学习的引导者、组织者和合作者""引导学生积极主动地学习，掌握数学的基础知识和基本技能以及它们所体现的数学思想方法……提高数学素养，形成积极的情感态度，为未来发展和进一步学习打好基础""教师应帮助学生理解和掌握数学基础知识、基本技能，发展能力""口头、书面的数学表达是学好数学的基本功，在教学中也应予以关注""丰富学生的学习方式、改进学生的学习方法是高中数学课程追求的基本理念……教师的讲授仍然是重要的教学方式之一，但要注意的是必须关注学生的主体参与，师生互动""应鼓励学生积极参与教学活动，包括思维的参与和行为的参与。……教师要创设适当的问题情境，鼓励学生发现数学的规律和问题解决的途径，使他们经历知识形成的过程。"[1] 上述案例中的教师 T 不完全采用传统的试卷讲评方式，他自己先介绍了课前准备的解答：将锥补为柱，运用了转化思想，将"求棱锥的外接球表面积问题"转化为"求棱柱的外接球的表面积问题"。如此解法确实很常用。但在教师 T 讲完之后，学生有不同的解法，马上提出要"说异见"。教师 T 能即时搭建平台，给机会让学生 W 上讲台"说异见"，组织学生认真、耐心聆听学生 W 的"说异见"，还及时评价学生 W 的表现。这表明教师 T 的教学观念比较新，符合课改理念。后面他鼓励学生 Z、T、M 等继续"说异见"，基本上把整个课堂都交给了学生去讨论，表达自己的看法，教师 T 自己充当启发者、引导者、组织者的角色，十分难得！如此的试卷讲评课，绝对不是教师 T 临时、刻意安排的，而是其经过长期的数学教学实践、学生已对此教学方式十分熟悉的情况下的一节常规课，是真实课堂，而不是表演课。多个学生的"说异见"必然占去很多课堂时间，耽误了教师课前预设的

---

① 叶尧城. 高中数学课程标准教师读本 [J]. 武汉：华中师范大学出版社，2003，9：239-242.

教学安排，但是，如果教师不给这些学生机会"说异见"，那么学生来之不易的点滴思考成果又如何能与老师、同伴分享呢？学生在课堂上的主体地位又如何体现呢？因此，组织学生说是一种数学教学方式，是传统的教师讲授的有效补充，能体现学生学习的主体性，能锻炼学生的口头表达，有助于激发和鼓励学生积极参与数学学习活动。没有学生的积极参与、深入思考和自主探索，甚至合作交流，学生又怎么能说得那么自信，那么自然，那么深入呢？所以，按照课程标准的要求，更新数学教学观念十分重要！

2. 教师要创设机会暴露学生的数学思维过程

对几何思维而言，几何概念的生成就其最为基本的（直接的、原始的）思维过程而言，可被看成以物质对象的直接感知为基础的一种经验抽象。空间想象能力是指在头脑中能正确地反映出客观事物的空间形式，包括物体的形状、大小、位置关系等。从心理学角度看，这是指能够依据感觉经验在头脑中正确地建构起客观事物的直观表象，也即能够建构起这样的整体性心理表征，它与所表示的外部物体或情境在很大限度上是同构的；在更为高级的意义上，空间想象力还包括了如何由词语的定义或符号去建构起相应的图形或表象。这也就是所谓的由概念定义过渡到概念意象。

数学形象思维是主体内部发生的心理过程，数学物象只有转化成主体的观念性形象才有可能进入思维过程。在数学活动中，数学物象首先通过人的感官转化成人的知觉形象，它是在主体受到数学物象刺激的条件下产生的，是对数学物像的反映。知觉形象受制于直接呈现的数学物象，当数学物象呈现在主体面前时，主体内部产生相应的知觉形象，一旦离开了数学物象，主体内部的知觉形象就随之消失。数学表象是数学形象思维的心理元素，可分为图形表象和图式表象。图形表象是人脑对几何图形感知而形成的表象，而图式表象则是对数学式子、结构、关系、模型感知而形成的表象。数学形象思维是人脑对表象信息进行加工并得出新的数学表象的思维，其形式有数学表象的形成、数学表象的分解与组合、联想和想象。单从以上形象思维的角度看，学生的数学思维过程十分复杂。培养学生的数学思维是数学教学的重任。教师应该搭建平台、想尽办法让学生暴露自己的数学思维过程。暴露思维对任何人而言都不容易。"只可意会而不可言传"就是如此道理。

就上述案例而言，整道题的解答的关键点是如何确定棱锥的外接球的球心。教师 T 介绍了补的方法，运用了转化思想，这体现了教师 T 把这个棱锥看成了对应的棱柱的一部分，由锥想起了柱，这样棱锥的外接球球心就是棱柱的外接球球心。这是教师 T 的形象思维，反映出了图形表象。学生 W 看到这习题后，想到的是建立坐标系，运用计算的方法求出球心的坐标（位置），再求出相应外接球的半径。学生 W 的数学思维和教师 T 的差异很大，既有图形表象，又有图式表象。学生 W 要建立坐标系，需对整个图形有正确的认识，懂得如何确定原点、坐标轴，懂得确定有关点的坐标，还要掌握在空间直角坐标系中的有关运算技能。很明显，学生 W 的解答比教师 T 的运算量更大些。学生 Z 牢牢抓住了△EAB 是等边三角形这个条件（图形表象），容易确定△EAB 的外接圆的圆心 I（也是△EAB 的重心），然后过该圆心作△EAB 的垂线 IH，同理作出矩形 ABCD 的重心所在直线 FG。直线 IH 和 FG 的交点就是所要求的外接球的球心。学生 Z 的解法完全是依据△EAB 的图形表象，他熟练掌握了确定几何体的外接球的球心的通法。容易看出，上述各种解法（思路）反映了解答者不同的数学思维特点。只有解答者暴露了自己的数学思维，其他人才能知道"他到底是如何想的"，也就是其数学思维如何，是图形表象居多，还是图式表象居多。不同的数学思维，反映了不同的空间想象能力、逻辑推理能力和运算求解能力。当教师 T 给了多个学生展示他们的解法（"说知识""说过程"）的机会时，就暴露了学生的数学思维。信息处理时利用头脑中形成的图式，对知识进行取舍、改变的过程称为同化；在没有现成的图式可以直接利用时，则设法调整或改造自己已有的图式，或是设立新的图式，使之能够接纳新信息，这样的过程称为顺应。笔者想特别指出的是，学生在讲台上展示自己的不同解法时，其他学生在认真聆听的同时，会非常自然地将自己的想法（已有认知）和讲台上的解法产生同化、顺应，加深了对各种解法的理解。总的来说，教师创设机会给学生暴露数学思维是十分必要的。

3. "说数学"能培养学生积极的数学学习情感

学生是学习的主体。在进行数学教学设计时，除了需要对所教数学内容进行分析，还需要对学生情况进行分析；除了研究学生对具体内容的认识、理解、应用等规律外，还要考虑到他们在学习活动中发生和表现出来的各种想法、态度等因素。信念、态度和情绪等称为情感因素。信念，主要是指学生或教师在教学过程中对一些问题的总的看法。态度是指在稍短时期内，学生对学习或教师对教学所持的倾向或立场。情绪是指学生在学习过程中表现出来的具体的短时的反应。学生对数学学习的一项重要信念，是学习的动机。简单地说，动机是指引发学习活动的内部驱动力，它与学习的目的、兴趣等有密切的关系。自我实现的动机是数学学习动机之一。学生以数学水平来显示自己的聪明才智，从中体验个人成功的喜悦和个人成长、进步的满足感。动机最终需要在实际学习过程中转化为一种对数学的兴趣，并且这种兴趣要能维持一定的时间，而不只是短暂的一两节课、一两天。教学的设计，方法的改进，都应有利于引导学生学习的兴趣，增强学习动机。动机是一种情感因素，从侧面对学生学习发生影响。数学学习中学生的态度是情感的一类表现，是指有一定强度、适当稳定性的积极或消极的感觉和取向，是对事物的一种情感反应。影响学生的数学学习态度的重要因素之一，是对数学学习的重视与否。数学学习过程中的情绪是指学生心理上较短暂时间里的情感反应。和信念、态度相比，它表现为一个过程，而不是一种结果。情绪的许多表现确实在影响着数学学习中的实际的内部理解和外部操作行为。学生受到了鼓励，则情绪上精神振奋，好的想法会一个接一个地冒出来。

"说数学"给学生提供了说的机会，将自己对数学知识、数学问题解决过程与结果、感想与体会等说出来，在老师和同学面前表现自我，增加了获得教师激励性评价的机会。这有助于学生更加坚定数学学习信念，形成积极的数学学习态度，维持良好的数学学习情绪。上述案例中，在试卷讲评课上，学生们非常积极地展示自我：敢于说出与老师所提供的不同的解法，勇于说出自己的解答过程。这些学生都不是经老师点名提问的，也不是经个人长时间准备才说出来的，完全是自发的。可见，这些学生喜欢数学课，在讲评课之前对这道题有较多思考；在平时的数学课就喜欢说，敢说，到善于说。这就充分表明，学生具有十分坚定的数学学习信念、积极的数学学习态度；从整个课堂来看，学生的数学学习情绪是兴奋的，否则，他们就不会一个接着一个来说了。因此，"说数学"能培养学生积极的数学学习情感。

（三）总结与展望

试卷讲评课是一种很常见的课型。要在试卷讲评课上实施"说数学"，需教师具有较新的教学观念，充分发挥学生的主体作用，调动学生的数学学习积极性，搭建平台给学生展示自我：说数学（包括"说知识""说过程""说异见"和"说体会"等）。上述案例展示了试卷讲评课上到底该如何组织、实施学生"说数学"。从表面上看，讲评一道思维量较大的立体几何试题虽然用了近20分钟，但是这些时间用在了生成性环节，用在了学生的说，而不是老师的灌输。如此安排很值得！盲目讲评再多的试题，如果学生参与课堂的积极性不高，没有学生的深入思考，没有学生的不同数学思维的碰撞，那怎么能取得优秀的教学效果呢？因此，"说数学"应用于试卷讲评课是可取的，值得继续深入研究。

五、基于信息不对称理论反思高中"说数学"案例

在一次很偶然的机会，笔者接触到了信息不对称理论，带着长期的"说数学"的实践体会去认真阅读它之后，认为该理论与"说数学"的联系十分紧密。为了促进自己对这个理论的认识和理解，笔者就尝试从这个角度对"说数学"的案例展开了反思性的探究①。

(一) 概述信息不对称理论

1. 信息不对称理论简介

信息不对称理论是信息经济学中一个非常重要的理论②。1970 年，美国经济学家阿克尔洛夫（George A. Akerlof）首次提出了信息市场概念。他提出：在旧车交易市场中，买卖双方由于对旧车车况信息掌握程度的不同会导致市场失灵，即差车把好车驱逐出二手车市场③。此后，经济学家斯宾塞和斯蒂格利茨将该思想用于分析劳动力市场与金融保险市场，相继提出"信号法则""获得成本""逆向选择""败德行为"等概念，进而形成了完善的信息不对称理论体系④⑤。该理论的基本假设有两点：一是参与市场交易的双方对所交易商品掌控的信息是不对称的，即就交易商品而言，交易的一方总比另一方掌握的信息要多一些，且占有信息较多的一方会利用另一方信息的贫乏而获得更大的利益；二是交易双方对各自在信息掌控上所处的地位是清楚的⑥，这也是博弈的前提。信息不对称是指信息在相互关联的双方之间呈现不均匀、不对称的分布状态。

2. 教学信息不对称的成因⑦

信息不对称理论具有普适性，教育领域存在诸多不对称及其博弈，如在教

---

① 钟进均. 基于信息不对称理论的高中"说数学"案例探究 [J]. 数学通讯，2016 (11)：13 – 17.

② 张炳林，杨改学. 信息不对称理论之教学思考——成因、表征、模型、启示 [J]. 课程·教材·教法，2013 (11)：10 – 12.

③ George A. Akerlof. The Market for "Lemons"：Quality Uncertainty and the Market Mechanism [J]. The Quarterly Journal of Economics，1970，84 (3)：488 – 500.

④ Michael Spence. Job Market Signaling [J]. The Quarterly Journal of Economics，1973，87 (3).

⑤ Joseph E. Stiglitz. Information and Economic Analysis：A Perspective [J]. The Economics Journal，1985，95：21 – 41.

⑥ 袁红. 信息不对称理论及其应用——以保险市场为例 [J]. 情报检索，1998 (1)：16 – 17.

⑦ 张炳林，杨改学. 信息不对称理论之教学思考——成因、表征、模型、启示 [J]. 课程·教材·教法，2013 (11)：10 – 12.

师与学生之间、教师与管理者之间，甚至学生与学生之间等。信息不对称是课堂教学存在的前提。课堂教学的目的就是要努力消除教师与学生间、学生与学生之间的这种信息不对称状况，通过教师教、学生学，最终达到教师与学生间、学生与学生之间的信息对称。教学信息的不对称指对于某教学主题，教师与学生或者学生与学生双方对关于该主题掌握的知识在量与质上的不一致性。形成教学信息不对称的主要原因有教学系统内部因素与外部因素两个方面。教学信息不对称的外部成因指那些由于事物的基本属性差异造成的教学信息不对称的原因，主要体现有：①事物的差异构成信息差异。即便是同一事物，在每一个人的大脑中的意义也是不相同的，而是个性化的。②信息不对称的本性还在于事物本身的变异度。事物在发展变化，有变化就有信息的变化，或增或减。③信息的可传递性。在信息传递过程中，信源（即信息的传播者）与信宿（即信息的接受者）之间的信息在时间和空间维度上构成不对称；在传递结束后，某一群体或某一区域在整体上也会占有更多的信息，形成新的不对称。④投入的成本不同。信息的拥有需要投入时间、精力和技术等成本；投入成本越多，获取的信息基本上也就越多，反之就越少。教学信息不对称的内部成因是指由于教学的特殊属性或教学活动的规律而引起的教学信息不对称的原因，主要包括：①教学知识的增加；②教学内容的选择性；③教学参与者——教师与学生之间获取信息能力的差异；④信息技术及共建共享机制；⑤教学中的人为原因。其主要表现在占有资源优势的教师（或者优秀生）方面，一是主观故意的人为私有化；二是教师的惰性造成的信息不对称。

　　教育传播学原理认为，信源与信宿之间（师生之间或者学生与学生之间）的沟通必须建立在共同经验的范围内。比如让学生理解某一事物，教师必须运用学生经验范围内能够理解的比喻，引导他们进入新的知识领域。相反，学生作为重要的知识传播对象，会通过发问、交流、小组汇报等形式呈现与分享他们独有的不对称知识。经过一系列的教学环节后，师生互相走进对方的不对称的知识领域，不但学生掌握了教学内容，而且教师也能获得新的知识，即教学相长。学生与学生之间的知识交流、沟通也如此。

（二）案例描述

　　在一次高三复习课上，笔者提供了以下题目供学生练习：

已知椭圆 $C: \dfrac{x^2}{a^2} + \dfrac{y^2}{b^2} = 1$（$a > b > 0$）的左、右焦点分别为 F_1（$-1, 0$），

F_2（$1, 0$），P 为椭圆 C 上任意一点，且 $\cos\angle F_1PF_2$ 的最小值为 $\dfrac{1}{3}$.

（1）求椭圆 C 的方程；

（2）动圆 $x^2 + y^2 = t^2$（$\sqrt{2} < t < \sqrt{3}$）与椭圆 C 相交于 A、B、C、D 四点，当 t 为何值时，矩形 $ABCD$ 的面积取得最大值？并求出其最大面积.

因该习题是课前已发给学生的练习卷上的一道题，故不少学生都在课前完成了解答。笔者在课堂上没有和学生一起分析题目，没板书解题过程，而是选取学生 M 的解答过程，利用实物投影仪展示给学生看。其解答大致如下：

（1）因为 P 是椭圆 C 上一点，所以 $|PF_1| + |PF_2| = 2a$. 在 $\triangle F_1PF_2$ 中，$|F_1F_2| = 2$，由余弦定理得 $\cos \angle F_1PF_2 = \dfrac{|PF_1|^2 + |PF_2|^2 - |F_1F_2|^2}{2|PF_1| \cdot |PF_2|}$

$= \dfrac{(|PF_1| + |PF_2|)^2 - 2|PF_1| \cdot |PF_2| - 4}{2|PF_1| \cdot |PF_2|}$

$= \dfrac{4a^2 - 4}{2|PF_1| \cdot |PF_2|} - 1$. 因为 $|PF_1| \cdot |PF_2| \leqslant \left(\dfrac{|PF_1| + |PF_2|}{2}\right)^2 = a^2$，当且仅当 $|PF_1| = |PF_2| = a$ 时等号成立. 又因 $a > 1$，所以 $\cos \angle F_1PF_2 \geqslant \dfrac{4a^2 - 4}{2a^2} - 1 = 1 - \dfrac{2}{a^2}$. 因为 $\cos \angle F_1PF_2$ 的最小值为 $\dfrac{1}{3}$，所以 $1 - \dfrac{2}{a^2} = \dfrac{1}{3}$，解得 $a^2 = 3$. 又 $c = 1$，所以 $b^2 = a^2 - c^2 = 2$. 所以椭圆 C 的方程为 $\dfrac{x^2}{3} + \dfrac{y^2}{2} = 1$.

（2）设 $A\,(x_0, y_0)$，则矩形 $ABCD$ 的面积 $S = 4|x_0 y_0|$. 因为 $\dfrac{x_0^2}{3} + \dfrac{y_0^2}{2} = 1$，所以 $y_0^2 = 2\left(1 - \dfrac{x_0^2}{3}\right)$. 所以 $S^2 = 16 x_0^2 y_0^2 = 32 x_0^2\left(1 - \dfrac{x_0^2}{3}\right) = -\dfrac{32}{3}\left(x_0^2 - \dfrac{3}{2}\right)^2 + 24$. 因为 $-\sqrt{3} < x_0 < \sqrt{3}$ 且 $x_0 \neq 0$，所以当 $x_0^2 = \dfrac{3}{2}$ 时，S^2 取得最大值 24. 此时 $y_0^2 = 1$，$t = \sqrt{x_0^2 + y_0^2} = \dfrac{\sqrt{10}}{2}$. 所以当 $t = \dfrac{\sqrt{10}}{2}$ 时，矩形 $ABCD$ 的面积最大，最大面积为 $2\sqrt{6}$.

在展示上述学生解答的过程中，笔者让学生 M 上讲台解说该解答。面对全班同学，M 用笔指着他的解答，比较顺畅地讲解了他的解题思路和过程。在他说完之后，笔者对他的说给予了及时的激励性评价："首先，他在课前很认真地自主解答了该问题，懂得主动、自主学习。这习惯非常好！其次，他分析问题的思路很清晰，环环相扣，推理严谨，解答准确。再次，他在台上的'说'很大方、得体，条理清晰，口头表达自然、清楚。整体表现不错！"在上述评价之后，笔者刚准备归纳上述解题过程时，男生 X 举手示意："老师，我有一种很简便的方法。"此时，全班同学的目光都转移到他身上，表示惊讶。笔者邀请 X 上到讲台，详细说出了自己的解答。他在黑板上自信、快速地画了一个图（如图 7 所示），然后在该图形的旁边，边板书边解说他的解答过程，大致如下：

（1）如图 7，点 P 在弧 AB 上移动，当点 P 从 $A \to B$ 时，$\angle F_1PF_2$ 逐渐增大.

∴ $\angle F_1PF_2 \in (0, \pi)$,

又∵ $y = \cos x$ 在区间 $(0, \pi)$ 上单调递减，

∴ 当 P 从 $A \to B$ 时，$\cos \angle F_1PF_2$ 逐渐减小.

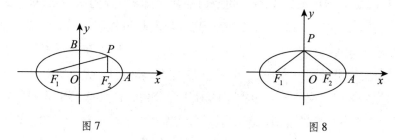

图 7　　　　　　　　　　　　图 8

∴ P 点运动到 y 轴时，与 B 点重合，$\cos \angle F_1PF_2$ 取得最小值 $\dfrac{1}{3}$.

如图 8，则有：$|PF_1| = |PF_2| = a$①；

∴ $\cos \angle F_1PF_2 = \dfrac{|PF_1|^2 + |PF_2|^2 - |F_1F_2|^2}{2|PF_1||PF_2|} = \dfrac{1}{3}$②；

解得 $a^2 - b^2 = c^2$③

∴ $\dfrac{x^2}{3} + \dfrac{y^2}{2} = 1$ 为所求椭圆的方程.

（2）设 $A(x_0, y_0)$，则 $S = 4|x_0y_0|$. 因为点 A 在椭圆上，令 $x_0 > 0$，$y_0 > 0$，所以 $\dfrac{x_0^2}{3} + \dfrac{y_0^2}{2} = 1$. 由基本不等式得 $\left(\dfrac{x_0}{\sqrt{3}}\right)^2 + \left(\dfrac{y_0}{\sqrt{2}}\right)^2 = 1 \geqslant \dfrac{2x_0y_0}{\sqrt{6}}$①. 当且仅当 $\left(\dfrac{x_0}{\sqrt{3}}\right)^2 = \left(\dfrac{y_0}{\sqrt{2}}\right)^2 = \dfrac{1}{2}$ 时等号成立，此时 $x_0 = \dfrac{\sqrt{6}}{2}$，$y_0 = 1$，由①得 $\dfrac{2x_0y_0}{\sqrt{6}} \leqslant 1$，$x_0y_0 \leqslant \dfrac{\sqrt{6}}{2}$，∴ $S \leqslant 4 \times \dfrac{\sqrt{6}}{2} = 2\sqrt{6}$. 此时 $t = \sqrt{\left(\dfrac{\sqrt{6}}{2}\right)^2 + 1^2} = \dfrac{\sqrt{10}}{2}$.

学生 X 徒手上台"说过程"，其姿态自信、大方，板书规范。他在展示完毕之后，还现场对全班同学说："大家都能看懂吧？我认为这道题考查圆锥曲线知识，属于平面解析几何知识。我自己比较喜欢运用数形结合的思想去思考这类问题，所以我在第一问考虑到 $\angle F_1PF_2$ 的变化情况。"此时，全班学生为他鼓

掌。笔者对 X 给予及时激励性评价，面对全班学生说："X 的解答完全正确，方法很好！和刚才展示的 M 的解答过程不同，方法不同，但结果相同。X 敢于主动表达自己的解答过程，此种精神可嘉！还有，他能说得清楚，说得有条理，说得准确，不容易！"此时，女生 L 举手发言："老师，我想给大家对比、分析一下 M 同学和 X 同学的解法，可以吗？"笔者说："当然可以！只有对比分析，我们才能更深刻地了解这些解题过程和方法。"女生 L 起来回答："M 同学在第（1）问运用了余弦定理和基本不等式去求解出 a，b，c，从而得出了椭圆的方程；在第（2）问运用求二次函数的最值的相关知识找到了矩形面积的最大值及其对应的 t。X 在第（1）问运用了余弦函数的单调性去求解；在第（2）问用到了基本不等式进行求解。两位同学的解答都运用到了基本不等式，都用到了待定系数法确定椭圆的方程。"笔者及时表扬了女生 L："你的对比分析很准确，很到位！希望大家都能多做类似的对比和分析，这会有助于我们的数学学习！"最后，笔者在 L 的分析的基础上对待定系数法和数形结合思想，以及基本不等式的运用加以强调，最后结束了该习题的讲评。

（三）案例的反思

案例分析不追求完整性，而在于挖掘案例中的有价值的要素，反思教学环节，提高教学效果。

1. 正确看待数学教学的信息不对称

教师需正确认识信息不对称客观存在于数学教学。首先，每一个学生对同一个教学内容在头脑中的意义并不完全相同，都存在已有的认知基础。也就是说，学生之间存在认知差异。学生 M 和 X 对于题目中的"$\cos\angle F_1PF_2$ 的最小值为 $\frac{1}{3}$"存在很大认知差异：前者想到了余弦定理和基本不等式，后者想到了余弦函数的单调性，考虑到了数形结合的数学思想。其次，课堂教学内容随着教学过程的不断推进而发生变化。学生 M 和 X 先后展示了自己对同一个数学问题的不同解答过程，期间还有教师对他们的及时评价。可见，随着教学内容的不断更新，信息不对称在逐步深化。再次，教师和学生、学生与学生之间互相传递信息，而信息传递的前提是双方的信息不对称，尽管有时教师为了教学目的，故意创设信息不对称的状态，但是显示自身信息相对还少一些。最后，每个学生获取信息的能力存在差异。M 在第（2）问从二次函数角度求解到面积的最大值，说明他对二次函数知识掌握较好；而 X 利用基本不等式进行求解。两人的信息处理能力存在巨大差异。另外，对于其他学生而言，他们对两个学生的解答过程的理解也必存在差异。女生 L 主动对两个学生的解答进行归纳总结，无疑对该问题的解答的认识相对更深刻，掌握的信息更多一些。综上可见，数学教学中必然存在信息不对称。

教师要引导学生树立正确的信息不对称观。学生只有认识到数学学习中必然存在信息不对称，才会从思想上主动与老师、同伴等展开数学交流。如果一个学生知道自己所掌握的信息相对同伴多一些，他能主动将自己所掌握的信息尽自己的最大能力传递给同伴，那么这个学生在传递信息的过程中会提升交流能力。同时，如果一个学生知道自己所掌握的信息相对同伴少一些，他能主动向别人索取信息，那么这个学生在接受信息的过程中会提升学习能力、交往能力等。这就需学生具有正确的信息不对称观。

2. 合理把握和利用数学课堂中的对称知识

"教育是信息传递和加工的过程"，"把信息加工过程中的知识按其作用和角色可划分为原知识、新知识两大类。原知识是指制约、帮助加工外来信息的知识，新知识是指通过信息加工所得到的结果。原知识是一次具体的学习之前就已有的知识；新知识是一次具体的学习后才产生的知识。学习的实质就是新知识加入原知识中去，原知识得到扩大和修改的过程"[1][2]。奥苏贝尔认为[3]，有意义学习发生的基本条件是学生的认知结构中具备作为新知识学习之基础的相关内容，亦即如学生不具有必备的知识基础，就难以理解新知识。所以，教师要把师生已达成共识的对称信息作为新知识的生长点，引导学生从共有的信息中"生长"出"新的经验"[4]。教师要从学生之前学过的某个知识点出发，逐渐迁移至本节教学内容的学习，使得新知识与原知识重新整合，最终被纳入学生的认知结构之中。笔者在全体学生都经过认真思考并努力完成解答的基础上，展示 M 的解答，让他上讲台交流自己的数学思考。接着还让 X 说解答。就该习题而言，并不一定每个学生的解答都相同。如果某学生的解答与 M 或 X 的不相同，那他需将自身已掌握的知识与这两种解答进行整合，实现从"不对称"到逐步"对称"，最终纳入其认知结构。总之，如此合理把握和利用数学

---

① 孙树荣．教育信息学 [M]．北京：人民教育出版社，2001，11：102.

② 钟进均．关于学生数学原知识的案例探究 [J]．中学数学月刊，2014 (3)：10 – 13.

③ 施良方，崔允漷．教学理论：课堂教学的原理、策略与研究 [M]．上海：华东师范大学出版社，1999 (1)：121.

④ 张炳林，杨改学．信息不对称理论之教学思考——成因、表征、模型、启示 [J]．课程·教材·教法，2013 (11)：13.

课堂中的对称知识，能促进学生的有意义学习。

3. 科学创建课堂不对称知识

知识按外在化程度可分为两类①：明确知识与默会知识。教学信息的不对称包括明确知识不对称和默会知识不对称。

笔者不是自行讲解上述习题，而是创设机会搭建平台，引导学生"说数学"。M 和 X 详细介绍了自己的解答，引起了明确知识的"不对称"。M 在第 (1) 问充分运用余弦定理将条件"$\cos \angle F_1 P F_2$ 的最小值为 $\frac{1}{3}$"进行转化，紧扣椭圆定义，利用基本不等式进行求解；在第 (2) 问，他把面积 S 用 $4 \mid x_0 y_0 \mid$ 来表示，对 $A(x_0, y_0)$ 一般化，将 S^2 转化为二次函数求最值问题。显然他侧重于从数的角度思考问题。X 观察 $\cos \angle F_1 P F_2$ 在 $\left[0, \frac{\pi}{2}\right]$ 上的大小变化情况，运用余弦函数的性质讨论 $\cos \angle F_1 P F_2$ 的最小值。由动到静，抓住"P 在 y 轴上"这个十分特殊的条件求椭圆方程。男生 X 侧重于从形的角度思考问题。在第 (2) 问，他直接使用基本不等式，求出 $\mid x_0 y_0 \mid$ 的最大值，对 x_0, y_0 的范围进行特殊化。女生 L 说出了自己对两种解答的看法，也就是将默会知识努力明确化，引起了默会知识的"不对称"。可见，抓住契机让学生"说数学"创建了课堂不对称知识，有助于学生的有意义学习。

4. 灵活促进"不对称"与"对称"之间的相互转换

"如何最大限度地在班级教学中使每个学生都能进步，成了教育研究的主要内容之一""学习存在许多差异""我们的教学应尊重和欣赏学生的个别差异""忽视学生的个别差异，是教育的失误和损失"②。"说数学"就是一种尊重学生个体差异的教学方式。笔者让学生 M 先介绍自己的解答（说知识，说过程），再鼓励其他学生（男生 X）"说异见"，最后鼓励女生 L 对比两种解法的差异（说体会）。笔者尊重学生个体差异，创设机会给学生"说数学"，就创设了"不对称"，学生在努力将别人的说纳入自身的认知结构当中，实现了知识"对称"，随着下一个"说数学"环节的开始，新的"不对称"开始，在师生的共同努力下，实现了新的"对称"。如此下去，尊重学生个体差异的课堂教学就在教师的灵活设计下，通过"说数学"促进了"不对称"与"对称"之间的相

---

① M. Polanyi. The Study of Man［M］. London：Rout ledge & Kegan Paul, 1957.

② Carol Ann Tomlinson. 刘颂译. 多元能力课堂中的差异教学［M］. 中国轻工业出版社，2003（9）：2 - 6.

互转换。

（四）结束语

尽管信息不对称理论来自经济领域，但基于该理论的基本假设，尤其处在信息化不断深化的新时代，对数学课堂教学展开探究，应成为数学教育研究的一个新视角。为此，以上我们探究了一个"说数学"教学案例。基于信息不对称理论，探究"说数学"在高中数学不同课型中的应用将成为我们的努力方向。

六、基于课程资源视角反思高中"说数学"活动

课程资源也称教学资源①，就是课程与教学信息的来源，或者指一切对课程和教学有用的物质和人力。长期以来，我国的课程资源的来源单一，开发主体、实施空间、资源内容等方面的发展也较为落后。广大一线教师极少参加课程资源开发，较多依赖教材和教学辅助资料；实施空间仅仅将教学局限于课堂；内容往往偏重于知识特别是学科知识的开发，忽视对学生能力、素质的培养，内容结构单一，不利于学生的发展。

我们应如何立足教学实践，开发、拓展数学课程资源呢？经过十几年的实践探索，笔者认为，"说数学"是开发与拓展数学课程资源的有效方式之一，有重要的教育价值②。

笔者任教于广东省国家级示范性高中，生源水平较高，学生的学习动力足，数学基础相对较好；在平时教学中，经常采用"说数学"教学方式进行教学，鼓励学生大胆"说数学"，课堂气氛比较活跃、民主。以下案例来自高三理科数学复习课，该堂课具有典型性、真实性、启发性和创造性。

一次数学连堂课给笔者留下了十分深刻的印象。在笔者给学生做的数学测试卷上有一道题（该卷共有 12 个小题，此题为第 11 题）：

已知矩形 $ABCD$ 的边 $AB=4$，$AD=1$，点 P 为边 AB 上一动点，则当 $\angle DPC$ 最大时，线段 AP 的长为（　　）

A. 1 或 3　　　　B. 1.5 或 2.5　　C. 2　　　　　　D. 3

笔者在讲评该测试题时先在黑板上作出图9，然后在黑板上边分析题目，

———————————

① 张廷凯，丰力. 校本课程资源开发指南［M］. 北京：人民教育出版社，2004，1.

② 钟进均. 基于课程资源视角的高中说数学活动案例探究［J］. 中学数学（高中），2017
　　（2）：34–37.

边板书解题过程，具体如下（记为方法1）：

如图9，设 $AP = x$，则 $PB = 4 - x$.

因为 $ABCD$ 是矩形，所以 $\angle PAD = \angle CBP = 90°$.

在 Rt△DPA 中，$\tan\angle APD = \dfrac{AD}{AP} = \dfrac{1}{x}$，$\tan\angle CPB = \dfrac{BC}{BP} = \dfrac{1}{4-x}$.

所以 $\tan\angle DPC = \tan\left[\pi - (\angle CPB + \angle APD)\right]$

$= -\tan(\angle CPB + \angle APD)$

$= -\dfrac{\tan\angle CPB + \tan\angle APD}{1 - \tan\angle CPB \cdot \tan\angle APD}$

图9

$= -\dfrac{\dfrac{1}{x} + \dfrac{1}{4-x}}{1 - \dfrac{1}{x}\cdot\dfrac{1}{4-x}}$

$= \dfrac{4}{x^2 - 4x + 1}$

$= \dfrac{4}{(x-2)^2 - 3}$.

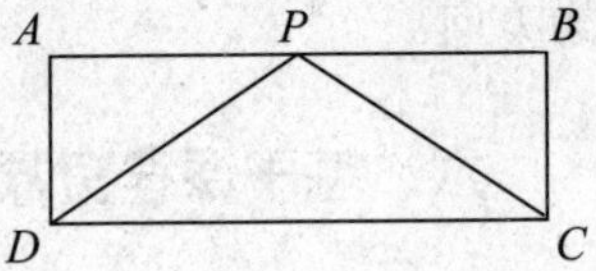

当 $x = 2$ 时，$\tan\angle DPC$ 有最大值为 $-\dfrac{4}{3}$. 又因为 $y = \tan x$ 在 $\left[0, \dfrac{\pi}{2}\right)$ 和 $\left(\dfrac{\pi}{2}, \pi\right]$ 上为递增函数，所以当 $x = 2$ 时，$\angle DPC$ 最大. 因此，答案为 C.

在讲解完上述方法1之后，笔者问全班学生："此题还有其他解法吗？"没有学生提出意见。笔者问："大家看看这个条件'矩形 $ABCD$'，你会想到什么方法？"笔者见仍无学生想到其他方法，就提示说："坐标法"。此时，有多个学生说："对哦！"笔者问："那该如何做啊？"平时成绩处于中上水平的学生 Z 说："老师，我知道怎么做了，让我来给大家讲讲吧，可以吗？"笔者说："好的。你上黑板来板书出来，讲解一下。"学生 Z 在黑板上很快写下了解题过程，具体如下（记为方法2）：

以 A 为原点，分别以 AB，AD 所在直线为 x，y 轴，建立平面直角坐标系。

设 $AP = \lambda$，则有 $P(0, \lambda)$，$D(1, 4)$，$C(1, 0)$，所以 $\overrightarrow{PD} = (1, 4-\lambda)$，$\overrightarrow{PC} = (1, -\lambda)$.

所以 $\cos\angle DPC = \dfrac{\overrightarrow{PD}\cdot\overrightarrow{PC}}{|\overrightarrow{PD}|\,|\overrightarrow{PC}|} = \dfrac{1 - 4\lambda + \lambda^2}{\sqrt{\lambda^2 - 8\lambda + 17}\cdot\sqrt{1 + \lambda^2}}$ ①.

突然，学生 Z 停下来，思考片刻后转身看着笔者说："往下不知道该如何做了，不会化简。"显然，①式的化简比较麻烦，运算量偏大。笔者对全班学生说："Z 同学的解答思路完全正确！坐标法应用于解答平面几何问题比较常见。'ABCD 是矩形'为建立平面直角坐标系带来方便。至此，本方法能否继续往下做并得出最终解答，我不敢肯定。若继续往下做，则需要较强的代数式变形技能。至此，问题已转化为求以 λ 为自变量的函数最值问题。希望各位同学要重视运算变形的训练。请大家课后继续完成后续的解题过程，看看能否求出最终解答。"当时很多学生对方法 2 都做了笔记。之后笔者继续讲评其他试题。出乎笔者意料的是，大约过了 20 分钟，在即将下课的时候，平时数学成绩特别优秀的男生 W 对笔者说："老师，我将刚才的方法 2 的解答求出来了，这方法确实可以得出解答的。"笔者说："太好了！你拿来给我看看，并讲解给我听。"此时，下课了。笔者安排学生下课休息。在课间，笔者看着男生 W 在草稿纸上的解答，听着他在旁边认真地讲解，具体如下：$\cos \angle DPC =$

$$\frac{(\lambda -2)^2 -3}{\sqrt{\lambda^2 -8\lambda +17} \cdot \sqrt{1 +\lambda^2}} = \sqrt{\frac{\left[(\lambda -2)^2 -3\right]^2}{(\lambda^2 -8\lambda +17)(1 +\lambda^2)}},$$

令 $x =(\lambda -2)^2$，则：

$$\cos \angle DPC = \sqrt{\frac{(x -3)^2}{x^2 -6x +25}} = \sqrt{\frac{(x -3)^2}{(x -3)^2 +16}} = \sqrt{1 -\frac{16}{(x -3)^2 +16}},$$

因为函数 $y =\cos x$ 在 $[0, \pi]$ 上为减函数，所以要使 $\angle DPC$ 最大，则需要

$\sqrt{1 -\dfrac{16}{(x -3)^2 +16}}$ 最小，即要 $(x -3)^2 +16$ 最小。

因为 $\lambda \in [0, 4]$，所以 $x \in [0, 4]$，所以当 $x =3$ 时，$\cos \angle DPC$ 的最小值为 0。也就是当 $\lambda =2 \pm\sqrt{3}$ 即 AP 的长为 $2 \pm\sqrt{3}$ 时，$\angle DPC$ 最大。

$$(\lambda^2 -8\lambda +17)(1 +\lambda^2) = \lambda^4 -8\lambda^3 +18\lambda^2 -8\lambda +17$$
$$= \left[(\lambda -2)^2\right]^2 -6(\lambda -2)^2 +25 \quad (*)$$

笔者问："你怎么想到如此转化呢？这么复杂的式子！"W 边写边说："$\left[(\lambda -2)^2\right]^2 =\lambda^4 -8\lambda^3 +24\lambda^2 -32\lambda +16 \ (**)$，又 $(\lambda -2)^2 =\lambda^2 -4\lambda +4$。我对比 $\lambda^4 -8\lambda^3 +18\lambda^2 -8\lambda +17$ 和 $(**)$，就容易想到 $-6(\lambda -2)^2 =-6\lambda^2 +24\lambda -24 \ (***)$，到此，$(*)$ 就可以得到了。"

对上述案例，笔者做出了以下反思性探究：

1. "说数学"是一种创造交流性课程资源的教学方式

通常，数学教师非常重视课本、练习册、习题卷和作业本等资源的选取和使用。批改作业是师生之间进行知识性交流的重要方式。老师通过批改作业，

能了解到学生对数学知识（含新知识和旧知识）的掌握情况。部分老师还喜欢在作业本上偶尔写一写评语。数学作业本成了师生之间很有限的交流媒介。传统的数学作业较多反映的是学生的陈述性知识和程序性知识情况，很少反映学生的过程性知识情况。我们通过批改作业可以知道学生对某个数学问题的解答是否正确，但无法得知这些对与错背后的艰苦付出，无法知道学生在解答这些问题中的过程性知识情况。许多老师除了在数学课堂上与学生交流之外（课堂上的交流多是面向全体），很少与学生就过程性知识进行交流；同时面对几十个学生，很难做到教师与学生个体之间的交流。

上述案例，笔者在介绍完方法 1 之后，故意设计了一个环节：提出另外的解题方法（努力方向），但是没有给出具体的解答过程；考虑到这个班的数学基础较好，让学生课后去尝试解出答案。想不到学生 W 在课堂上认真地完成了后续解答，笔者积极鼓励他在讲台上呈现自己的解题过程，鼓励其他学生发问，使得整个数学课堂充满了数学交流：既有师生之间的交流，也有学生与学生之间的交流。在回答其他学生的发问过程中，W 非常具体地说出了自己的思维历程（"说过程"）。在同学的追问下，W 说出了自己的解答过程中的每一步是如何得来的（"说过程"）。因此，学生们从 W 的板书中学习到了"陈述性知识"，从他的说学习到了"程序性知识"。在笔者的启发引导下，W 说出了自己克服困难，不懈努力去转化 $\cos\angle DPC$ 的表达式，最终成功求解的感想和体会（"说体会"），亦即 W 说出了"过程性知识"。从而，W 的写与说相结合，边写边说，在写的基础上再用说来补充与提升，促进了他与老师、其他学生之间的交流。客观地说，上述方法 1 的解答，如果没有 W 的"说"，确实不易理解。也正是 W 的"说"表明他对该问题及其解答的认识十分深刻。总之，"说数学"创造了数学课堂的交流性课程资源，不仅交流了知识（陈述性知识和程序性知识），还交流了感想和体会（过程性知识）。

2. "说数学"有助于拓展反思性课程资源

反思是指思考过去的事情，从中总结经验教训。反思性课程资源是指能促进师生进行反思的课程资源，对学生而言，主要是对自身数学学习情况的反思；对教师而言，主要是对数学教学情况的反思。涂荣豹先生指出，反思性数学学习就是学习者对自身数学学习活动的过程，以及活动过程中所涉及的有关材料、信息、思维、结果等学习特征的反向思考。其基本特征是它的探究性，就是在考察自己活动的经历中探究其中的问题和答案，重构自己的理解，激活个人的潜能，并在活动所涉及的各个方面的相互作用下，产生超越已有信息外的信息①。数学教师需针对学生的学情不断进行反思，提高教学效率。

在上述案例中，学生 Z 写下了方法 2 的前面部分解题过程，无法将①进行化简求出最值，引发了他和其他学生的反思：一是该方法及其解答过程和方法 1 的区别在哪里；二是①式有错误吗，为什么求不出最值呢。学生 W 的解答引起了女生 H 的发问，促进了学生 W 的深入反思。学生 W 的"说过程"和"说体会"必需他本人充分反思解题过程、结果以及体验，否则无法说出来。"说数学"促进了学生从解题结果到过程（含思想方法），再到体验的反思。因此，"说数学"有助于拓展反思性课程资源。

3. "说数学"开发了拓展性课程资源

"说数学"是一种开发拓展性课程资源的教学方式，主要是指以下两个方面：

（1）"说知识"可以是对课本知识（或课堂内容）的延伸、拓展。上述案例中的方法 2 就是对课堂内容的延伸和拓展，与笔者详细讲解的方法 1 完全不同。方法 1 从正切函数及其变换角度切入，构造函数，接着转化为二次函数再讨论其最值；方法 2 先建立平面直角坐标系，得到点的坐标，然后将线段的夹角转化为向量的夹角来求解，计算量增大，恒等变形的技巧性增强，而"坐标法"是一种十分重要的几何问题求解方法。因此，通过说方法 2，就学生而言，无论是说者还是听者都加深了对案例中的问题本身及其解法的认识。

（2）"说数学"开发了课程评价资源。课程评价是教学的重要组成部分。教师要高度关注学生数学学习的情感、态度与价值观，而学生的情感、态度与价值观往往是隐性的，伴随在数学学习过程当中。长期以来，教师如何更好地培养学生正确的数学学习情感、态度与价值观，是一个很值得深入研究的课题。"说数学"是实施数学教学评价的重要方式之一，能拓展评价内容和方式。正如前面所述，学生 W 仅提供详细的书面解题过程，其他学生甚至老师都未必能理解。如果没有 W 的说，仅看其书面解答结果，那么我们就无法知道其解题思维历程和心理体验。正是"说知识""说过程"和"说体会"，让 W 的情感、态度与价值观尽量显性化，让教师有机会对其给予激励性评价。所以，"说数学"开发了拓展性课程评价资源。

"说数学"是一种老师引导、参与开发校本数学课程资源的教学方式。笔

---

① 涂荣豹. 试论反思性数学学习 [J]. 数学教育学报，2000，9 (4)：17-21.

者在长期的"说数学"实践中收集了不少案例，也积累了许多宝贵的教学资源。创设机会让学生"说数学"是开发校本课程资源的方式之一，其最大意义和价值在于引导和促进教师和学生真正从基于教科书的教与学转向基于数学课程资源的教与学。课程资源的开发对教师提出了新的专业能力要求①，譬如，我们应该如何开发优质课程资源更好地服务于培养学生的数学核心素养，就很值得深入探究。

七、基于核心素养视角反思《双曲线及其标准方程》的教学设计

2016 年 9 月，《中国学生发展核心素养》研究成果在北京发布。核心素养的提出，充分体现了现阶段个人与社会发展的新特点、新需求，即在学科研究、知识技能研究的基础上，向整体关注人、培育人转变，更加强调人的综合素质、核心能力的发展，而不仅仅是一般性的知识技能的获取。学生发展核心素养主要指学生应具备的，能够适应终身发展和社会发展需要的必备品格和关键能力②。《普通高中数学课程标准（2017 年版）》（简称"标准"）将数学核心素养定义为：会用数学的眼光观察世界，会用数学的思维思考世界，会用数学的语言表达世界。数学知识与数学技能教师可以通过数学教学传授，学生可以通过数学教学接受。而数学素养只能在学生所经历的数学活动中产生，并在真实的情境中表现出来，数学素养的生存依赖于学生在数学活动中对数学的体验、感悟和反思③。数学学科核心素养是数学课程目标的集中体现，是具有数学基本特征的思维品质、关键能力以及情感、态度与价值观的综合体现，是在数学学习和应用的过程中逐步形成和发展的。数学学科核心素养包括数学抽象、逻辑推理、数学建模、直观想象、数学运算和数据分析。这些数学学科核心素养既相对独立、又相互交融，是一个有机的整体④。

因此，如何在数学课堂教学中发展学生的数学核心素养，很值得深入研究。以下是以人民教育出版社 A 版普通高中课程标准实验教科书数学选修 2－1（简

---

① 钟进均. 基于课程资源视角的数学日记探究 ［J］. 中国数学教育，2013（6）：8－10.
② 冯巍巍. 音乐核心素养的特征与培养 ［J］. 课程·教材·教法，2016，36（12）：9－13.
③ 胡松. 以"数学素养"导引数学活动——《几何图形》教学实录与思考 ［J］. 数学通报，2017，56（1）：26－29，44.
④ 中华人民共和国教育部. 普通高中数学课程标准（2017 年版）［Z］. 北京：人民教育出版社，2018，2：4－7.

称"教材")的"双曲线及其标准方程"的新授课为例,进行了教学设计,提出了一些教学策略,并在设计之后提出了反思。

(一) 课程标准要求与教材内容分析

课程标准是国家制定的关于教育教学工作的纲领性文件。"标准"对双曲线的教学要求是教师开展教学设计、实施教学和教学研究的重要依据。在"标准"的要求的指引下,开展教材内容的分析,是教师备课的基本策略。

1. 课程标准对双曲线的教学要求

"标准"明确了圆锥曲线与方程的教学要求:①了解圆锥曲线的实际背景,感受圆锥曲线在刻画现实世界和解决实际问题中的作用;②经历从具体情境中抽象出椭圆的过程,掌握椭圆的定义、标准方程及简单几何性质;③了解抛物线和双曲线的定义、几何图形和标准方程,以及它们的简单几何性质;④通过圆锥曲线与方程的学习,进一步体会数形结合的思想;⑤了解椭圆、抛物线的简单应用①。

《2019 年普通高等学校招生全国统一考试大纲(理科)》(以下简称"考纲")关于圆锥曲线与方程的要求如下:①了解圆锥曲线的实际背景,了解圆锥曲线在刻画现实世界和解决实际问题中的作用;②掌握椭圆、抛物线的定义、几何图形、标准方程及简单几何性质;③了解双曲线的定义、几何图形和标准方程,知道它的简单几何性质;④了解圆锥曲线的简单应用;⑤理解数形结合的思想②。

可见,"标准"和"考纲"对双曲线的教学要求比较一致,都是了解层次,并且侧重在双曲线的定义、几何图形和标准方程及简单几何性质。因此,双曲线的整体教学要求不能太高。

2. 双曲线教学内容分析

双曲线是学生在学习完椭圆之后紧跟的学习的第二类圆锥曲线。学生在学习椭圆的过程中已经对轨迹的概念、求轨迹方程的方法与步骤、椭圆标准方程的推导过程等有较好的认识和理解。因此,椭圆的有关学习对双曲线的学习起着重要的基础性作用。高考中对双曲线内容的考查大多出现在选择题,多为考

---

① 中华人民共和国教育部 . 普通高中数学课程标准(2017 年版)[Z]. 北京:人民教育出版社, 2018, 2:44.

② 教育部考试中心 . 2019 年普通高等学校招生全国统一考试大纲(理科)[M]. 北京:高等教育出版社, 2018, 12:32.

查双曲线的定义、标准方程和数形结合思想，其难度不大。

(二)"双曲线及其标准方程"新授课教学设计

以下就双曲线的新授课中的数学知识、教学过程、数学思维、情感态度与价值观等几个方面，结合数学核心素养的培养提出一些教学建议。

1. 精心设计新课学习的基础性知识

苏联教育家维果茨基（LevS. Vygotsky，1896—1934）认为，教师在确定儿童发展水平及其教学时，必须考虑儿童的两种发展水平：一种是儿童现有的发展水平；另一种是在有指导的情况下借助成人的帮助可以达到的解决问题的水平，或是借助于他人的启发、帮助可以达到的较高水平。这两者之间的差距，即儿童的现有水平与经过他人帮助可以达到的较高水平之间的差距，就是"最近发展区"①。

在组织双曲线的新课学习之前，教师需要了解学生在之前学习的椭圆的知识掌握情况，如是否了解椭圆的定义的文字语言描述、是否懂得推导椭圆的标准方程、是否熟悉运用待定系数法求椭圆的标准方程、是否知道求轨迹方程的基本步骤等。也就是说，要了解学生的"现有发展水平"。只有了解了"现有发展水平"，教师才能更好地设计、把握、引导学生到达"可以达到的较高水平"。教师了解学生的知识水平最好的方式是精心设计数学问题让学生进行限时解答，之后教师及时讲评，达到复习旧知识的同时也为学习新知识打好基础。因此，为了提高双曲线的新课学习效果，教师需要精心设计考查椭圆基础知识的习题。如：

(1) 已知动点 P 到定点 F_1（1，0），F_2（-1，0）的距离之和为 4，则动点 P 的轨迹方程为_____。

(2) 求适合下列条件的椭圆的标准方程：①焦点在 x 轴上，$a=6$，$e=\dfrac{1}{3}$；②焦点在 y 轴上，$c=3$，$e=\dfrac{3}{5}$。

(3) 求适合下列条件的椭圆的标准方程：①经过点 P（$-2\sqrt{2}$，0），Q（0，$\sqrt{5}$）；②长轴长是短轴长的 3 倍，且经过点 P（3，0）；③焦距是 8，离心率等于 0.8。

---

① 张春兴. 教育心理学——三化取向的理论与实践［M］. 杭州：浙江教育出版社，1998，5：116-118.

以上三道习题的难度不大，分别考查椭圆的定义和用待定系数法求椭圆的标准方程。目的是用典型问题引发学生对旧知识的回顾，为新课学习打好基础。

2. 用数学问题引领新课学习进程

根据学习结果和学习过程这两个维度，知识的学习分为三个阶段：知识的习得阶段；知识的巩固和转化阶段；知识的迁移和应用阶段。第一个阶段，通过新旧知识的相互作用，使新知识进入个体的认知结构。但由于学习的遗忘律等多种因素的作用，习得知识还需要通过认知结构的重建与改组，才能在心理上形成比较稳固的联系。还要通过变式训练，使知识从静止的储存状态转化为产生式系统，获得各种智慧技能[1]。

（1）创设问题情境，引出定义。教师可以创设以下情境（下称"实验 M"）：如图 10，取一条拉链，拉开它的一部分，在拉开的两边上各选择一点，分别固定在点 F_1，F_2 上，笔尖放在 M 处，随着拉链逐渐拉开或者闭合，画出的轨迹是什么曲线？若把 F_1，F_2 对换并固定，笔尖依然放在 M 处，随着拉链逐渐拉开或者闭合，画出的轨迹又是什么曲线？

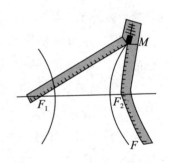

图 10

教师应先让学生独立思考一下，然后组织小组活动，使用教具展开操作探究，接着请学生说出自己对这个问题的思考结果。在此基础上，教师引导学生用数学语言表达这个情境反映的数学事实，慢慢地启发学生得出双曲线的定义：平面内与两个定点 F_1，F_2 的距离之差的绝对值等于常数（小于 $|F_1F_2|$）的点的轨迹叫作双曲线。这两个定点叫作双曲线的焦点，两焦点间的距离 $|F_1F_2|$ 叫作双曲线的焦距。

数学抽象是指通过对数量关系与空间形式的抽象，得到数学研究对象的素养。主要包括：从数量与数量关系、图形与图形关系中抽象出数学概念及概念之间的关系，从事物的具体背景中抽象出一般规律和结构，并用数学语言予以表征。数学抽象主要表现为：获得数学概念和规则，提出数学命题和模型，形成数学方法与思想，认识数学结构与体系[2]。容易看到，上述从实验 M 到得出

---

① 徐章韬．数学单元小结课的认识及其教学设计［J］．课程·教材·教法，2016，36（12）：62.

② 中华人民共和国教育部．普通高中数学课程标准（2017 年版）［Z］．北京：人民教育出版社，2018，2：4－7.

双曲线的定义的过程是一个数学抽象的过程，即从实验 M（具体背景）中抽象出一般规律：$||MF_1| - |MF_2|| = $ 常数，获得了数学概念（双曲线）。该过程需要学生积极参与、动手操作，充分感受"水平数学化"的过程。

（2）动手操作实验，感受几何图形特征。由于核心素养是人成功应对或完成某种实际活动所需要的"胜任力或竞争力"，所以，一种核心素养通常是与当代社会情境中人所从事的某种实际活动整体或人的活动应具有的某种特征相对应的。人从事不同类型的实际活动或人的活动某种特征的要求就需要不同的核心素养①。因此，需强调的是，上述实验 M 不能简单处理，如果学生仅仅是看看老师在黑板上的动手操作从而代替了学生的动手操作，还不如让学生直接看教材就算了。若教具条件允许，老师就应让学生亲自动手，至少是小组合作动手操作，让学生的笔尖放在 M 处作出双曲线的几何图形。这对于学生对双曲线的定义的形成的理解非常有帮助。

在得出了双曲线的几何图形之后，教师需引导学生将双曲线与椭圆进行对比，对比两者的概念和几何图形的差异。例如，椭圆是封闭图形，而双曲线是开放图形。教师应引导学生结合定义去认识双曲线的图形，感受双曲线的特征，启发学生去思考：为什么双曲线有两个分支。也就是说，教师需从数和形两个角度引导学生去对比椭圆和双曲线的差异。双曲线属于平面解析几何内容。如此对比，有助于培养学生的几何直观能力，发展学生的直观想象素养。

（3）运用数学语言表述定义，推导标准方程。

要发展学生的数学抽象素养，就需要通过高中数学课程的学习，学生能在情境中抽象出数学概念、命题、方法和体系，积累从具体到抽象的活动经验；养成在日常生活和实践中一般性思考问题的习惯，把握事物的本质，以简驭繁；运用数学抽象的思维方式思考并解决问题。

数学建模是对现实问题进行数学抽象，用数学语言表达问题、用数学方法构建模型解决问题的素养。数学建模过程主要包括：在实际情境中从数学的视角发现问题、提出问题，分析问题、建立模型，确定参数、计算求解，检验结

---

① 陈佑清. "核心素养"研究：新意及意义何在？ ［J］. 课程·教材·教法，2016，36（12）：3－8.

果、改进模型，最终解决实际问题①。数学建模素养的发展，需要在教师的启发诱导下动手操作、勇于表达、善于运算和积极探究。

在学生完成了实验 M，且作出了几何图形之后，教师就要引导学生用数学语言表达自己的思考，引导学生思考实验 M 中的数学研究对象有哪些，它们之间存在怎样的关系。在教师的启发诱导下，学生慢慢地得出"$|\,|MF_1|-|MF_2|\,|$ ＝常数"这个重要结论。接着，教师要引导学生按照椭圆的标准方程的推导方法和步骤，去推导双曲线的标准方程（至少要用 15 分钟的时间）。

限于篇幅，此仅介绍教学的流程。

首先，教师帮助学生设这个常数为 $2a$，然后提示建立平面直角坐标系，把有关的点的坐标表示出来：$M\,(x，y)$，$F_1\,(-c，0)$，$F_2\,(c，0)$，接着把 $|\,|MF_1|-|MF_2|\,|$ ＝$2a$ 用点的坐标进行转化得出：$\sqrt{(x+c)^2+y^2}-\sqrt{(x-c)^2+y^2}=\pm 2a$①。

其次，要学生类比椭圆标准方程的化简过程去化简式子①得出：$\dfrac{x^2}{a^2}-\dfrac{y^2}{c^2-a^2}=1$②。

最后，类比椭圆标准方程的建立过程，教师提出令 $c^2-a^2=b^2$（其中 $b>0$）代入式子②得：$\dfrac{x^2}{a^2}-\dfrac{y^2}{b^2}=1$③。这样，就把焦点在 x 轴上的双曲线的标准方程推导出来了。

在双曲线标准方程的推导过程中，式子①的化简需要教师留足够的时间让学生去运算、化简，不应是教师包办，只需教师搭建适当的"脚手架"辅助学生的推导过程即可。如"令 $c^2-a^2=b^2$"是推导过程中比较关键的一环，需教师给予点拨。

数学运算是指在明晰运算对象的基础上，依据运算法则解决数学问题的素养。主要包括：理解运算对象，掌握运算法则，探究运算思路，选择运算方法，设计运算程序，求得运算结果等，数学运算是解决数学问题的基本手段②。由于双曲线的标准方程的推导过程需要较强的数学运算能力，过程比较复杂，所以双曲线的标准方程的推导需要学生亲自动手去运算，不能由老师板书或者用

---

① 中华人民共和国教育部 . 普通高中数学课程标准（2017 年版）［Z］. 北京：人民教育出版社，2018，2：4-7.

② 同上 .

课件演示来代替。毕竟这是发展学生数学运算素养的良机。

（4）强化变式练习，巩固新知。

推导出双曲线的标准方程之后，需要强化学生对标准方程的认识。

① 对标准方程的结构的认识。双曲线的标准方程会因焦点的位置不同而不同。这需要教师利用课件或者现场作图来介绍焦点在 y 轴上的标准方程。还需要教师引导学生对两种不同的标准方程的形式、字母的含义强化认识。

② 会运用待定系数法求双曲线的标准方程。学生需要通过完成系列变式练习去了解双曲线的标准方程，而不是背诵标准方程本身。通过变式练习能够发展学生的数学运算素养。双曲线的标准方程的学习与学生之前学习的椭圆的相关知识会产生认知冲突。通过变式练习，学生能加深和巩固双曲线的基础知识，进一步领会化归与转化数学思想。教材的第 55 页练习就可作为变式练习来处理。

（5）课堂总结强调知识探究历程。课堂总结不一定是教师直接给出，让学生被动接受，最好是在教师启发诱导下由学生说出来。这一节课的教学环节从复习基础性知识到情境引入，到新知学习，再到变式练习，整个流程较清晰。教师应引导学生提炼出本节课的新知识是什么，经历了什么过程，有什么感想和体会。通过课堂总结强调双曲线的标准方程（新知识）的发生、发展过程，强化其背后的数学思想方法，极为重要！

3. 通过数学活动提高学生的数学思维能力

数学实验 M 本身是一种数学活动。学生通过小组合作或者独立操作实验器材，大致作出双曲线的几何图形。然后再将数学事实用数学语言去表达出来，再转化得到双曲线的标准方程。这都是充满数学思维能力的数学活动。数学活动，需要学生的积极参与，也只有学生亲自动手、经历了数学活动，才能形成数学活动经验，提高数学思维能力。数学活动离不开教师的启发诱导，但不能被教师包办，需充分体现"教师为主导，学生为主体"的教学理念。

4. 让学生在新课学习中品尝数学学习的成功感

数学学习兴趣与数学学习的成功感紧密相关。要提高学生的数学学习兴趣，就应该高度重视：创设机会让学生在新课学习中品尝到充分的数学学习成功感①。及时展示学生的数学学习成果，如让学生上讲台去展示自己的动

---

① 钟进均 . 努力创设机会，让学生品尝数学学习的成功感［J］. 中学数学研究，2008（9）：
12－13.

手实验情况、用实物投影仪投影学生的双曲线标准方程的推导过程和学生的解题过程等。教师对学生的课堂学习表现、数学知识掌握情况进行及时激励性评价，就能较好地激发学生的数学学习成功感，让学生形成积极的数学学习经验①。因此，教师讲授过多、"满堂灌"的教学方式应得到彻底改变，教学的设计、组织和实施要充分关注学生的学习过程和学习体验，发挥学生的主体作用②。

（三）总结与展望

以上基于发展学生数学核心素养发展视角，对双曲线的标准方程的新授课教学策略展开了探究，从课堂教学设计、教学实施环节等提出了操作建议。这些建议虽然有一定的理论依据，但大多属于思辨性成果，还需教学实践去检验。用类似的研究思路去探究其他新授课，对教师理解数学核心素养、促进对教材内容的理解、提高教学效率也具有较大帮助。

① 钟进均. 基于需求层次理论的"说数学"案例探究［J］. 中学数学，2015（6）：46-50.
② 钟进均. 从教学生成视角探究"说数学"［J］. 数学通讯，2013（1）：3-7.

第四章

基于实践的数学教学反思案例展示

　　一线教师的教学反思应该紧扣教学实践，以改进自身教学实践为目标。做好教学反思，贵在坚持，贵在形成文字。书面教学反思能让反思者深刻感受到反思带来的成功感，有助于反思者的教师专业化发展。书写教学反思可使反思者反思得更加有条理、更加规范，更加有助于反思者内化反思的内容。高质量的书面反思还可以深刻地影响读者，引发读者的思考和共鸣。

　　笔者曾经持续一段时间书写教学反思，现在看到这些作品，内心仍有很多感慨：这些文字来之不易，记录下了当时的点滴思考。后来因为撰写专著《中学生数学写作研究》的书稿，笔者就没继续再书写类似的教学反思了。为了更好地向读者分享这些作品，以下尽量保持作品的原稿。

不忘初心，努力前行

——数学教学反思案例之一

今天上午看到佛山市推出的高层次人才引进和培养方案，十分高兴！让我们一线教师看到了希望，看到教育的发展竞争已经十分惨烈，人才的争夺、生源的争夺、教育资源的争夺，必将倒逼教师地位的提升。眼光紧盯自己的班级、自己的学校、自己所在的县区乃至所在的城市，也许不是明智之举，我们一定要放眼全省、全国乃至整个世界，意识决定行动、眼界决定境界、思路决定出路、定位决定地位。毕竟在这个全球化时代，教育也在发生巨变。自从我出版了第一本专著《高中"说数学"案例研究》以来，有不少朋友订购。我的思考没有停止，而是更加火热了。通过对台湾基础教育的了解，尽管不是数学教育，而是一般性的教育观摩和学习，我对教育有了更加深入地思考。反思我们的教育理念、教育目标、教育行为、教育情怀等，难免会有很多值得改进的地方。我本人从事数学交流活动研究十几年，从 2003 年我任教初一时的数学作文尝试，再到自己在三尺讲台上改进自己的教学方式，推出学生的说，至今 14 年多了。我一直没有停止过对数学交流活动的思考。数学交流活动可以分为口头交流和书面交流，"说数学"属于口头交流，数学写作属于书面交流。这十几年来，我都在我的数学教学中实践着这两种教学方式，并努力从理论视角去提升探究的成果。非常高兴的是，我在《数学教育学报》《数学通报》等杂志上偶尔能看到类似的课题研究成果，尤其是对话教学、讲数学、说题等。尽管探索了十几年，但我对数学交流活动依然有很多没有搞清楚的地方，还有很多值得去改进、可以做下去的课题、可以写的论文选题。只是，由于精力有限，只能慢慢地做下去，做规范，做系统，做强起来。非常欢迎各位和我共同研讨这个领域。

在不久的将来，各位将看到我在中学生数学写作方面的探究成果的正式出版。我盼望自己作为一名一线教师，在努力学习、努力反思、努力探索、努力追求，把自己的思考与大家分享，也盼望在数学教育这个领域里发出自己的微薄之音。

　　我在全国初等数学研究会、广东省初等数学研究会、广东省高考研究会等学术团体里，荣幸认识了非常多的专家和好友，我慢慢地也在思考：如何与这些同行一起努力，做出属于我们自己的成果。前段时间，与多位好友聚在一起，谈到了自己对高考备考的思考，产生了研究的冲动。在此提出，和大家共勉！市场上我们至今没有见到任何一本关于数学高考备考研究的专著。虽然我们经常谈论高考备考策略，大多数任教过高三的老师都接受过非常多的培训，经验积累不少，但是没有人去系统整理这些经验。譬如：三角、圆锥曲线、函数与导数、立体几何等的模块的备考策略有哪些？一轮复习、二轮复习、三轮复习、考试之前等有哪些指导策略？如何进行个别辅导？如何进行强化训练？如何进行选题……这些都是值得形成系列成果的。还有，每一个专题模块在近 10 年来的高考试卷里是如何考查的，试题有何特点，这些都是值得我们梳理的。这样的著作是会受到学生和老师乃至家长的喜爱的。有志者，可以努力一把。

2018 年 1 月 26 日

谈谈如何教学生进行解题

——数学教学反思案例之二

今天，我想谈一下关于解题的看法。作为数学老师，我们要会解题、多解题，这是必然的。不过，我认为，光是老师自己会解题、热爱解题还不够，而应想办法教学生会解题、热爱解题。我国著名的数学教育家罗增儒教授对解题有着非常深入的研究，形成了独立的理论体系。波利亚的怎样解题理论在国际上十分有名，也是我国数学教育研究者必须学习的教育理论之一。我们为什么要解题、解什么题、如何解题、解题之后有什么收获，这些都很值得我们去研究。在此，我特别就大多数老师存在的认识上的误区谈谈自己的看法。当前，较多老师关注的是如何解一道题，也就是这道题的解答过程是什么，而对"选什么题来解、这道题考查了什么知识、解题的程序是什么、这道题考查了什么数学思想方法、学生解完这道题会有什么体会（情感态度与价值观）"等思考不够多，或者不够深入。作为数学老师，我们很容易感受到解题带来的成功感、喜悦感；甚至可以说，对数学的热爱，往往就是在解题的过程中找到了成功感，也就是从解题过程中感受到了成功感。可是，我们的数学教学有真正地关注过学生的解题过程吗？有真正地关注过学生在解题过程或者之后的情感态度与价值观了吗？一个孩子在五分钟里就成功将一道数学题解答出来，另一个孩子经过一个小时的冥思苦想才最后把这道题解答出来。试问，这两个孩子的解题感受是一样的吗？我的回答是：截然不同。后者的解题感受是十分深刻的，其成功感更强。应该如何在数学教学里关注学生的数学解题的情感态度与价值观呢？我想，需要增加学生的数学交流的机会，减少老师的一言堂，减少老师的那些自认为十分简单的步骤。我认为，要将我们老师认为来得很自然的解题思想（或者方法、思路），让学生也觉得很自然。考试，毕竟不是老师去考，是学生去考。所以，我们老师应努力教会学生如何解题。顺便提一下，教学生解题，其理论支撑是波利亚的怎样解题、知识分类理论。我将在后面谈到。谢谢大家！

2018 年 1 月 27 日

对解题教学的思考

——数学教学反思案例之三

今天，我分享自己对解题教学的意见。研究解题教学，我们需要学习和掌握元认知理论、知识分类理论、波利亚怎样解题思想等。这三种理论是我们开展相关研究所涉及的基础理论。元认知理论是来自心理学领域的、对思维领域的重要理论成果，元认知包括元认知知识、元认知体验和元认知监控。我国著名数学教育家章建跃博士的博士学位论文就是研究数学学习的自我监控能力方面的，影响巨大，值得各位关注和学习。知识分类理论在皮连生教授主编的《学与教的心理学》里有非常详细的介绍。我个人认为，研究教学一定要在知识分类角度方面有所思考，不同的知识具有不同的教学策略。知识可以分为陈述性知识、程序性知识，南京师范大学喻平教授在此基础上多分了一个过程性知识（我认为挺合适的）。解数学题是有程序的，需要用到定义、定理、公式（法则）等陈述性知识；也要用到一些固定的解题步骤（程序），如解分式方程，首先要寻找最简公分母，然后去分母，接着解整式方程，再验根，最后写出方程的解。这些步骤十分清晰、不能颠倒。伟大的数学家、数学教育家波利亚是国际上公认的数学解题研究的奠基者，他的成果在世界上的影响十分深远。他将解数学题的整个过程进行了归纳、整理、提炼，把解题的程序划分得很清楚。波利亚的著作《怎样解题》在网上很容易买到。我们作为教师，应该运用充分的时间来指导学生学会解题，多培养学生反思：这道题考查什么知识、解题过程是什么、运用了哪些数学思想方法、哪些地方容易出错；好的生源还可以指导学生将习题进行变式。如果长期坚持组织学生开展数学编题活动，那么一线数学教学将会有新的局面。另外，我想指出，教师需要高度关注对学生解题的评价。教学评价十分重要，功能多多，是推进数学教学活动的重要抓手。热切期盼大家能够分享我对解题教学的感想和体会！

2018 年 1 月 28 日

由一个学生的解答引发的思考

——数学教学反思案例之四

　　我任教高三理科数学，前几天高三（12）班的易中昊同学给我送来了一份他自己写的数学问题思考成果。由于工作忙，我就只浏览了第一段，得知这是一份关于函数不动点问题的探究成果。因为易的这份探究成果书写比较潦草，我就没有及时往下看，先忙手头上要做的事情。在前天，我在办公室非常认真地阅读了易的这份探究成果。他首先整理介绍了函数不动点定理，包括一阶不动点和二阶不动点；然后他自己编制了一个可以用函数不动点定理来解决的习题；接着还给出了详细解答过程（还有图形哦）；最后，他还写了几句感想和体会。整份成果密密麻麻地布满了整张 A4 纸上。

　　当我阅读完这份材料时，我内心十分高兴——我的学生对数学很执着，有钻研精神，真不错！可是，对于易书写的个别地方，我本人有些没看懂。为此，我在昨天上午的数学课上，面向全班同学表扬了易：他对数学很有兴趣、很执着、爱思考，敢于和老师交流。下课后，我把易叫到我办公室，请易当面给我解释一遍他的整个材料。在我和他的交流之中，我慢慢地明白了他的想法，原来是他在书写过程中跳跃了太多，省略去了较多步骤。他和我说："老师，我自己是明白的，可是我不知道如何表达。"我说："数学的推理遵循三段论，讲究推理的严谨性。你每一步的推理都自问其依据是什么，那就可以完善解题过程了。"我给易非常高的评价："你的思考完全正确，精神可嘉。在推理过程上，继续再完善一下就更好了。老师替你高兴啊，真不错，加油！如果你能把它完善好之后输入到电脑就更好了，看看能否去投稿发表。还有，你可以上网查找一下关于这个不动点的其他成果。"拿着他的成果，易非常高兴地回教室了。

　　回想了一下，这个高三（12）班还不是创新实验班，易同学为什么会如此执着于数学呢？为什么他还会把自己的思考详细地书写下来，拿给我看呢？我想这与我实施的数学写作紧密相关。这个班的学生书写的数学日记都很不错的，我在本子上对他们的写作评价都很高。目前他们写作的兴致非常高。而这些原因，也许是我重视数学教学的知识性、过程性和情感性的结果吧。数学教学要讲究数学知识的科学性，这是毫无疑问的，也是必需的。同时，我们需要强化数学教学的过程性和情感性。学生的数学学习过程需要老师的高度重视，及时评价。通过及时激励性评价来强化学生的数学学习的情感性。这应是我理解中的课程标准提出的"三维目标"的实践体现。我让易中昊同学对我介绍一遍他的成果，这就是说在个体辅导中的运用。拙作《核心素养下"说数学"运用于个别辅导的案例研究》将发表在曲阜师范大学主办的《中学数学杂志》2018 年第 3 期，敬请关注。

2018 年 1 月 29 日

一节难忘的讲评课

——数学教学反思案例之五

在最近高三（12）班数学的课堂上，我抄了一道题让学生解答：

要使得不等式 $x^2 + (a-6)x + 9 - 3a > 0$，$|a| \leqslant 1$ 恒成立，则 x 的取值范围为_____。

这道题的讲评过程让我十分难忘，反思多多。我留给学生在课堂独立完成此题的时间大概是 8 分钟，然后就开始讲评。我提供给学生的解题策略是变换主元，也就是：设 $f(a) = (x-3)a + (x^2 - 6x + 9)$，依题意有 $\begin{cases} f(-1) > 0 \\ f(1) > 0 \end{cases}$，解得 $x < 2$ 或 $x > 4$，这就是所求的答案。我认为，这种方法比较便捷，所以讲解得很投入、很认真。在我讲解的过程中，有一个男生指出："老师，我觉得用分离变量的方法来做也可以。"我马上说："是的，恒成立问题往往可以使用分离变量。"接着我就往下进行后面的教学环节了。在这节课下课时，学生李伟霖兴高采烈地拿着练习，把我拦在了教室外的走廊上："老师，刚才那道题，我觉得我这种解法也很快地。"我快速地浏览了其解答过程，然后说："很好，很好。等一下上课，你去黑板上介绍一下给大家学习。"学生李伟霖说："好的，没问题。"然后高兴地回教室了。我就直接返回了办公室，刚回到我的座位上，准备喝水时，学生徐可欣来到身边，说："老师，刚才上课的那道题，我这种解法很快捷，您帮我看看。"我说："好啊，让我看看。"仔细一看，我发现她的解答很奇特，非常不错，马上说："太厉害了，真不错！你赶紧回教室去，让值日生不要擦黑板，把那道题目留下来，等一下你上台去介绍你的解答。"在第二节课上课时，我简单做了一个开场白，然后请李伟霖和徐可欣先后上讲台，一边板书，一边解说。全班同学都非常认真地观看他们的解答过程，并主动热烈鼓掌。我也抓住时机给他们拍照。李伟霖的解法是将题干中的不等式对应的方程 $x^2 + (a-6)x + 9 - 3a = 0$ 进行求解，然后对解出的两个根分类讨论，很容易得出结果；徐可欣是用韦达定理得出 $x_1 \cdot x_2 = 9 - 3a$，$x_1 + x_2 = 6 - a$，

由此可以推出 $(x_1 - x_2)^2 = a^2$，即 $x_1 - x_2 = \pm a$，接着由 $\begin{cases} x_1 - x_2 = a \\ x_1 + x_2 = 6 - a \end{cases}$ 解得

$\begin{cases} x_1 = 3 \\ x_2 = 3 - a \end{cases}$，由 $\begin{cases} x_1 - x_2 = -a \\ x_1 + x_2 = 6 - a \end{cases}$ 解得 $\begin{cases} x_1 = 3 - a \\ x_2 = 3 \end{cases}$，最后画出二次函数的草图，进行

分类讨论就容易得出 $x < 2$ 或 $x > 4$。

　　我为我的学生有如此的数学学习氛围而高兴、自豪。一直以来，我尽最大努力给学生搭建平台——让学生展示自己的思考（说数学，数学写作）。让学生去展示自我，能够激发学生数学学习的自我效能感（成功感），同时也给我增加了教学评价的渠道和内容，更容易看出学生的数学学习过程。作为老师，虽然我们的习题解答很难做到每一次都是最好的，也很难找到所有的解答方法，但是几十个学生，每一个学生思考问题的角度不同，有时就有不同的解法。我们应该敢于承认学生的解答很优秀，甚至比自己做得还要好，善于用最美的、最及时的激励性评价语言去鼓励学生。我想，如此的数学课堂才是生成性课堂；才是以人为本的课堂；才是重视知识性、过程性和情感性相结合的课堂。我一直如此认为：学生学习到的数学知识很快会忘记，但是他们不会轻易忘记在数学学习过程中形成的情感态度与价值观。

2018 年 1 月 30 日

读马立平博士的论文有感

——数学教学反思案例之六

　　刚刚在《数学教育学报》微信群里下载了旅美著名华人数学教育家马立平博士的论文《变中思不变：美国小学数学教育改革百年考》（发表在《小学数学教育》2013 年第 1 - 2 期），认真阅读之后，我的收获和感想颇多。2007 年前后，我在读教育硕士的时候，了解到马立平的博士论文在国际数学教育界有着巨大的影响，但一直没认真阅读过。他的选题十分有意义、研究方法非常科学和规范、研究结论十分有价值。

　　就我国的小学数学而言，其知识内容不算很多，但是小学数学学习阶段是十分重要的学段，同样值得深入研究。著名哲学家、数学教育家郑毓信教授（南京大学哲学系）长期关注、研究小学数学教育，硕果累累。云南师大朱维宗教授（我的硕士导师）指导较多小学数学教育方向的硕士学位论文，还带领研究生深入小学数学课堂去听课，调研，借此培养了一大批优秀的硕士研究生。我们需要强化研究意识，不要把一些数学教学上的问题简单化，而应运用科学的研究方法去深入研究，努力把一些问题弄清楚，改进我们的数学教学。昨天晚上在广东省初等数学学会的 QQ 群里，我和一位老师谈论学案教学的问题。他认为，学案在当今很盛行，自己也在努力地运用学案于自己的教学之中。对学案我一直有思考：为什么要用学案于数学教学；如何编写学案，其理论依据是什么；学案应如何使用，课前发和课堂上发会是一样的效果吗；如何检测学案教学的效果等。不少老师说：这东西很盛行，听别人讲得很多，并且去外边听课时看到别人都在用，所以自己也就用了。我见到很多老师直接拷贝别的学校的学案，甚至印给学生做，如此做法是很不好的。因材施教，是教学的基本原则，我们应认真遵守它。

　　马立平博士通过调查研究，然后对数据展开对比研究，发现了问题，接着查阅了许多文献，开展了广泛的访谈，最后把问题搞清楚了。如此的研究设计、研究精神很值得我去学习，去践行。就拿我自己从事的"说数学"探究来说，我一直都在努力追问：为什么要组织"说数学"、如何实施"说数学"、如何评价"说数学"、实施"说数学"之后如何了、在不同课型中如何实施"说数学"、在不同知识模块如何实施"说数学"、在不同学段组织实施"说数学"是一样的吗……在不断的追问中，我发现自己不懂的太多了，需要从文献中去学习、需要向专家学习、需要向同行学习、需要在源源不断的教学实践中开展行动研究。能把一个问题真正搞懂、搞透、搞出影响力来，实在不容易！

2018 年 1 月 31 日

发表一篇论文后的反思

——数学教学反思案例之七

拙作《核心素养下"说数学"运用于个别辅导的案例研究》将发表在曲阜师范大学主办的《中学数学杂志》2018 年第 3 期。该论文介绍了我将"说数学"运用于高三数学个别辅导的案例，然后基于核心素养角度展开的分析。文中的学生来找我答疑，我并不是直接告诉她习题解答是什么，而是慢慢地引导她审题、寻找解题的切入点、从题目条件得出一些结论，然后逐步向要求的结果迈进，最后得出答案。我要她自己在明白解题思路的基础上，独立书写解题过程，然后再给出她的解答。之后，我引导她说出：这道题考查了什么知识点、什么数学思想方法、你当初因为什么而做不出来、解答完之后你有什么感想。最后，我把此题涉及的基础知识和高考命题方向再给她简单地说了一下。至此，一次答疑结束了。

"教师为主导，学生为主体"，是新课改以来十分时髦的口号，我认为它很有道理。教师为主导，就是引导学生开展学习，评价学生的学习过程与结果，激发学生的学习情感。学生为主体，就是学生是学习的实施者，在学习中发挥主观能动作用，是学习的直接受益者，是教学目标达成的归宿。那种"学生一问，老师就直接写出详细的解答过程给学生"的做法是不妥的，如此的答疑是最低效的。就题讲题，是最低层次的习题教学。我认为，我们每讲解一道题，就要努力追求能让学生掌握一类题，再形成相关的知识体系，最后锻炼和提高学生的相关数学思维能力。当然，如何选题十分关键，毫无疑问应该是按课程标准和考试大纲的要求去选题，坚决去除繁、难、偏、旧的习题。努力让学生去说，对着老师说，或者对着同学说，其作用之一是将黙会知识尽最大努力转化为明显知识。不少人有如此体会：我想得明白，但是说不清楚。要说清楚，往往不是那么容易，特别是数学解题的思考。苏联心理学家维果茨基的语言与思维的有关理论对此有较多的阐述，其中重要的观点是：语言有助于思维能力的提高。拙作《基于语言学视角的"说数学"案例探究》之所以能被发表在核心期刊《数学通报》（2013 年第 3 期），并被人大复印报刊资料《中学数学教与学》2013 年第 8 期全文转载，估计是因为选题的理论支撑比较独特吧。

2018 年 2 月 1 日

读郑毓信教授的著作后的思考

——数学教学反思案例之八

南京大学哲学系教授、著名数学哲学家郑毓信指出："教师存在一定的个体差异，从而，与对于某些教学方法的片面强调相比，我们事实上也应明确肯定教学方法的多样化……在课程改革中我们应帮助教师通过比较与反思掌握更为先进的教学方法，或者说，即能依据特定的教学内容、教学对象与教学环境（以及教师本人的个性特征）创造性地进行教学。……应大力提倡教师密切联系自己的教学工作积极地去进行教育教学研究，包括对'课程标准'与教材的独立分析与深入思考，而不是简单地充当被动的'执行者'，包括以纯粹的'接受者'的身份参加各种各样的'培训'，乃至完全被动地'接受'新一轮课程改革的基本理念。"① 这段话给我很多启发。

郑教授是在 2004 年新课改刚开始时提出上述观点的。现在，以"落实立德树人，培养学生的核心素养"为目标的新一轮课程改革拉开了序幕。其观点仍适合现在的需要。《普通高中数学课程标准（2017 年版）》已经颁布。作为一线教师，我们是等候政府组织的培训，还是主动自学相关文件、反思之前的教学实践。如何参加即将到来的系列培训、如何在新课程改革理念下改进自己的教学？我想，这需要我们教师主动参与、积极反思、全力改进。教师个人的专业发展往往与"关键人物、关键时间、关键事件"等有关。恰逢新一轮课程改革，我们将再次迎来一个教师个人专业发展的大好时代（即关键时间）。毕竟，课程目标已经有所改变，因此，我们的教学观念、教学方法、教学内容、教学评价等必然需要适当改变。前天，《中共中央国务院关于全面深化新时代教师队伍建设改革的意见》正式发布，引起了社会广泛关注。作为教师的我们，一定要深入学习好，贯彻好。中国特色社会主义进入了新时代，必然需要教育的新发展。

2018 年 2 月 2 日

---

① 郑毓信. 数学教育：动态与省思 [M]. 上海：上海教育出版社，2005，1：272-273.

对元认知的一些认识

——数学教学反思案例之九

弗拉维尔（Flavell, John H. 1928—）指出，元认知被定义为任何以认知过程与结果为对象的知识，或是任何调节认知过程的认知活动。元认知的核心意义是对认知的认知，即认知是认知主体对自我心理状态、能力、任务目标、认知策略等方面的认识，同时，元认知又是认知主体对自身各种认知活动的计划、监控和调节。元认知成分包括元认知知识、元认知体验和元认知监控。元认知知识是人们具有的关于认知活动的一般性认识，是通过经验积累起来的关于认知的陈述性知识和程序性知识。元认知体验是人们在从事认知活动时产生的认知和情感体验。元认知监控指个体在进行认知活动的全过程中，对自我认知活动进行积极、自觉的监视、控制和调节。元认知监控就是自我监控，必须建立在个体具备一定的元认知知识和元认知体验的基础上才能进行。元认知知识和元认知体验在学习中的价值体现，必须通过元认知监控去实现①。

当前，数学高考备考进入二轮复习，这个时候是提高学生元认知水平的重要阶段。很多学生在紧张的高三数学备考中，当分数达到了 110 分左右时，成绩就很难再提高了。其原因之一是，学生的元认知水平不理想。如何提高学生的元认知水平呢？我认为，在保证学生充分练习的基础上，要提高学生的反思性学习能力，期间，教师起着十分重要的作用，需要教师值得注意的是：①严格按照考试大纲的要求进行选题供学生训练。"方向比努力更加重要！"考试大纲是备考的纲领性文件，必须全面贯彻。如有的学生拼命去练习以双曲线为背景的解答题，这肯定搞错方向了，只需要熟悉以双曲线为背景的选填题就可以了。毕竟考纲对双曲线的考查要求是"了解"层次。②学生的练是必需的，并且是"限时练""独立练""规范练"。高考是学生去考，不是老师去考；是独立作答，不是讨论着答卷；是限时作答，不是自主作答。这就是要学生充分感

---

① 喻平. 数学教育心理学 [M]. 南宁：广西教育出版社，2004：103 – 106.

受解题本身伴随的元认知，包括知识、过程、策略、监控。③教师要高度重视学生的反思性解题习惯的形成，也就是学生在解题后要自觉反思：这道题考查的是什么知识、考查的是什么数学思想方法、我是如何解答的（步骤如何）、我的得分如何、这道题给了我什么启示。学生具有较好的元认知监控水平是突破总分 110 分、甚至 120 分的重要基础。我认为，凡是能考到 120 分以上的学生都具有非常优秀的元认知水平。盲目操练解题，很难突破 120 分。没有很好的元认知监控、元认知体验的学生在解答"圆锥曲线""函数与导数"的解答题里分别能得到 6 分以上很难。因此，我呼吁：数学教学需要高度重视提高学生的元认知水平。

2018 年 2 月 4 日

对数学写作的一些思考

——数学教学反思案例之十

著名数学教育家、南京大学哲学系郑毓信教授指出："将熟练掌握数学语言作为数学教育的一个基本目标，包括帮助学生学会数学地表达，数学地理解（包括批判地倾听）等，也就是说，不应将'数学地谈论'（speaking mathematically）与'数学地写'（writing mathematically）等仅仅看成是帮助学生掌握相应的数学知识与技能的一种重要手段，而应将其本身作为数学教育的重要目标之一。因此，数学教学就可被看成是语言教学""我们不应停留在简单地列举出数学教学和学习中所存在的各种语言问题上，也不应满足于从教学的艺术这一特定角度去指明教师在数学教学中应当如何使用语言，而应从整体上对数学教学活动中的语言现象作出更为深入和全面的分析。"①

我认为，当前我国数学教育界对"数学地谈论"和"数学地写"还不够重视，尤其是后者。我的"说数学"探究是在"数学地谈论"方面的积极探索，得出了一些结论，但还存在很多值得加强、深入研究的地方。我的"数学写作"探究是"数学地写"的实践探索。放寒假之前，我采集了近20篇优秀的高三学生书写的数学日记，复印出来，让学生利用寒假时间在家录入电脑并发送到我的邮箱。学生喜欢我布置的数学写作任务，喜欢通过写作与我交流。对我而言，数学写作已不是新生事物，但是很多老师对数学写作仍不了解，甚至从来没接触过，更没实践过。数学写作，到底为何要写、可以写什么、如何写、如何评价等？这都是我近十年来不懈努力探究的。学生可写自己的数学学习感受、可写解题感想、可写上数学课的感受、可写自己在不同学段的学习体会、可评论某个数学问题解答等。数学学习不仅仅是在学校听课、解题，还有很多很多学习方式。我认为，之所以有的学生认为数学学习枯燥、乏味，甚至

---

① 郑毓信. 数学教育：动态与省思［M］. 上海：上海教育出版社，2005，1：253，256.

厌恶数学，原因之一是其学习数学的方式单一，没品尝到数学学习的成功感。学习方式的多元化，评价方式的多元化不能仅停留在口头上，而需要老师在教学实践中让其扎根！！！

2018 年 2 月 6 日

总结与展望

　　传统与潮流是数学教育研究中的一个永恒的对立统一体。数学是比较传统的，今天我们中小学所教学的数学内容多数是 17 世纪之前的产物，我们在讨论的数学思想方法许多可以追溯到欧几里得时代；但教育是喜欢赶潮流的，在过去短短的 30 年里就有过许多的潮起潮落，一拨一拨的口号如过眼烟云。传统是积淀的结果，需要一代代人的默默奉献；潮流总是让人兴奋，但能够成为弄潮儿的却总是凤毛麟角①。

　　笔者接受了比较传统的中小学数学教育和高等师范院校的数学教育课程学习，还经历了我国从 2001 年开始的义务教育课程改革和 2004 年开始的高中课程改革的实践与培训，还参加了规范的数学教育方向的教育硕士学位课程学习，对我国数学教育的传统应该说有一定认识，在长时间的数学教学实践中不断学习、努力摸索，强化了对这些传统的理解。站在"以立德树人为根本任务，以发展学生核心素养为目标"的新一轮课程改革的平台上，我们一线教师应该如何对待数学教育的优良传统和新的潮流，这就非常需要我们基于实践的深刻的教学反思。

---

① 李士锜，黄兴丰. 数学教师的专业教育与发展 [M]. 上海：上海教育出版社，2015，12：3.

回顾本书前面的内容，引言中主要介绍了本书的写作缘由和背景，阐述本书的写作设计；第一章为数学教师开展教学反思的概述，重点介绍什么是教学自我反思，教学自我反思的内涵与实质、内容与形式、方法与策略、意义与条件等。第二章为新时代教师专业发展的展望：①概述了教师专业发展；②提出了新时代对教师专业发展的要求；③阐述了什么是反思性教学；④对新时代数学教师专业发展进行了展望。第三章为基于实践的数学教学反思性探究。该章为本书的重点和创新点所在，紧扣数学教学实践，展开了多维度的反思性探究。第四章展示了十个笔者的基于实践的数学教学反思典例。在近二十年的数学教学实践的基础上，在很多文献的引领下，笔者表达了自身从反思性视角对数学教学的一些看法。当然，这些看法肯定是比较肤浅的，甚至是不一定完全正确的。但是能够面对自己的教学实践，借此机会去学习一些文献，付出一分努力在数学教学反思上，这也是值得的。如能给读者们带来一些参考和启发，那就是笔者撰写本书所收获的意外惊喜了。

近二十年来，在数学教学岗位上，笔者从不敢懈怠，因为数学教学有很多值得探究的地方，有很多复杂的因素影响着数学教学效果，这些因素之间存在着非常复杂的关系。数学教师是人，数学教学对象也是人，数学教学内容具有很强的抽象性、严谨性，教学环境变化多端，教学技术发展迅猛……这些都注定数学教学充满了挑战性。努力提高数学教学效率、促进师生在数学教学中的共同发展是一个永恒的主题。

中国特色社会主义进入了新时代，新时代的数学教育研究应该有新的迹象、新的成果和新的辉煌。这有赖于广大数学教育研究者和工作者共同努力，聚焦课堂、聚焦教师、聚焦学生，谱写出更加美好的数学教育的新篇章。

参 考 文 献

【著作类】

［1］钟进均. 高中"说数学"案例研究［M］. 广州：广东经济出版社，2017.

［2］钟进均. 中学生数学写作研究［M］. 长春：吉林人民出版社，2018.

［3］喻平. 数学教育心理学［M］. 南宁：广西教育出版社，2004.

［4］教育部课题组. 深入学习习近平关于教育的重要论述［M］. 北京：人民出版社，2019.

［5］郑毓信. 课改背景下的数学教育研究［M］. 上海：上海教育出版社，2012.

［6］范良火. 教师教学知识发展研究［M］. 上海：华东师范大学出版社，2003.

［7］余文森. 有效教学十讲［M］. 上海：华东师范大学出版社，2009.

［8］靳玉乐. 反思教学［M］. 成都：四川教育出版社，2006.

［9］卡内基基金会教育与经济论坛（1986）. 国家为培养21世纪的教师做准备，发达国家教育改革的动向和趋势［M］. 北京：人民教育出版社，2004.

［10］余文森，连榕. 教师专业发展［M］. 福州：福建教育出版社，2007.

［11］周卫勇. 走向发展性课程评价——谈新课程的评价改革［M］. 北京：北京大学出版社，2002.

［12］郑毓信. 数学教育：动态与省思［M］. 上海：上海教育出版社，2005.

［13］熊川武. 反思性教学［M］. 上海：华东师范大学出版社，1999.

［14］冯周卓，左高山. 批判思维与论辩［M］. 北京：北京大学出版社，2015.

［15］郑毓信. 新数学教育哲学［M］. 上海：华东师范大学出版社，2015.

［16］顾泠沅. 教学改革的行动与诠释［M］. 北京：人民教育出版社，2003.

［17］涂荣豹. 数学教学认识论［M］. 南京：南京师范大学出版社，2003.

[18] 叶尧城．高中数学课程标准教师读本［M］．武汉：华中师范大学出版社，2003.

[19] 王林全．现代数学教育研究概论［M］．广州：广东高等教育出版社，2005.

[20] 王思震．教师论［M］．南京：江苏教育出版社，2002.

[21] 何小亚，姚静．中学数学教学设计［M］．北京：科学出版社，2008.

[22] 孔凡哲，曾峥．数学学习心理学［M］．北京：北京大学出版社，2009.

[23] 人民教育出版社编著．普通高中课程标准实验教科书数学 A 版必修 5 教师教学用书［M］．北京：人民教育出版社，2007.

[24] 孙亚玲．教育科研方法研究［M］．昆明：云南科技出版社，2002.

[25] 王光明．数学教学效率论（理论篇）［M］．天津：新蕾出版社，2006.

[26] 数学课程标准研制组．普通高中数学课程标准（实验稿）解读［M］．南京：江苏教育出版社，2004.

[27] 皮连生．学与教的心理学［M］．上海：华东师范大学，1997.

[28] 李祎．数学教学生成论［M］．北京：高等教育出版社，2008.

[29] 严士健，张奠宙，等．普通高中数学课程标准（实验稿）解读［M］．南京：江苏教育出版社，2004.

[30] 张奠宙，马岷兴，等．数学学科德育——新视角·新案例［M］．北京：高等教育出版社，2007.

[31] 黄甫全．课程与教学论［M］．北京：高等教育出版社，2002.

[32] ［苏］A. A. 斯托利亚尔．数学教育学［M］．丁尔升，译．北京：人民教育出版社，1984.

[33] 李士锜．PME：数学教育心理［M］．上海：华东师范大学出版社，2005.

[34] 章建跃．中学生数学学科自我监控能力［M］．上海：华东师范大学出版社，2003.

[35] 赵德成．促进教学的测验与评价［M］．上海：华东师范大学出版社，2016.

[36] 张奠宙，宋乃庆．数学教育概论［M］．北京：高等教育出版社，2004.

[37] 郑毓信，梁贯成．认知科学、建构主义与数学教育：数学学习心理学的现代研究［M］．上海：上海教育出版社，1998.

[38] 何小亚．数学学与教的心理学［M］．广州：华南理工大学出版社，2011.

［39］孙树荣.教育信息学［M］.北京：人民教育出版社，2001.

［40］施良方，崔允漷.教学理论：课堂教学的原理、策略与研究［M］.上海：华东师范大学出版社，1999.

［41］张廷凯，丰力.校本课程资源开发指南［M］.北京：人民教育出版社，2004.

［42］教育部考试中心.2019 年普通高等学校招生全国统一考试大纲（理科）［M］.北京：高等教育出版社，2018.

［43］张春兴.教育心理学——三化取向的理论与实践［M］.杭州：浙江教育出版社，1998.

［44］李士锜，黄兴丰.数学教师的专业教育与发展［M］.上海：上海教育出版社，2015.

［45］M. Polanyi. The Study of Man ［M］.London：Rout ledge & Kegan Paul，1957.

［46］Charlotte Danielson & Thomas L. McGrealz. 教师评价——提高教师专业实践能力［M］.陆如萍，译.北京：中国轻工业出版社，2005.

［47］Carol Ann Tomlinson. 多元能力课堂中的差异教学［M］.刘颂，译.北京：中国轻工业出版社，2003.

【论文类】

［1］钟进均.基于语言学视角的"说数学"探究［J］.数学通报，2013（3）：11-14.

［2］钟进均.数学高考备考中的高效复习实验研究［J］.数学教育学报，2013（4）：80-84.

［3］钟进均.在高中数学教学中开展数学交流活动的实验研究［J］.数学教育学报，2008，17（5）：80-84.

［4］钟进均.新教材不能保留万能公式吗？［J］.中学数学研究，2017（11）：封底.

［5］钟进均.基于需求层次理论的"说数学"案例探究［J］.中学数学，2015（6）：46-50.

［6］钟进均.基于信息不对称理论的高中"说数学"案例探究［J］.数学通讯，2016（11）：13-17.

[7] 钟进均．对人教 A 版《余弦定理》的教学设计探究 [J]．中学数学研究，2012（1）：8 - 11.

[8] 钟进均．对教师理解数学的重要性的探究 [J]．中学数学杂志，2017（7）：31 - 34.

[9] 钟进均．基于元认知视角的"说数学"探究 [J]．数学通讯，2009（12）：8 - 10.

[10] 钟进均．对一则高中"说数学"案例的探讨 [J]．教学月刊，2008（11）：41 - 42.

[11] 钟进均．核心素养下"说数学"运用于个别辅导的案例研究 [J]．中学数学杂志，2018（3）：10 - 13.

[12] 钟进均．基于知识分类视角的高中数学日记案例探究 [J]．数学通讯，2019（9）：1 - 4.

[13] 钟进均．这个学生就不值得表扬了吗——高中数学过程性评价的案例探究 [J]．中学数学教学，2008（5）：3 - 4.

[14] 钟进均．努力创设机会，让学生品尝数学学习的成功感 [J]．中学数学研究，2008（9）：12 - 13.

[15] 钟进均．从一节高中数学试教课谈职前教师教育 [J]．中学数学月刊，2012（9）：13 - 16.

[16] 钟进均．关于学生数学原知识的案例探究 [J]．中学数学月刊，2014（3）：10 - 13.

[17] 钟进均．基于课程资源视角的高中说数学活动案例探究 [J]．中学数学（高中），2017（2）：34 - 37.

[18] 钟进均．基于课程资源视角的数学日记探究 [J]．中国数学教育，2013（6）：8 - 10.

[19] 钟进均．从教学生成视角探究"说数学" [J]．数学通讯，2013（1）：3 - 7.

[20] 钟进均．基于"说数学"实践的创新思维培养案例研究 [J]．数学通讯，2019（7）：11 - 15.

[21] 刘燚．数学教师能力活动途径的调查研究 [J]．数学教育学报，2011，20（6）：36.

[22] 张昆，曹一鸣．完善数学教师教学行为的实现途径 [J]．数学教育学报，2015，24（1）：33.

[23] 张维忠. 有效地改进教师的教学行为 [J]. 数学教育学报, 2001, 10 (4): 25-28.

[24] 陈白棣. 教学反思的原则 [J]. 教学与管理, 2016 (8): 5-7.

[25] 赵潇. 教师教学反思能力的影响因素与提升策略 [J]. 教学与管理, 2019 (4): 61-64.

[26] 黄旭华. 教师专业化发展历史进程 [J]. 教育学术月刊, 2014 (9): 86-92.

[27] 卢真金. 教师专业发展的阶段、模式、策略再探 [J]. 课程·教材·教法, 2007 (12): 68-74.

[28] 苏忱. 教育科研并不高远, 教师需要科研 [J]. 上海教育, 2017 (3): 58-59.

[29] 何声钟. 教师专业发展的概念、历程与目标取向 [J]. 江西教育学院学报 (社会科学), 2012, 33 (1): 34-39.

[30] 董涛. 课堂教学的 PCK 研究 [D]. 上海: 华东师范大学, 2008, 4.

[31] 李祎. 刍议教师理解数学的几个维度 [J]. 数学通报, 2014 (6): 6-10.

[32] 李祎. 高水平数学教学到底该教什么 [J]. 数学教育学报, 2014 (5): 31-35.

[33] 林国夫. 关注解题教学中数学问题的表征 [J]. 中小学数学, 2014 (6): 3-7.

[34] 姚静. 关于数学教育案例研究的探讨 (Ⅰ) ——相关概念与选题 [J]. 中学数学研究 (广州), 2008 (1): 14-17.

[35] 王阳. 制约青年数学教师教学能力提高的归因分析 [J]. 数学教育学报, 2008, 17 (1): 84-86.

[36] 黄毅英, 许世红. 数学教学内容知识——结构特征与研发举例 [J]. 数学教育学报, 2009, 1 (18): 5-6.

[37] 李昌官. 问题情境及其创设 [J]. 中国数学教育, 2018 (11): 11-14.

[38] 史宁中, 林玉慈, 等. 关于高中数学教育中的数学核心素养 [J]. 课程·教材·教法, 2017 (4): 8-14.

[39] 王嵘. 以函数为例谈数学知识与数学素养的有机融合 [J]. 数学通报, 2019, 5 (58): 18-22.

[40] 许礼光, 沈琼. 高层次数学思维的培养路径 [J]. 数学通报, 2019, 5

(58)：33-36.

[41] 陈志江．基于"三个理解"的平面向量单元教学构想［J］．数学通报，2019，5（58）：30-31.

[42] 王光明，王富英，杨之．深入钻研数学教材——高效教学的前提［J］．数学通报，2010（11）：8-10.

[43] 王光明．重视数学教学效率提高数学教学质量［J］．数学教育学报，2005，14（8）：43-46.

[44] 王光明，刁颖．高效数学学习的心理特征研究［J］．数学教育学报，2009，18（5）：51-56.

[45] 王新民．高效教学中的知识、方式与评价［J］．内江师范学院学报，2011，26（6）：76-83.

[46] 仲秀英．数学活动的内涵与特征及其对教学的启示［J］．数学教育学报，2009，18（4）：23-24.

[47] 梁好翠，黄岳俊．数学自我监控及学习动机对数学成绩影响机理的研究［J］．数学教育学报，2011，20（1）：58-60.

[48] 郑毓信．数学教育领域中的三个新"教条"［J］．数学教育学报，2011，20（1）：5-9.

[49] 左璜．基础教育课程改革的国际趋势：走向核心素养为本［J］．课程·教材·教法，2016，36（2）：39-41.

[50] 冯巍巍．音乐核心素养的特征与培养［J］．课程·教材·教法，2016，36（12）：9-13.

[51] 何小亚．学生"数学素养"指标的理论分析［J］．数学教育学报，2015，24（1）：13-20.

[52] 蔡金法，徐斌艳．也论数学核心素养及其构建［J］．全球教育展望，2016（11）：3-12.

[53] 李星云．论小学数学核心素养的构建——基于PISA2012的视角［J］．课程·教材·教法，2016（5）：72-78.

[54] 郭玉英，姚建欣．基于核心素养学习进阶的科学教学设计［J］．课程·教材·教法，2016（11）：64-70.

[55] 林崇德．对未来基础教育的几点思考［J］．课程·教材·教法，2016，36（3）：3-10.

[56] 陈会彦．数学日记领我走进孩子的世界［J］．人民教育，2004（20）：

22 – 25.

[57] 曾小平，吕传汉，汪秉彝. 从默会知识例析数学教学 [J]. 中学数学研究，2008（7）：3 – 6.

[58] 涂荣豹. 试论反思性数学学习 [J]. 数学教育学报，2000，9（4）：17 – 21.

[59] 刘云. 数学大师华罗庚的治学瑰宝 [J]. 中学生数学，2004（3）下：15.

[60] 邵光华，刘敏海. 数学语言及其教学研究 [J]. 课程·教材·教法，2005（2）：36 – 41，35.

[61] 吴明君. 教师的评价素养仅仅体现在出测试题上吗 [J]. 人民教育，2017（7）：57 – 60.

[62] 苏永平. 化学高效课堂的构建与实践 [J]. 课程·教材·教法，2016，36（4）：30 – 37.

[63] 腾珺，毛霁燕. 未来的教育：我们如何迈向新的时代 [J]. 比较教育研究，2016（1）：1 – 6.

[64] 牛广化. 对数学交流的认识与思考 [J]. 临沂师范学院学报，2004（6）：119 – 120.

[65] 蔡文俊. 数学文化视野下的数学交流研究——基于数学家交流的分析 [J]. 数学教育学报，2010，19（6）：17 – 19.

[66] 孙延洲. 基于创新思维培养的中学数学教育研究 [D]. 华中师范大学，2012，5.

[67] 王常斌. 数学课堂重在教会学生科学的思维 [J]. 数学教学，2016（7）：11 – 12.

[68] 袁红. 信息不对称理论及其应用——以保险市场为例 [J]. 情报检索，1998（1）：16 – 17.

[69] 张炳林，杨改学. 信息不对称理论之教学思考——成因、表征、模型、启示 [J]. 课程·教材·教法，2013（11）：10 – 12.

[70] 冯巍巍. 音乐核心素养的特征与培养 [J]. 课程·教材·教法，2016，36（12）：9 – 13.

[71] 胡松. 以"数学素养"导引数学活动——《几何图形》教学实录与思考 [J]. 数学通报，2017，56（1）：26 – 29，44.

[72] 徐章韬. 数学单元小结课的认识及其教学设计 [J]. 课程·教材·教法，

2016, 36（12）：61 – 65.

［73］陈佑清．"核心素养"研究：新意及意义何在？［J］．课程·教材·教
法，2016，36（12）：3 – 8.

［74］吴颖康．美国数学教育的是是非非：思考与启示［J］．数学教育学报，
2019，28（6）：33 – 36.

［75］George A. Akerlof. The Market for "Lemons"：Quality Uncertainty and the
Market Mechanism ［J］. The Quarterly Journal of Economics，1970，84
（3）：488 – 500.

［76］Michael Spence. Job Market Signaling ［J］. The Quarterly Journal of Econom-
ics，1973，87（3）.

［77］Joseph E. Stiglitz. Information and Economic Analysis：A Perspective ［J］. The
Economics Journal，1985，95：21 – 41.

［78］Clark B，Clark D，Sullivan P. The Mathematics Teacher and Curriculum De-
velopment ［A］. In：Bishop A J，Clements K，Keitel C，et al. International
Handbook of Mathematics Education Part 2 ［C］. Netherlands：Kluwer Aca-
demic Publishers，1996.

【其他】

［1］中华人民共和国教育部制定．普通高中数学课程标准（2017 年版）［Z］.
北京：人民教育出版社，2018，2.

［2］科克罗夫特．数学算数：英国学校数学教育调查委员会报告［M］．范良
火，译．北京：人民教育出版社，1994.

后　记

看着眼前刚打印出来的厚厚书稿，我的内心十分兴奋：第三本个人数学教育专著即将完稿了．

我的第一本专著《高中"说数学"案例研究》在 2017 年年底正式出版，第二本专著《中学生数学写作研究》在 2018 年 12 月出版．这一本专著《新时代数学教学的反思性探究》从构思、搭框架到具体的写作大概用了四个多月时间．三本专著的写作历程，让我清晰地知道在平凡的数学教育教学工作中，探索、反思、积累和提炼超级重要．十八年的中学数学教学过程中，我没有停过基于实践的辛勤探索，尽可能多地阅读杂志和理论著作，在学习的过程中不断反思自己的实践，积累了不少教学经验．值得庆幸的是，我慢慢地学会运用自己所学习到的理论知识去反思、总结、提炼这些教学经验；用这些理论知识，加上自身不懈努力的思考解决了很多数学教学实践中的问题，使得在任教不同学段、不同生源层次的学生时都取得了较好的成绩．

我的教师专业发展之路充满了喜怒哀乐，整体上看，乐占比较多．这得益于辛勤教育过我的诸多前辈和老师．衷心感谢母校华南师范大学的吴康、林国泰、何小亚、姚静、刘婵娇、刘秀湘等老师！他们是我在数学教育研究的启蒙者和激励者，对我的教师专业发展影响十分深远！衷心感谢云南师范大学朱维宗教授！是他让我更加喜欢数学教育，是他指导我在攻读教育硕士期间学习了非常丰富的数学教育理论，是他让我品尝到了数学教育研究的成功感．衷心感谢原广州市执信中学校长刘仕森特级教师遴选我成为其主持的教育名家工作室的成员，并对我的数学教学实践以及教师专业发展给予了精心指导和无微不至的关怀！十分感谢著名数学教育家、南京师范大学课程与教学研究所所长喻平教授赐序！这既是对此书的评价，更是对我本人在数学教育专业发展的引领和激励！十分感谢广州市铁一中学周伟锋校长以及各位同事对我工作的大力支持和帮助！

十分感谢我的父母对我的辛勤养育和谆谆教导！父亲作为一名优秀的初中化学老师，从小就让我在校园里接收到了教育氛围的熏陶，教给我很多人生道理，特别是他教育我"做人要正直、要上进、要勤奋、要善于坚持"；哪怕是在我正式走上讲台后，父亲仍很喜欢和我探讨学校教育问题．这些都深刻地影响着我的人生．

我在 2010 年 12 月顺利通过了中学数学高级教师的职称评审；在 2018 年 12 月，顺利通过了高中数学正高级教师的职称评审；在 2005 年 9 月和 2014 年 9 月分别调动了工作单位，从区属学校调到了市直属重点中学；在 2014 年成为了华南师范大学和广州大学的硕士生导师；在 2017 年荣获"一师一优课、一课一名师"部级优课奖励；在 2019 年荣获了广东省基础教育教学成果奖一等奖，还成功立项了广东省教育科学"十三五"规划课题……这些虽然是我在数学教师专业发展道路上取得的成绩，但是至今我依然深感自己对数学教育有很多很多的不懂，对数学教育发展前沿了解不多、不够深入，对教育学、心理学、教育哲学等理论的学习远远不够．尽管我很努力上好每一节数学课，力求交出一份优秀的教学成绩单，但我从来不甘做一位只能交出一份优秀的教学成绩的数学老师．希望自己能拥有符合时代发展需要的先进的数学教育思想，做一位对数学教育有深层次的认识、思考和追求的数学老师．也许就是这样的理想，让我在平时的教育理论阅读和数学教育写作中没有太多的倦怠，反而更加重视数学教学反思，逐渐萌发了浓厚的兴趣．

尽管本书汇集了较多我对数学教学实践的反思性探究成果，但需要我更加努力、更加深入地研究的数学教学问题还有很多．在未来的数学教育研究的世界里，我会继续努力，强化理论学习、数学教学实践反思，力求寻找到更多美好的宝藏，与同行们分享．

我很喜欢著名教育家吕型伟先生的一句话：教育是事业，其意义在于奉献；教育是科学，其价值在于求真；教育是艺术，其生命在于创新！

钟进均

2019 年 12 月于广州